KB211667

행복으로

초판 1쇄 인쇄일 2022년 03월 11일
초판 1쇄 발행일 2022년 03월 25일

지은이 김효덕
기 획 성지현
펴낸이 양옥매
디자인 표지혜 김영주
교 정 조준경

펴낸곳 도서출판 책과나무
출판등록 제2012-000376
주소 서울특별시 마포구 방울내로 79 이노빌딩 302호
대표전화 02.372.1537 **팩스** 02.372.1538
이메일 booknamu2007@naver.com
홈페이지 www.booknamu.com
ISBN 979-11-6752-128-6 (03230)

행복으로

· 김효덕 지음 ·

참다운 행복과 마음의 평안을 얻기 위해
전도서를 통해 보는 세상의 이치

행복으로 가는 길

행복과 평안을 얻기 위해서는
마음, 의식, 무의식, 영성에 대해 이해해야 합니다.

이 책은 사람의 의식 세계, 무의식 세계에 대한
이해를 높이기 위해서 쓰였습니다.

머리말

오랫동안 나는 목회자로서 치유와 상담을 통해 인간의 생사화복에 대해 연구하였다. 인간은 많은 사상과 이론, 잘되고 싶은 마음, 욕심으로 인하여 마음에 병을 얻고 육신의 병을 얻는다는 것을 알았다.

일단 마음에 상처를 입고 마음의 병과 육신의 병을 얻으면, 마음이 회복된다고 해서 병이 치유되는 것은 아니다. 예를 들어 스트레스로 인해 암이 발생한 후 몇 년이라는 세월을 거쳐 의학적으로 암이 발견될 때, 이미 스트레스가 해소되어도 그 암이 치유되지 않는 것과 같다. 이렇듯 우리의 몸은 한번 망가지면 고치기 힘들다.

인간을 행복하게 하기 위해 우리 사회에 많은 사상과 종교, 제도적인 것들이 있지만, 오히려 이러한 것들이 우리를 병들게 한다.

그래서 모세는 시편을 통해서 "인간의 수명은 70이고 많이 살면 80인데 10년을 더 산들 고통뿐이지 않은가?"라고 고백하였다. 모세는 이집트 왕자로 성장하였고 하나님의 임재를 직접 체험하면서 이스라엘 백성을 구원한 위대한 인물이지만, 이 위대한 인물조차 인생을 고통이라고 표현한 것이다.

또한 솔로몬도 전도서를 통해서 이 세상의 가장 많은 지혜와 부를 가지고 수많은 후궁을 거느렸고 아름다운 궁전과 아름다운 정원을 만들었으며, 인간의 행복을 찾아서 많은 노력을 했지만 결국 "인생은 헛되고 헛되다."라고 표현하였다.

이런 것에 비추어 볼 때, 우리의 행복을 추구하기 위해서 만드는 모든 삶이 우리를 황폐하게 만들고 있음을 알 수 있다. 건강과 행복을 추구하기 위해 휴머니즘, 웰빙과 같은 것들을 만들어 내지만 결코 이런 것을 통해서 사람들이 건강하거나 행복해지지 않는다. 오히려 인간이 세상을 복잡하게 만들어 놓았을 뿐이다.

그래서 나는 이런 우리 인간의 의식 세계와 무의식 세계, 그리고 종교라는 것이 무엇이며 우리에게 어떠한 영향을 미치고, 우리 인간이 참다운 행복을 찾기 위해서 어떠한 길을 걸어가야 하는지 서술한다. 이 책은 이 세상을 살아가는 데 진정한 행복을 얻기 위한 길잡이가 되었으면 하는 바람으로 출간하게 되었다.

강현도 목사

목 차

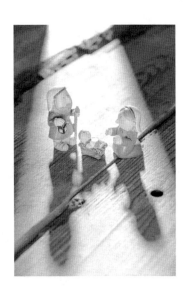

제1장

세상의
세 가지 수준

세상에는 세 가지 수준이 있다. 의식 세계, 무의식 세계, 영적인 세계가 그것이다.

1. 의식 세계 • • •

의식 세계란 겉으로 드러나는 우리가 사는 세상을 말한다. 꽃들과 동물들, 하늘, 별, 산, 바다 등 아름다운 자연이 존재함과 더불어 사람들의 분열과 혼란이 일어나는 세상이다. 즉, 인간이 선악과를 먹고 난 후의 모습이 나타나는데, 과학 · 의학 · 토론 · 정책 · 진보 · 보수의 갈등이나, 정치 · 돈 · 연애 · 명예 · 권력 · 정욕에 의한 편 가르기 같은 일이 일어나는 세계이다.

이러한 의식 세계에서는 사람들이 행복을 추구하지만 절대로 행복을 얻을 수 없는데, 이 세상의 문제들을 토론과 탐구, 정책 등 사람의 지혜와 지식이라는 의식 세계의 수준에서 해결하려는 것은 불가능하며, 해결하려 할수록 나빠지기도 한다.

예를 들어 차별 금지 정책이 차별을 양산해 내거나, 원자력의 활용은 에너지 공급이라는 장점이 있지만 방사능의 문제를 남기는 것과 같다. 이는 마치 풍선에 불과해서 한쪽을 누르면 다른 쪽이 부풀어지는 것과 같이 문제가 해결되기는 요원하다. 왜냐하면 인간의 생각과 논리, 사고는 문제들을 근본적으로 해결할 능력이 없기 때문이다.

의식 세계는 우리의 오감과 감정, 양심이 작용하기 때문에 환경과 물질이 풍부해져서 잠시 만족을 이룬다 하더라도 행복을 가져다주지는 못한다. 많으면 많아져서 근심이고 권력자들이 몇 년 후에 다시 권력에 의한 고통을 받는다. 양심의 작용으로 스트레스를 경험하게 되고 코로나19같이 환경으로 인한 영향을 받는다. 의식 세계의 수준은 인간적인 고통의 한계를 가지고 있다.

의식 세계의 대표적인 세계관

- 오리엔탈리즘 : 현세를 중심으로 행복을 추구한다. 기복, 소유, 물질, 건강, 번영을 중요시 여긴다. 불교는 환생을 통해 다음 생에 좋은 환경에서 태어날 수 있다고 믿는다. 유교, 불교, 법경, 사서삼경, 맹자, 공자, 논어, 공자 등이 대표적이다.

- 헬레니즘 : 자유와 사랑을 중심으로 행복을 추구한다. 개인주의, 자유, 철학, 민주주의, 자유분방과 에로스, 정신적 사랑을 중요시 여긴다. 왕권을 버리더라도 사랑을 선택한

다. 서유럽, 그리스, 로마의 헬레니즘 철학이 대표적이다.

- **히브리즘** : 창조주 하나님과 인간의 올바른 관계에서 행복을 추구한다. 인간이란 존재는 하나님이 만든 피조물이며 혼적자아(오감)를 하나님께 드리는 것이다. 게임·가요·팝은 정서와 감정을 자극하고, 불안한 심리와 파괴적인 심리를 유발한다. 찬송·성경은 이런 하락을 막는다.

2. 무의식 세계 ● ● ●

무의식 세계는 사람의 감각으로 느낄 수도 없고 알 수 없다. 오로지 직관에 의해서만 알 수 있다. 무의식 세계는 사람의 마음을 갈고닦는 세계로, 인간 스스로의 힘으로 선악과를 먹은 상태에서 벗어나려고 하는 수준이자 참된 종교라고 하는 것들이 추구하는 상태이다.

의식 세계는 관찰의 세계이자 주관적인 것이기 때문에 세밀하고 복잡할 수밖에 없으나, 반면에 무의식의 세계는 객관적이고, 말하지 않고 침묵함으로써 얻어지는 공통적인 이해가 일어난다. 어떤 사람들은 의식 세계에서 일어나는 일을 무의식 또는 영적인 수준으로 착각하기도 하지만, 반대로 마음을 수련하다 보면 황홀경 · 신인합일 · 깨달음과 같은 일들이 일어나고 상상과 환상을 보게 되는데 이때 보이는 환상을 사실로 믿기도 한다.

프로이트에 의하면 의식 세계에서 교육, 종교, 규율 등으로 윤리와 도덕적인 감시로 통제받는 자아가 무의식 세계에서 억압을 받아 육신적인 질병과 정신적 질병을 일으킨다고 본다. 그래서 이에 대해서 약으로 눌러서 해결하거나 통제하지 않고 원하는 대로 행함으로써 해소하고자 한다.

무의식을 통한 치유

무의식과 감정과 양심을 분리시키는 여행, 운동, 기도, 휴식, 올바른 교육, 자연치유(전통적 치유), 관상치유(종교적 치유) 등을 통해 진정한 행복을 찾을 수 있다.

3. 영적 세계 ● ● ●

영성인 세계는 하나님을 만나고 교제하는 수준이다. 영적 세계도 보이지 않으며 사람의 감각이 아닌 직관에 의해서만 알아진다. 영적 세계는 가장 쉬운 길이고, 가장 보편적이며, 진리인 길이다.

　노숙자건, 부자이건, 아픈 사람이건, 건강한 사람이건, 범법자이건, 모범적인 사람이건 어떤 사람들도 이 영적인 세계에서 살 수 있다. 그러나 오히려 쉬운 길이기 때문에 우리가 무시하기 쉽고, 알아차리지 못하기 쉽다. 그래서 결과적으로 영적인 세계에 오는 것이 좁은 문이 되어 버린다.

　영성의 세계는 의식과 무의식을 뛰어넘어 우리의 환경과 관계없이 기쁨과 행복이 존재한다. 가난하든 돈이 많든 물질과 상관없는 정신세계에 도달하게 되면 모든 것이 나로부터 나오고 세상이 아름답고 행복해지는 것이다.

제2장

의식 세계와
무의식 세계

1. 의식 세계 ● ● ●

기복신앙

인간은 처음부터 사람의 기복과 요행을 추구하는 마음을 가지고 태어난다. 노력한 만큼의 대가를 얻는 것보다는 보이지 않는 무언가를 통해서 내가 잘되길 바라는 마음이 크다.

예를 들어 노력하지 않아도 일이 잘되는 김 선달 같은 요행, 갑자기 어떤 사건으로 인해 복이 터지는 흥부 같은 요행, 내 자신이 특별한 나머지 누군가나 무엇으로부터 부를 얻게 되는 주인공적 요행, 부적이나 두꺼비 같은 물건을 통해서 부자가 되겠다는 풍수적 요행 등등, 사람들은 '무언가 보이지 않는 게 나를 도와줄 것'이라는 믿음을 가지고 있다.

> "이는 하나님을 알 만한 것이 저희 속에 보임이라. 오히려 그 생각이 허망하여지며 미련한 마음이 어두워졌나니 스스로 지혜 있다 하나 우준하게 되어 썩어지지 아니하는 하나님의 영광을 썩어질 사람과 금수와 버러지 형상의 우상으로 바꾸었느니라."

이런 요행을 재수 또는 운이라고 부르는데, 이러한 샤머니즘은 미신이자 하나의 우상이다. 이러한 '기복신앙'은 모든 사람이 본성으로 가지고 태어나므로 각자의 마음에 우상들을 가지고 있는 것이다. 무신론자라고 주장하는 사람도 결국 매주 로또에 당첨되기를 기다리거나 코인이 올라가거나, 어떻게든지 사업이 잘되기를 바란다. 이것 또한 미신을 섬기는 셈이다.

하나님을 믿는 사람들 중에도 교회에 와서 하나님을 섬기지 않고 '내 자녀가 좋은 대학, 좋은 직업 갖게 해 주세요.', '내 남편이 승진하게 해 주세요.', '제 사업이 잘되게 해 주세요.'라고 기도하는 사람들이 있다. 유대인들조차도 구약시절에 산당을 차려 놓고 기도하지 않았던가. 사람들은 이타적인 마음이 아니라 기복적인 마음으로 기도한다.

신을 찾아 헤매는 사람들

결국 모든 사람들은 '신'을 찾아 헤맨다. 자신의 문제를 해결하기 위해, 돈을 얻기 위해, 지식을 찾기 위해, 또는 구원을 바라면서 이런 저런 것을 따라다닌다. 무당 찾아가기, 사주팔자 보기, 손금 보기, 단전호흡하기, 점성술 해 보기, 심령술 해 보기, 재를 뒤집어쓰기, 고행하기, 금식하기, 인디언 찾아가기, 절에 공양하기, 신체를 공양하기, 명상하기, 다도하기, 심리학 책 읽기, 정신분석학 공부하기, 신내림 받기, 아로마

테라피 받기, 마사지 받기, 요가하기, 이사 가기, 풍수 바꿔 보기 등….

그런데 이런 노력들은 효과가 있을까? 사실 효과가 없다면 이 세상에 저렇게 많은 종류의 것들이 존재할 수 없을 것이다. 귀신도 영적인 존재이기 때문에 어느 정도 능력을 발휘할 수 있다. 더불어 사람의 마음도 귀신의 조종받기를 좋아하는 성향이 있기 때문에 효과가 아예 없는 것은 아니다. 오래 팔리지 않던 집이 몇 주 만에 팔리거나, 갑자기 부가 늘어나거나, 갑자기 손님이 늘어나거나, 갑자기 좋은 일이 생기는 등 부적에도 효과가 있다.

자족하는 마음(행복한 마음)

그러나 사람들이 간과하는 것이 있다. 먼저 이러한 부는 결국 저주로 되돌아온다는 것이다. 먼저는 이러한 다양한 요행에 마음을 뺏기게 되고, 재물 때문에 행복의 기준이 바뀌어 버리며, 갑자기 생긴 것처럼 갑자기 재물이 사라지는 순간 지옥 같은 마음이 펼쳐지게 된다. 이러한 기복'신'앙 안에는 반드시 '신'이 있고, 이 신은 구원에서 떨어지게 할 수 있는 저주가 된다. 이게 바로 성경에서 돈을 귀신이라 부르는 이유이다.

그래서 행복을 위해서는 마음의 중심이 '자족하는 삶'에 있어야 한다고 말한다. 풀소유도 아니고, 무소유도 아니라, 있든지 없든지 자족한다면 여러분은 충분히 마음의 평안을 얻을 수 있다.

행복과 평안은 우리 마음 안에 있다. 돈이 많든 권력이 많든 결코 행복하지 않다. 잠시 행복할 수 있지만 우리의 마음과 몸을 지치게 만들고는 어느 날 갑자기 사라져 버린다. 그러나 내 마음 중심이 환경에 지배받지 않고 흔들리지 않으면 어떠한 환경에서도 행복을 누릴 수 있다.

마음의 치유

기도의 목적은 회개에 있다. 회개는 양심을 살리기 때문이다. 양심이 살아나면 직관이 열린다. 직관은 모든 것을 포괄하며 이해할 수 있다. 마음의 문이 열리면 멀리서 의미를 두지 않고 바라볼 수 있게 되며 눈으로 볼 수 없는 모든 것을 볼 수 있다. 마음의 눈으로 마음과 육신의 병도 진단할 수 있다. 진단을 통해 치유할 수 있다. 진단이 없는 치유는 사기에 불과하다.

인간 고통의 문제

인간이 이렇게 고통 속에 사는 이유는 바로 선악과에 있다. 선악과를 먹지 않았다면 인간은 하나님의 형상대로 지음을 받았기 때문에 평안하게 행복을 누리면서 살 수 있었다.

그러나 신과의 약속을 어기고 선악과를 먹음으로 인해서 인간은 하나님과 단절되게 된다. 그래서 사람에게는 하나님의 선(善)이 사라지고 사단의 영향력을 받게 된다. 따라서 인간은 무례하고, 포악하고, 살인하고, 차별하며, 강한 자가 약한 자를 압제하며, 범법한다.

결과적으로 가는 곳마다 땅이 척박해질 것이라는 저주를 받은 가인의 후손들은 생존을 위해 성을 쌓고, 농경을 짓고, 무기를 만들고, 제도를 만들지만 인간의 문제를 해결해 내지 못한다. 사람의 능력으로 진리를 탐구하고 수천 가지의 것들을 연구하지만, 결국은 선악의 양면성을 가진 물건과 제도들밖에 탄생시킬 수 없는 것이다.

영적으로 인간은 신과 단절되어 있는 상태에서 태어나기 때문에 신과 만날 수 없으며, 이는 곧 모든 인류는 죽은 상태에 이르렀다는 것을 의미한다. 사람이 혼적으로 아무리 발버둥치고, 마음을 수련하고, 도를 닦아 성인·성자가 되어도 절대적으로 신을 만나거나 찾을 수가 없는 것이다.

그러한 의미에서 선악과는 단순히 인간의 나약함과 유혹의 상징을 뜻하는 것이 아니라, 우리가 절대적으로 신을 만날 수 없는 상태로 태어남을 말한다. 그래서 우리는 바다 한가운데

놓여 있는 배와 같다. 구원자를 찾아 이곳저곳을 가 보지만 결국 방향이 없는 곳에서 계속 나아갈 뿐이다.

결과적으로 사람이 인간의 힘으로 경지에 오르려고 노력하는 것은 결국 헛된 일이 된다. 교만은 더욱더 커져 가고, 결국 신이란 자체를 허상으로 만들어 낸다. 누군가는 신은 없다고 선포하거나, 오히려 자기가 신이라고 선포하기에 이른다. 그래서 진리와 영성은 아무것도 찾지 못한 채 돌아다니다가 그 끝에서 해답 없는 죽음을 맞이한다.

정파와 사파

마음을 수련한다는 것은 도를 닦는다는 것이다. 기독교, 불교, 힌두교, 이슬람, 무당을 포함한 모든 종교인은 마음을 닦으며 명상을 한다. 이때 사람들이 주의해야 할 것은 정파와 사파가 있다는 것이다.

정파는 정상적인 종교로서 교리가 체계적이고 명상을 기도라고 부르며 '선'을 추구한다. 반면 사파는 선이 아닌 개인의 물질과, 부, 건강을 추구한다. 마음 수련관이 사파인 이유는 자기 자신의 건강을 위해서 마음을 수련하기 때문이다. 철학관은 은사를 찾아서 자신의 부를 추구하며, 무당은 귀신을 섬기는 사파이다.

이렇게 마음을 닦는 것이 하나님께 갈 수 있는 진정한 영적인 길은 아니다. 사람은 영·혼·육으로 이루어져 있는데, 아무리 혼(마음)을 닦는다 할지라도 마음이 곧 영적인 것으로 통하는 것이 아니기 때문이다. 사람들이 그토록 원하고 신비해하는 '무아지경, 황홀경, 탄트라' 같은 것들은 혼적인 것으로, 모든 사람들에게 내재되어 있는 능력이다. 최고의 경지라고 불리는 무아지경이나 입신도 기도 중에 나오는 일부 지극한 현상에 불과하다. 이는 무의식을 끌어올리는 수련을 한 것뿐이다. 모든 사람들이 조금만 혼(마음)을 닦으면 경험할 수 있는 저차원적인 능력에 불과하다.

- 1단계 : 70%는 자연이 보인다. 좀 더 깊이 들어가면 우상, 뱀, 용 등 종교적인 환상이 보인다. 이때 눈앞이 시커멓고 아무것도 보이지 않는 사람은 영혼에 문제가 있는 것이다.
- 2단계 : 내 몸이 사라진다.
- 3단계 : 유체이탈이나 내가 엄청 커지는 환상을 본다. 유체이탈을 통해 내가 어딘가로 가고 싶다고 날아가는 것은 실제 일어나는 일이 아니라 환상에 불과하다.
- 4단계 : 무념무상, 무아지경에 이르면 아무런 생각이 들지 않는다.
- 5단계 : 관상기도, 생각하는 대로 눈앞에 장면이 펼쳐지는

환상이 보인다.

이는 전부 자연치유 현상에 불과하다. 사실 황홀경도 섹스하는 느낌에 불과한데, 이는 몸이 순환하면서 신경을 자극해하기 때문이다. 마음만 잘 닦으면 인체에 변화가 생겨서 이런 현상이 일어나는 것이다. 그러나 대다수 사람들은 진정한 신을 모르기 때문에 이런 현상을 신으로 오인하거나, 신을 만났다고 착각하거나, 내가 최고의 경지에 올랐다고 착각한다.

구원(중생)

구원은 다른 곳에 있는 게 아니다. 인간은 신을 금방 만날수 있다. 정확히 말하면, 우리가 신을 찾아다니는 것은 '우리가 만들어 낸' 신에 불과하다. 진정한 신은 우리에게 직접 찾아오신다. 늘 그렇듯 여기에 바로 하나님이 계신다. 우리는 그저 예수님을 믿고, 마음속에 회심하면 된다.

영광

그래서 산에서 몇 년 동안 도를 닦은 사람보다 길거리에 있는 노숙자가 오히려 신을 만날 수 있고 하나님의 영광을 볼 수 있다. 우리가 무시하는 무식한 사람들, 생각이 없는 사람들,

순진한 사람들이 신을 만나기 쉽다. 이런 사람들은 흔히 경지에 다다랐다라고 주장하는 마음을 닦은 사람들과 다를 바 없다. 이런 사람들이야말로 '마음의 평안', '성령의 인도함'으로 오히려 쉽게 신의 인도함을 받는 상태에 이를 수 있다는 것이다.

만약 여러분들이 신을 만나고 싶다면 가장 먼저 해야 할 것은 바로 '회개'이다. 회심과 회개는 영적인 세계에 들어가는 첫 관문이다. 전두환과 노태우 전 대통령은 돈과 권력이 넘쳐났지만 비양심적인 방법으로 법을 어기고 사람을 죽였기 때문에 사람들로부터 외면받고, 손가락질 받고 돌팔매질 당했다.

그러나 노태우 전 대통령은 국민들 앞에 사죄하고 용서를 비는 회개를 했고, 사람들은 그를 용서했다. 반면 노태우 전 대통령은 '용서받는 것'과는 별개로 국립묘지에 안장되지 못하는 '죄의 대가'를 맞이해야 했다. 아예 용서를 구하지도 않은 전두환은 여전히 사람들로부터 용서받지 못하고 있다.

세상 사람들도 이런데 하물며 신에게 하는, 하나님에게 하는 회개는 어떠하겠는가? 회개하면 용서받지 못할 죄가 없다. 먼저 회심의 과정을 겪어야만 사람들은 영적인 세계로 들어갈 수 있다. 그래서 이 책을 읽으면 진정한 구원이 무엇인지, 그토록 궁금해하던 하나님과의 교류를 할 수 있다. 그게 바로 여러분들이 여태까지 찾아다녔던 '이 세상의 모든 것'에 대한 이야기이다.

물론 이 책을 본다면 세상을 이해할 수 있을 뿐, 당장 세상이 극적으로 변하지 않는다. 일부는 분별력을 키워서 의식·무의식·영적인 수준을 구분하여 행복을 찾을 수는 있다. 진정한 행복과 삶에 대한 구원은 하나님과의 교제로부터 나온다.

2. 마음이란 · · ·

마음이란 지식과 의식, 무의식이 함께 담겨 있는 공간을 이야기한다. 마음에는 양심, 직감, 직관, 감정 등이 포함되어 있다. 마음에서 생명이 나온다.

지식

예의범절, 과학, 문화, 체육 등의 다양한 학문이 속해 있고 이는 공부를 하면 할수록 지식의 수준이 높아질 수 있다. 세상은 이런 분야에 탁월한 사람을 흔히 천재라고 부른다.

의식

눈에 보이는 세상으로 오감, 욕심, 이성 교제 등을 말한다.

돈, 물질 만능주의, 휴머니즘, 인간의 행복 등이 의식을 높인다. 혼밥주의가 늘어나고, 배려도 없어지고, 권력을 소유하게 되는 것도 의식 안에 포함된다. 그래서 우리는 배우고 답습된 지식을 교육하고, 이러한 교육을 통해서 '인성'을 길러 낸다.

무의식

무의식을 공부한다는 것은 마음을 수련을 한다는 뜻이다. 마음수련, 즉 무의식 상태를 수련하면 황홀경, 신일합일, 깨달음 등의 여러 현상이 나오는데 그것은 지나가는 과정일 뿐이다. 마음을 수련하는 사람들이 육신의 문제를 얻게 되는 이유는 마음을 수행한다고 몸을 움직이지 않기 때문이다.

몸은 70, 머리는 30 정도의 비율로 에너지를 사용해야 하는데 이 비율이 깨져 버려서 몸이 망가지게 되고 그로 인해 마음이 병들게 되다 보니, 스님들은 무술을 하고 힌두교는 요가를 통해서 몸을 단련시키는 것이다. 그래서 육신을 다스려야만 마음을 경진시킬 수 있기 때문에 마음을 통해 영적인 세계로 들어가려는 것에는 한계가 분명하다는 것을 알 수 있다.

3. 건강이란 · · · ·

우리는 몸과 마음을 가지고 있다. 마음은 의식과 무의식으로 되어 있고, 몸은 세포 · 혈관 · 신경 · 오장육부로 이루어져 있다. 사람의 몸은 우리가 생각하는 의학과 한의학을 뛰어넘어 매우 복잡하고 민감하다.

우리의 몸은 먹은 음식과 산소와 결합시켜 에너지를 만들어 내고, 이 에너지를 통해서 활동한다. 우리의 몸이 병드는 이유는 세포분열 중에 생기는 암과 같은 돌연변이, 세균의 침투, 마음의 문제(희로애비사), 계절의 문제(기온과 습도), 장기와의 상성(비장과 간의 서로의 간섭 등), 혈관의 문제 등 복잡하게 얽혀 있다. 그래서 연약한 육신을 가지고 태어났을 때 잘 관리하지 않으면 병에 노출되기 쉽다.

우울증과 공황장애, 화병 등은 우리의 뇌와 장기(심장, 간 등) 두 가지 문제로 일어날 수 있다. 마음이 분노하면 간과 심장이 열을 받고, 갑자기 놀라면 간이 움츠러든다. 이런 문제가 바로 해결되지 못하면 장기의 기능이 떨어지고 우리 몸엔 독소가 생기게 된다. 몸이 냉해지면 우울증, 몸이 더워지면 공황장애라는 진단을 받는데 한번 발병하면 치료하기가 어렵다. 치료 방법은 원래 상태로 돌아가는 것 외에는 방법이 없기 때문이다.

사람에게는 영·혼·육이 있기 때문에 혼(마음)만 벗어나는 것이 중요한 게 아니라 육신을 입고 있다는 사실을 간과해서는 안 된다. 오장육부가 강해져야 마음이 맑아진다.

4. 모든 것은 기본에서 시작된다 · · ·

종교는 사람들의 고통과 아픔으로부터 시작된다. '희로애비사' 즉, 기쁨·분노·슬픔 등 인간의 의식에서 벗어나려는 것이 바로 종교이다. 사람들은 대부분 일반적인 삶을 살아간다. 한편, 어떤 이들은 마약이나 환상에 빠져 살기도 한다. 어떤 이들은 희로애비사를 벗어나기 위해 고행에 빠지기도 한다. 사람들은 이런 고통으로부터 나오기 위해 인생 전부를 쏟아붓기도 한다.

- 종교 : 희로애비사에서 어떻게 탈출할까?
  마음을 닦아서 탈출하자.
- 철학 : 저것은 왜 이렇게 생겼을까?
- 과학 : 저것을 어떻게 이용해야 하는가?
- 휴머니즘 : 어떻게 해야 인간이 행복한가?

결과적으로 모든 것들은 사람의 행복을 위하여 생겨났고, 철학·과학·휴머니즘 등은 전부 호기심, 궁금증 등 '생각'에서 나온다. 그래서 이것들은 절대적이지 않다. 사상도, 종교의 교리도 시간에 따라 바뀌고, 거미줄처럼 얽히고, 시대에 따라 변한다. 세월이 흘러가면서 변하고 내용이 바뀌는 것은 가짜에 불과하다. 그래서 성경은 더하지도 않고, 빼지도 않는다. 성경은 아주 노멀하고 '인간 그대로의 모습'을 보여 준다. 그렇기 때문에 진리이다.

기독교인의 삶

가정을 꾸리고, 자녀를 양육하고, 열심히 일하면서 사는 삶에서 희로애비사를 누리는 것이 하나님 섭리이다. 사람은 성향의 의지와 부모로부터 물려받은 유업으로 살아가는데, 환경의 지배를 받고 살아가는 육신적인 삶이 있는 반면, 성향의 의지에 따라 환경과 관계없는 영적인 삶을 살기도 한다.

성경에서 '자아를 죽여라' 하는 것은 감정을 없애거나 배제하라는 것이 아니다. 하나님이 주신 자아는 소중하다. 자아라는 것이 없어지는 순간 육신이 썩어 죽음에 이르는 것이다. 단지 선악과를 먹었기 때문에 자아가 악해진 것이다. 악한 자아를 선하게 만들려는 게 도를 닦는 것이고, 자아를 없애려고 노력하는 것이 주화입마이다. 자신의 자아를 하나님께 드리는 것이야말로 영성이고 도의 완성이다.

5. 영감과 영성 · · ·

'영감을 불어넣다'의 영감을 어떤 이들은 영적인 것으로 착각한다. 그래서 천재 같은 작품이 영성적이라고 착각하거나, 영성을 공부하면 영감에 탁월해져서 천재가 된다고 생각하기도 한다. 하지만 그러한 영감은 영성적인 것이 아니라 세상적인 영감을 뜻한다. 즉, 스포츠 · 예술 · 문화에서의 영감은 영성이 아닌 '직감'을 의미하는 것이다. 타고난 자질과 능력을 소유한 사람이 각 분야별로 떠오르는 신기한 아이디어를 '영감'이라고 표현하는 것이다.

종교적인 영감

- **기독교** : 성령의 인도함을 받는다. 그 목적은 영혼을 소중히 여겨서 이를 구원하기 위함이다.
- **일반 종교 및 인간의 의식 수준 단계** : 의식이 낮아지고, 무의식이 높아지면 직관이 열려 깨달음이 생기므로 세상의 이

치를 알게 된다.

- **무당** : 귀신과 신접하여 본인의 행복을 추구한다. 여기에
  는 자신의 행복의 실현을 위해 타인의 불행을 감수하기도
  한다.

6. 아름다움과 영성 ･ ･ ･

종교의 특징은 미술품과 음악이 발달한다는 것이다. 이는
영적인 세계를 표현하기 위하여 '경이롭다'는 인간의 감정선을
건드리는 것이다. 종교는 환상과 꿈을 가지고 있다.

찬양

미술품 자체가 영적인 것이 아니다. 미술품에서 나오는 아
름다움 자체가 영적인 것이 아니다. 아름다움과 신은 관계가
없다. 마음이 중요한 것이다. 아름다운 음악도 마찬가지로 영
적인 것이 아니다. 아름다운 곡이 좋은 것은 인간을 위해 만들
어졌고, 인간의 감정선을 건드리기 때문이다. 반면에 영적인
찬양은 그 찬양이 갑자기 새로워지고, 마음에 감동이 오고, 하
나님께 감사의 탄성이 절로 일어나는 것이다.

천국

천국도 완벽하다거나 아름답다 하는 단순한 정도가 아니다. 완벽하다거나 아름답다는 것은 영적인 세계에서는 조잡한 표현일 뿐이다. 황홀도 천국을 표현하지 못한다. 황홀도 하나님이 만든 일부일 뿐이지, 하나님의 자체나 일부는 아니기 때문이다.

그래서 신이 아름다움 그 자체라는 것은 관계가 없다. 신이 아름답다는 것은 고정관념이다. 신에게는 완벽이란 단어도 쓰일 수 없으며 오히려 신성 모독이다. 완벽은 인간이 인간에게 쓰는 말이다. 신은 '영광'이라는 말을 쓴다. 요한 계시록도 요한에게 상상으로 보여 준 것이지 진짜가 아니다. 단지 천국을 하나님의 영광에 참여할 수 있다는데, 하나님의 영광이 무엇인지 우리는 모른다.

7. 집중의 두 가지 방법 • • •

집중에는 두 가지가 있다. 하나는 고도로 하나에 주의 집중하는 것이고, 다른 하나는 완전한 이완을 하는 진정한 몰입이다. 사람이 진정한 집중인 이완을 하면 마음의 상태가 고요해지기 때문에 몸과 마음이 건강해진다. 이완은 마음의 눈으로 멀리서 의미를 부여하지 않고 바라보는 것을 이야기한다.

반면, 집중은 모든 사물에 의미를 두는 것이다. 관찰하고, 폭넓게 보고, 포괄하고, 생각하는 것 모두 다 집중이다. 그런데 집중은 사고를 분열시키기 때문에 몸과 마음에 병이 생긴다. 예를 들어 마음을 수련하는 단체에서는 벽에 점 하나를 찍어 놓고 그것만 보게 하는 주의 집중을 가르친다.

사람의 마음은 유기적이기 때문에 의식과 상관없이 무의식이 발동된다. 그래서 무의식의 수준에서 어떤 현상들이 일어나고 단기적인 상승이 발생하는 때가 있는데, 이럴 때에 경험을 미리 해 본 고도의 스승이 상담과 통제를 통해서 끌어올려주면 문제가 없지만 혼자서 그런 수련을 하게 되면 부작용이 뒤따른다. 어떤 현상에 대해 집착하는 순간 몸의 균형이 깨져서 병이 생기기 때문이다.

집중

검도 같은 무도에서 이야기하는 검일합일이란 것은 단순한 일상적인 집중을 이야기하는 것이다. 모든 운동에는 에너지를 집중하게 하는 게 있다. 그 집중이 되면 우리가 말하는 '신들렸다'고 표현하는데 그래서 우승을 하기도 한다. 그러나 스포츠인이 매일같이 우승을 못하는 이유도 거기에 있다. 집중은 환경과 조건이 맞아야 하기 때문이다.

공부도 환경과 조건이 맞아야 집중을 한다. 돈 많은 사람들의 자녀가 공부를 잘하는 이유는 좋은 환경, 좋은 음식, 좋은 학원, 인기 있는 강사가 있는 곳에서 공부하기 때문이다. 인기 있는 강사는 언변 실력이 좋아서 사람을 집중을 하게 만들기 때문에 일타라고 한다. 집중은 에너지를 뇌에 쓰는 것이고, 그러다 보니까 장기도 반응을 한다. 그래서 좋은 음식이 집중에 영향을 끼친다. 돈 없는 사람이 공부를 하기 어려운 이유가 바로 이런 환경이 조성되지 않기 때문이다.

몰입

어떤 사람은 '몰입'이라고 하여 한 수학 문제만 골똘히 생각하게 하기도 한다. 그러나 이렇게 집중하는 훈련도 결국은 환경의 지배를 받기 때문에 효과가 미비하다. 골똘히 수학 문제를 생각하게 하는 것으로 모든 걸 풀 수 있는 것은 아니다. 수학 문제를 푸는 것은 각 사람마다 태어날 때 타고난 아이큐에 의해서 노력하느냐의 여부로 결정되기 때문에 마음 수련과 관계가 없다.

공부는 의식 수준의 것이고, 마음 수련은 무의식 수준의 것이다. 수학 문제를 생각하는 것은 무의식을 길러 낼 수는 있지만, 무의식은 아이큐를 길러 내는 게 아니라서 아무리 집중력을 높인다고 해서 아이큐가 올라가는 게 아니다. 단지 학습 효과를 길러 내는 효과가 있겠지만 10년을 해도 수학 문제를 풀지 못한다.

집중력은 자기가 가진 능력을 최대한 끌어올리는 것이다. 자기가 가진 능력은 부모로부터 온 것이고 신이 준 은사이다. 집중력을 향상시킨다는 것은 능률을 향상시키는 것뿐이지, 그 사람의 본질을 바꾸는 게 아니기 때문이다. 능률 향상에는 한계가 있다. 어느 정도까지 올라가는 것이다. 차라리 무당집에 가서 내 머리가 좋게 해 달라고 푸닥거리를 하는 게 나을 정도이다.

집중력을 높이려고 이런 수련을 하는 것보다 좋은 장소를 놀러 다니는 게 백배 효과가 있다. 집중력 높이는 것도 환경이 있어야 한다. 진정한 깨달음이란 분별력이고, 이는 그 사람이 가지고 있는 능력을 찾아 주고 그 사람의 앞날을 조언해 주는 것이다. 그것을 은사계발이라고 한다. 사람은 자신의 은사를 찾아야 성공할 수 있다.

8. 성공과 영성 ・・・

성공론에서는 '성공한 사람들의 습관과 행동을 따라 하면 모두가 성공할 것'이라고 한다. 예를 들어서 레시피만 있다면 여러분이 흑인이든, 백인이든, 중산층이든, 빈민층이든, 고지능자이든, 저지능자이든 누구나 성공적인 요리를 할 수 있다는 것이다. 조건과 상관없이 행위를 하면 성공할 것이라는 것이다.

하지만 실상은 다르다. 5명의 요리사를 모아 두고 똑같은 레시피로 김장을 해 본다면 다 맛이 다르다. 왜냐하면 사람마다 손에서 나오는 에너지가 다르기 때문이다. 와인 맛이 전부 다 다른 이유는 그 지역에서 나오는 물이 다르기 때문이다. 이렇듯 사람들은 전부 환경, 태어난 능력, 타고난 자질, 부모로부터 물려받은 것 등이 모두 다르고 이것들이 모여 성공에 영향을 미친다.

음치처럼 음악에 은사가 없는 사람을 평생 교육시킨다고 해도 음악에 은사가 있는 사람들처럼 성공하기는 쉽지 않다. 은사를 찾은 사람들은 성공을 한다. 경영학자들이 실제로 경영을 하면 망하는 이유는 경영학은 기초를 배우는 것이지 세상의 섭리를 모르기 때문이다. 사람의 마음을 읽고, 환경을 알고, 말로 상대를 사로잡는 방법을 아는 것이 성공의 요소이다.

긍정 성공론은 '내 감정이 행복하고 긍정적인 마음을 가지면 성공한다'는 것이다. 긍정적인 마음은 성공을 가지고 온다. 명상은 긍정적인 마음을 가지는 데 도움이 된다. 하지만 성공한 사람이 그 긍정적인 마음을 갖기 위해서 얼마나 노력했을까? 10년, 20년 명상해도 좋은 마음을 가질 수 없다. 항상 우리는 근심, 걱정, 불안 속에 산다. 우리 인간은 돈과, 권력과 환경과 부모와 사람의 공격을 받기 때문에 긍정적인 마인드를 가질 수 있는 상황은 되지 못한다.

대안적인 믿음에서는 '원하면 이루어진다'고 한다. 물론 기도하면 이루어진다. 하지만 사람의 100년은 기다려야 할 수도 있다. 게다가 원한다고 해서 사업이 잘되고, 돈을 벌고, 공부를 잘하는 것이 아니다. 그럴 바에야 학교에 가지 않고 그런 생각만 하는 것이 더 빠를 것이다.

이같이 '사람이 이렇게 행동을 하면 이런 결과를 가져올 것'이라는 것은 인간을 시스템화, 프로그램화시켜 버리는 일이다. 이는 의식마저도 죽이는 것이다. 우리의 양심과 감각마저 죽이는 것이다. 능력도 없는데 소원만, 꿈만 가지라는 것은 보편적이지 않다. 대우같이 큰 회사도 망한다. 대통령도 망하듯 이 세상에는 성공이라는 것이 없다. 우리가 마음을 닦아야 하는 이유다.

9. 부와 영성 • • •

불교에서든 성경에서든 돈이 많은 사람은 선보다는 악을 행하기 쉬우며 가난할수록 선을 베풀기 쉽다고 이야기한다. 이는 인간의 본성이다. 인간은 환경의 지배를 받기 때문에 부유할수록 불법을 저지르기 쉽지만, 가난할수록 서로 돕고 나누려는 본성이 있다.

물질로 행복을 살 수 있다면 미국이 가장 행복한 나라여야 하지만 부탄 같은 가난한 나라가 행복지수가 높다는 사실이 이를 뒷받침한다. 가난하면 서로 도우려는 인간의 본성이 있다. 많이 배운 사람은 무시하려는 본성이 생긴다. 돈이 많으면 경계하는 본성이 생긴다. 돈이 많으면 육신의 정욕, 안목의 정욕이 유혹당하기 쉽기 때문이다.

물론 돈으로 사랑을 베풀기도 하지만, 대부분은 자신을 드러내기 위해 사랑을 베푼다. 이것이 인간의 죄의 속성이다. 하나님께 감사하며, 물질을 내 것이 아닌 하나님 것으로 인정하는 청지기로서, 소외된 많은 사람들을 위해 내 것을 베푸는 삶이 진정한 성도의 삶이다.

10. 에너지의 파장 · · · ·

어떤 이는 에너지 파장이 나비의 모습처럼 생겼다면서 컴퓨터로 증명하였다고 한다. 하지만 에너지 파장은 수천수만 가지로 인간의 영역으로 다 표현할 수 없다. 찬 기운이나 더운 기운도 에너지이다. 찬 기운은 내려오는 성질, 더운 기운은 올라가는 성질을 가지고 있다.

세상에는 끼리끼리 법칙이 존재한다. 한 공간이라고 하더라도 여자는 여자끼리, 약자는 약자끼리, 강자는 강자끼리 모이게 된다. 이렇듯 비슷한 수준의 사람들이 모인다. 그러한 에너지는 높은 곳에서 낮은 곳으로 흐른다. 그래서 의식 수준이 높은 사람들이 많으면 의식 수준이 낮은 사람도 영향을 받는 것이다.

어떤 사람과 있으면 편안한데, 어떤 사람과 있으면 불편한 이유도 이와 비슷하다. 나보다 에너지가 많은 사람과 있으면 편안하지만, 나보다 아프고 병든 사람과 있으면 불편하고 힘들다. 왜냐하면 힘든 사람들이 에너지를 끌고 가져가기 때문이다.

11. 의식의 데이터베이스라는 잘못된 사상 • • •

'의식의 저장소는 무의식이다'라는 프로이트의 이론이 있다. 칼융은 '원형'과 '집단 무의식'이라는 이론을 만들어 냈다. 그러나 현대에 와서 신비주의와 결합하여 이 집단무의식을 '우주의 데이터베이스'로 치환하고 사람들이 꺼내 올 수 있으며 이를 영적인 것이라고 주장하기도 한다.

하지만 이는 의식, 영성, 영감을 제대로 이해하지 못한 것이다. 무의식은 의식을 저장하는 역할 외에 다른 기능이 없다. 무의식은 사람의 것이고, 영성은 하나님의 것이다. 그래서 무의식이 우주가 아니고, 신이 아니고, 영성이 아니다. 무의식은 단지 사람의 깊은 마음이고 육신의 일부에 불과하다.

영감은 인간의 정신 위에 존재하는 직관이다. 하위 영역인 정신으로는 상위인 직관의 영역을 이해할 수 없으며 실질적인 영감을 알 수 없다.

따라서 우주의 모든 정보 기록은 존재하지 않는다. 우주가 창조된 이후 지극히 일부 에너지 차원에서만 인간이 알 수 있다. 우주는 하나님의 섭리에 의해서 작용한다. 그리고 지나가는 것은 없어진다. 우주도 변하고 세상도 변하고 사람도 변한다. 사람이 죽으면 원자, 분자로 흩어지고 에너지가 흩어지듯이 변한다는 것은 없어지는 것이며, 시간이 존재한다는 것은 모든 것이 사라진다는 것을 의미한다. 정보와 기록은 데이터로 만들어 저장해야 하는데 이러한 데이터에 의해서 기록되고 보존되지 않는 것은 전부 사라진다. 다만 에너지의 형태로 남아 있는데 그걸 이용하거나 보존할 수 없다.

12. 지식과 영성 ● ● ●

하나님이 어떻게 이 세상을 만들었을까? 만약 신을 찾아다닌다면 그것은 진정한 하나님을 믿는 믿음이 아니다. 가인 저주를 받아 가인이 가는 곳마다 환경이 척박해졌다. 환경이 척박해지면 먹고살기 위해서 생각이 많아지고, 생각이 많아지면 죄가 많아진다.

지식의 영역에서 최고가 된다는 것은 곧 하나님에 대해서 알게 되고 깨닫게 되는 것이 아니다. 지식이 많아진다 하더라도 하나님에 대한 믿음이 생기는 것이 아니다. 믿음은 보이지 않는 것을 마음으로 믿는 것이다. 한 번도 겪어 보지 못하거나, 보지 못한 것을 믿는 것이다. 앞으로 될 것을 믿는 것이다. 바람이 불 때 우리는 알지만 눈에 보이지는 않는다. 흔들리는 나뭇가지나 풀을 보며 바람을 느낄 수 있다.

지식은 곧 영성이 아니다. 그리고 지식들이 모여서 세워진 자연 법칙들도 영성이 아니다. 자연 법칙들은 세상의 이치일 뿐이다. 그런 법칙이 곧 신이 아니라 하나님의 섭리이기 때문에 완전한 것이다. 하나님에게는 속성이 있는데 인간과 공유적 속성이 있고, 비공유적 속성이 있다. 인간과 공유할 수 있는 속성에는 감정이 있지만, 인간이 공유할 수 없는 것에는 우주 창조, 법칙, 전지전능 등이 있다. 신이 곧 자연법칙이라는 것은 신의 영역을 제한하고, 기계적으로 작동하는 것만 신이라고 생각하게 되어 버린다.

13. 제도와 생명 ・ ・ ・

제도적인 것은 인간이 만든 사물이고, 의식은 살아 있는 생명이다. 제도는 사물이기 때문에 생명을 죽인다. 인간이 행복을 추구하면서 온갖 지식들을 쌓아 놓지만 거기에는 오류가 생겨난다. 그 오류로 인해서 제도에도 오류가 일어난다.

예를 들어 산업재해보호법이 해외처럼 국내에도 법으로 존재하지만 심사 기준이 너무 강퍅하기 때문에 사회적 약자가 보상받기 힘들어진다. 이는 제도의 문제인데, 사람들은 정치적으로 대립하여 싸운다. 원자력을 이용한 발전이 인류에게 선과 해를 함께 주는 것과 같이 사람이 만든 제도는 언제나 좋은 면도 있지만 나쁜 면도 있는 양면성을 지닌다. 사람이 만든 제도는 완벽할 수 없기 때문이다.

특히 법을 지켜야 하는 사람들이 죄인 된 마음을 가지고 있기 때문에 지킬 수가 없다. 아무리 좋은 법이 있더라도 주체인 사람들이 지키지 않는다면 의미가 없어지는 것이다. 그래서 제도로는 인간의 행복을 충족할 수 없게 된다. 반면에 의식, 마음, 영성은 사람의 생명을 추구한다. 사람을 돕고 배려하고, 법을 지키는 마음, 사랑하는 마음, 하나님을 사랑하는 마음을 통해 진정한 평안을 얻게 된다.

14. 사조직과 단체 • • •

사조직과 단체에는 차이가 있다.

- 단체 : 학교, 학원, 교회, 정치, 봉사 등 목적이 있고 원하는 이들만 온다.
- 사조직 : 사람들이 단체로 모이면 힘이 생기고 위험해진다.

청소년 단체나 서클같이 목적 없이 재밌고 놀기만 하는 조직은 교육이 아니라 감정선을 이상한 데로 이끌어 가게 된다. 인간은 목적 없이 모이면 죄의 유혹을 받기 때문이다.

- **동호회** : 춤 동호회, 등산 동호회, 골프 동호회 등 즐기기 위해서 에너지가 모이면 문제가 많이 발생된다. 가명을 쓰는 것은 가면을 쓰는 것과 같다. 그래서 도덕과 윤리의 개념이 그 안에서 사라지고 방종된다.

- **운동조직** : 무도 같은 운동조직에서는 유서 깊고 확고한 규율과 전통이 있기 때문에 함부로 행동을 못한다. 과하면 죄에 악용될 수 있는 위험성이 있으나 육신과 정신 건강에 도움이 된다.

- **싱크탱크** : 목적을 지니고 있으며 인간의 행복을 추구한다.

사조직이 위험한 이유는 정치에 중독되기 때문이다. 10명 이상의 단체에서 패싸움은 반드시 벌어지게 되는데, 하물며 단체에게 돈이나 명예 같은 것이 하나도 없다고 해도 인원이 많아지면 그 안에는 사람들 위에 서고 싶어 하고, 권력을 잡고 싶어 하는 사람들이 생기게 마련이어서 끊임없이 사건·사고가 일어난다. 그리고 그 책임은 단체를 만든 사람이 지게 된다.

15. 기술과 마음 • • •

    기술이 발달되면 이치를 깨달을 수가 없고, 마음을 닦으면 이치를 깨달을 수 있다. 마음 수련을 하는 이유이다. 그러나 요새는 기술만을 발전시키려고 해서 도덕과 윤리를 잃고 인간성이 상실되어 간다. 인간이 기계에 예속화되어 가는 것이다. AI가 되는 것이다.

    기술을 연마하는 것은 남을 약탈할 수밖에 없게 된다. 기술은 근본적으로 욕심을 채우는 것이어서 인간성을 상실하고, 약탈하고, 정복하고, 빼앗는다. 그래서 나오는 사상이 자본주의와 물질주의이다. 결국 정치 시스템이 망할 수밖에 없는 이유는 이와 같이 인간의 행복을 추구하기 위해 스스로를 억압하는 시스템을 만든 것이기 때문이다.

    반대로 기술이 없어서도 안 된다. 조선 시대의 선비들이 마음 수련에만 편중하다 보니 기술이 없어서 외세로부터 침략을 당했다. 마음을 수련하는 사람은 주로 약탈을 당할 수밖에 없다. 이는 지정의와 인간성이 살아 있기 때문에 손해 볼 수 있고, 약탈당할 수 있고, 남을 위해서 죽을 수 있다는 것을 받아들이기 때문이다.

    마음이 수련된 진짜 사람은 정치인이 될 수 없을 뿐만 아니라, 정치에 관여해서도 안 된다. 마음을 수련한 사람이 정치에 관여하는 순간 그는 모든 길을 다 잃어버리는 것이다. 도인들이나 성인들이 세속을 떠나서 산으로 들어가는 이유가 이것 때문이다. 세상의 갈등과 부조리한 것을 보면 수양이 안 된다. 권력은 나눌 수 없으며 인간의 본성 자체를 드러낸다. 아무리 깨끗한 사람이 대통령이 되어도 제도에서 벗어날 수 없으며, 권력의 소유욕에서 벗어날 수 없다. 그래서 세상은 정치로 깨끗해질 수 없다.

16. 평화, 생명 보호, 선과 영성 • • •

미국 독립선언서나, 인권 선언서같이 어떤 문서나 헌법에서 '신'을 표기한다는 것이 영적인 것은 아니다. 신이 인권을 부여했다거나, 법의 영역이나 정부의 권위에서 어떻게 신을 표현하거나, 평화를 주장하거나, 생명을 보호하고, 지지하고, 선함을 명시한다고 하더라도 단지 인간의 존엄성에 대해서 나타낸 것이지 영적인 수준을 의미하는 것은 아니다.

특히 인간이 긍정적으로 생각하는 단어들이나, 신의 이름을 끌어온다 해서 영적인 에너지가 모인다거나 영적인 것이 되는 것은 아니다. 이는 영성이 아니라 지극히 제도적인 것에 불과하다. 로마나 일본에서 왕을 신으로 모시고 숭배한 것과 다르지 않은 것으로, 단지 인간이 신의 권위를 가져다 붙이는 것에 불과하다.

17. 평등과 공정 • • •

진보는 '평등'을 중요시한다. 그래서 사회적인 개념에서 이상적인 사회를 만들려고 하기 때문에 사회제도를 연구하고 개발하고 노력해 나간다. 하지만 세상을 아름답게 만들려는 노력은 결국 능력이 없는 사람한테도 보상하려는 시스템이 되기 때문에 발전이 안 되고 오히려 모두가 가난해지는 상황을 초래한다.

진보와 보수는 제도적인 것이지 의식 세계와 무의식 세계가 아니다. 그러나 진보는 혼적인 제도를 통해서 평화와 선이라는 영성의 수준으로 올라가려 하기 때문에 실패할 수밖에 없다. 왜냐하면 인간에는 평등한 것이 없기 때문이다. 사람은 태어날 때부터 평등하지 않다. 모든 사람들이 각각의 다른 환경에서 태어나며 육신 또한 똑같은 것이 하나도 없다. 그러나 모든 상황을 기계적인 평등으로 만들어 내는 것은 도리어 사회 구조를 무너뜨리고, 공의와 공정을 무너뜨린다. '평등'이라는 단어는 '존중과 배려'로 바뀌어야 한다. 생명은 하나이다. 육적인 상태는 평등할 수 없지만 영적인 상태는 평등하다.

한편 보수는 '개인'을 중요시하며, 필요한 물질을 만들고 발전하는 데 목적을 둔다. 보수는 물질적이며, 인간이 행복한 삶을 영위하기 위해 무엇을 만들어 낼 수 있는지를 고민한다. 하지만 그러다 보니 가난하고 소외받는 사람들에게 관심을 갖지 않게 되고 억압하게 된다.

이렇듯 진보와 보수는 서로의 영역이 달라서 충돌이 생겨나는 것이다. 하지만 인간의 문명이 진일보하고 발전해 감에 따라 이념은 끊임없이 바뀐다. 이 두 이념에 있어서 어떤 것은 실패이고, 어떤 것은 성공이라고 단정 지을 수 없는 이유이다. 이는 우리가 의수족을 갈아 끼우는 것처럼 사회가 필요할 때 진보와 보수를 차용하는 것일 뿐이다. 그래서 시대마다 사람이 만든 이념은 흔적만 남을 뿐, 이 두 개념 모두 단순히 있다가 사라질 것이다. 단지 이런 개념들은 그 시대에 필요로 했던, 그 시대를 반영한 흔적에 불과하다.

그래서 민주주의나, 공산주의나, 자본주의나, 사회주의나 결국 중심은 휴머니즘에 있고 서로 별다른 게 없다. 정치는 물질관이다. 철학은 정신관이다. 지금은 물질이 모든 것을 해결해 준다고 믿고 있고 포스트모더니즘으로 가고 있다. 마음 수양은 구시대의 유물이 되어 버렸다. 그래서 3차 대전이 이뤄지지도 않았는데 전 세계가 전쟁에 뛰어들고 있는 것이다. 이제는 물질뿐만 아니라 정신적인 세계가 더 필요하다. 균형을 이뤄야 할 때이다.

18. 정치와 영성 ● ● ●

진보와 보수 둘 다 헌법을 지키는 것을 원칙으로 하며 도의적으로 윤리관을 지킨다. 진보는 세상의 문제를 인식하면 국회를 통해 법을 만들어서 고치려 한다. 보수는 그 사람이 노력해서 번 것을 인정해 준다. 회사에는 경영을 위해서 연구자금과 같이 위험을 대비한 예비 자금이 있어야 한다. 그래서 그것을 제외한 남는 수익을 가지고 분배를 한다. 그런 분배의 기준점에 대해서 진보는 복지를 먼저 생각하고 보수는 회사를 먼저 생각한다.

하나님이 모세에게 주신 십계명은 율법인데, 크게 두 파트로 나눠진다. 하나의 돌판에는 하나님에 대한 사랑이 적혀 있고, 다른 하나의 돌판에는 이웃에 대한 사랑이 적혀 있다. 사람에게 사랑이 있으면 어떤 죄도 짓지 않는다. 타인을 사랑한다면 그를 위해 거짓말도 하지 않고, 빼앗지도 않고, 험담하지 않고, 내가 가진 무엇이든지 나눌 수 있을 것이다. 그것이야말로 영성이며 이를 위해 도를 닦는 것이다.

사람들의 의식이 바뀌어야 법이 없어도 사는 것이다. 진보와 보수, 법률, 정치 등은 지식의 문제지 의식의 문제가 아니다. 그래서 아무리 좋은 헌법과 제도가 있어도 편만 가를 뿐, 세상의 문제를 해결할 능력이 없다.

윤리의 문제에 있어서 아름다운 공동체를 지향하지만 반드시 실패할 수밖에 없는 이유는 사람들의 '지식수준이 높은 것'을 곧 '의식 수준이 높아지는 것'으로 착각하기 때문이다. 공공의 질서는 지식의 영역이지만, 자연적인 것은 의식의 영역이다. 제도는 좋아도 사람들의 의식 수준이 낮으면 지킬 수 없기때문에 또 다른 문제가 생겨난다. 반면 의식을 높여 가면 인간의 존엄성과 영혼은 소중함을 알게 되어 공공질서가 생겨나기 시작하고, 지식을 활용하여 법을 만들게 된다.

19. 사상에 대한 헌신과 성화 • • •

'이타심'이 인간에게 감동을 불러일으키는 이유는 인간에게
는 감정과 양심이 있기 때문이다. 이것이 영적이라는 오해와
다르게 이타심은 감각적인 혼적(마음)에 속한다.

- 충성심 : 국가를 위해 죽는 것은 이타심이 아니라 의무이다.

- 평화에 대한 헌신 : 육신적이고, 자기 사랑과 감동, 자기만
  족이다.

- 도덕에 대한 헌신 : 의로운 사람, 신념, 도덕, 윤리, 책임과
  같은 것이다. 감동스럽고 경이로워 보이지만 이는 자기만
  족이다.

- 인권에 대한 헌신 : 인권은 사람들이 잘 살기 위해서 나눠 놓
  은 윤리, 도덕 같은 것이다. 하지만 이것은 지키는 사람에
  의해서 소중해지고 선해지는 것이다. 이것을 잘 지키려는
  것이 마음인데, 시키면 마음을 가지고 있으면 지킬 수가 없
  다. 그래서 인권 수호 운동을 펼치는 것보다 사람들이 자신
  의 마음을 닦는 것이 더 나은 방향이다. 사랑이 없는 인권
  은 오히려 사람을 죽이는 도구가 된다.

- 성화 : 성인, 즉 '성화'된 것은 이와 다르다. 고통과 헌신밖
  에 없다. 성화는 하나님의 공유적 속성과 성품을 회복하는

것이다. 나와 성령님이 합쳐지는 것이다.

- **진정한 이타심** : 성화 과정에서의 이타심은 남을 위해서 죽는 것이다. 여기에는 분별이 없어야 한다. 모든 것에 대한 똑같은, 차별 없는 헌신이 중요하다. 생명의 소중함에 있어서 예외가 있어서는 안 된다. 왜냐하면 예외가 있다면 대상을 구분하게 되기 때문이다. 좋아하는 사람을 위해서는 죽어도, 좋아하지 않는 사람을 위해서 죽을 수 없다는 것은 이기심에 불과하다.

20. 인권과 영성 ・ ・ ・

'천부인권설'의 천부, 즉 하느님은 기독교에서 말하는 하나님이 아니다. 미국을 인권과 기독교의 심장이라고 생각하게 되는 것은 여기서 온 오해인데, 인권선언문 낭독 당시 미국에서는 왕조차 자신들의 재산을 침해하지 못하게 하기 위하여 '신'이라는 개념을 도입해 절대적으로 건들지 못하게 하였다. 당시 청교도는 정치와 기독교를 분리시키기 위한 개념으로 인간의 권리라는 것을 만든 것이다. 이는 현대사회에서 헌법을 하나의 암묵적 합의와 '레비아탄'으로 보는 것과 같이 그 당시의 신, 즉 하나님을 차용하여 권리를 선포한 셈이다.

인권

인권에는 좋은 점이 있다. 재판은 인간이 판단하고 심리하기 때문에 누군가는 분명히 억울하다. 성경의 전도서에서도 억울함으로 인해 핍박받는 사람들이 나온다. 그래서 인권은 억눌린 사람들을 구원하고 보호할 수 있는 장치가 될 수 있다. 반대로 인권으로 인해서 생기는 부작용들이 있다.

먼저 인간의 권리는 사람들에게 '선택권'을 부여한다. 내가 나의 기호에 맞게 선택할 수 있는 것이다. 그렇기 때문에 옳고 그름과는 상관없이 내가 좋아하는 것, 내가 싫어하는 것을 구분하여 자신이 좋아하는 것만 선택하는 귀결로 이어진다. 이렇게 사람들에게 판단권이 생긴 이후로 모든 것은 전부 사람을 중심으로 보게 되었다.

인간이 소중하니까 멋대로 해도 된다는 방종이 생겨난다. 포르노나, 책임이 없는 성적인 추구는 당연한 권리가 되었고, 방역을 따르지 않아서 많은 사람이 죽어 나갔음에도 마스크를 하지 않고 파티를 열 권리가 생겼으며, 불법을 저질러도 내가 돈을 벌 수만 있다면 좋다는 젊은이들의 인식이 생겨났다.

이렇듯 윤리와 도덕이나 종교에도 선택의 자유가 있기 때문에 신에 대한 존재와 동시에 선악의 기준이 사라졌다. 세상이 철학과 종교로 인해 돌아감에도 불구하고, 인간의 권리라는 개념 때문에 도리어 세상이 혼란해진 것이다.

이러한 인권은 결국 개인의 이익과 공공의 이익의 충돌로 귀결된다. 권력이 이동될 때마다 권력자들은 권리를 막 휘두르기도 한다. 공공의 권리를 위하여 인권을 제한하기도 한다. 결과적으로 인권은 분열과 다툼, 충돌, 반박을 불러일으킨다. 이것만 보더라도 인권이란 것은 인간을 구원해 줄 수 있는 색다른 개념도 아니고 인간 사회를 선하게 만들 수 있는 이론도 아니다.

결국 현대사회에서 기본이 되는 '인권', 즉 휴머니즘은 어디에서 왔는지 생각해 본 적도 없이 모두에게 '절대적으로 옳고', '절대적으로 선하고', '절대적으로 영적인' 것으로 비춰지고 있다. 결국 인권이 하나의 종교이자 믿음이 되어 버린 셈이다. 그래서 인권은 기독교와는 관계가 없으며 복음을 전하지 못하게 하는 바벨탑과 같은 존재가 되어 버렸다. 결국 인권은 사람이 만들어 낸 한정적인 개념이며 하나님 앞에서는 죄가 된다.

영성

영성은 인권과는 다르다. 하나님은 인간을 소중하고 귀하게 만드셨다. 하나님을 닮은 모형으로 인간을 창조하셨기 때문에 인간에게는 하나님의 '성품'이 있었다. 하나님은 '인간의 특별한 행복추구권, 재산침해권, 생태적 권리'라는 것을 부여한 것이 아니라, 인권이 없음에도 서로를 사랑할 수 있는 품성과 영원히 살 수 있는 생명을 주었다. 그렇기 때문에 사람은 성품의 회복이 가장 중요하다. 성품의 회복이야말로 영성이다.

인류는 선악과로 인해서 타락했고 더 이상 하나님의 온전한 성품을 지니지 못하게 되었다. 그래서 하나님께서는 그와 비슷하게 율법을 만들었으나 유대인들도 율법을 지키지 못하고 계속 타락했다. 율법은 그저 우리가 절대적으로 선함을 지키지 못한다는 인간의 한계와 인간의 '죄'를 보여 주기 위한 것이었다.

이 세상은 역사의 흐름에 따라 다양한 법과 권리들을 제정해 왔다. 그러나 인권의 재정이 사람들에게 행복과 평화를 가져오기보다는 권리로 인한 충돌과 분열과 다툼을 가져오게 되었다. 이는 인간이 아무리 좋은 권리, 법을 제정한다고 할지라도 그걸 지켜야 할 사람들의 '성품'이 좋지 않다면 인권을 지키지 않게 된다는 것을 뜻한다.

제3장

도(道),
영성으로 가는 문

1. 신과 인간의 관계 ・ ・ ・

세상이 창조될 때에는 거기에 '생명나무'와 '선악나무'가 있었다. 생명나무에는 창조, 신과의 교제, 영원한 생명의 열매가 열렸다. 그러나 선악나무에는 신과의 단절, 스스로의 성장과 지혜의 추구, 영원한 멸망의 열매가 열렸다.

하나님은 인간을 최고의 아름다움, 선, 하나님의 형상과 모형대로 만드셨다. 이는 인간이 하나님의 자녀를 의미하였다. 우리는 하나님을 닮은 하나님의 자녀였다. 인간에게는 언제나 선을 택할 수 있는 '자유의지'가 있었고, 타고난 성향에 따라 선택하는 '성향의 자유의지'가 있었다. 즉 우리에게는 하나님으로부터 받은 사랑, 희락, 화평, 오래 참음, 자비와 같은 공유적인 속성이 있었다.

그러나 인간이 선악과를 선택하였고 사단과의 결탁을 하는 바람에 악이 들어와서 자유의지를 타락시켜 버렸다. 그 결과 사람은 언제나 선을 택하기보다는 반드시 악함을 저지르고 죄를 지을 수밖에 없게 되어 버렸다. 다시 말하면 사람에게는 불안, 고통, 질투, 파괴와 같은 사단적인 속성이 들어오게 된 것이다.

인간이 창조주 하나님을 배신하는 것이었다. 그 결과는 하나님과의 완전한 단절이다. 신은 선이기 때문에 죄와 가까이 할 수 없다. 어둠과 빛은 함께 공존할 수 없듯이 죄와 선도 함께 공존할 수 없는 것이다. 따라서 인간은 신을 만날 수 있는 자격이 없다.

2. 진정한 신 • • •

그래서 인간은 세상의 모든 세속적인 신들을 찾아가지만, 사람이 찾아가서 만날 수 있는 신이라면 그것은 신이 아닌 한계를 지닌 모형일 뿐이다. 진정한 신이라면 인간을 만나러 오신다. 그래서 하나님은 인간을 만나러 오셨다. 성경은 "예수님이 우리의 메시아이다."라고 얘기한다. 성령의 인도하심을 받는 삶이 '성화'인데 인간에게는 성향의 의지가 있기 때문에 성화를 이루어 나간다.

특히 성경에는 각 교회의 이야기가 나오는데, 각 교회마다 구성하는 사람들 각각 죄의 특징이 있다. 이는 예수님을 믿어도, 신이 찾아와도 우리의 죄는 그대로 있음을 말한다. 인간의 능력으로는 죄를 없앨 수 없다. 아무리 도를 닦고 무아지경에 이르러도 이는 마음 수련의 하나일 뿐이라서 사람의 죄를 없앨 수가 없다. 성경은 사람 사는 모든 것과 현실에 대한 것을 이야기한다. 사람은 오직 성령의 인도하심으로 성화의 과정을 걸어갈 수 있다.

하나님은 큰 존재로서 사람은 하나님에 대해서 알 수 없다. 하나님은 '스스로 있는 자'라는 것과 하나님에 대한 기록은 소수에 불과하다. 우리는 하나님을 알 수가 없다. 단지 '하나님의 뜻'을 알 수 있을 뿐이다. 그래서 성경은 하나님의 언어를 인간이 이해할 수 있도록 만들어 놓았기 때문에 사람들이 오해하기도 한다.

3. 영적인 분별력 ● ● ●

우리는 사람의 행위를 통해서 마음의 상태를 알 수 있다. 점쟁이들이 점을 볼 수 있는 이유는 사람들의 행위를 보면 그 사람의 마음 상태를 알 수 있고, 이를 통해서 일어날 일을 예견할 수 있기 때문이다.

도둑은 우리에게 달콤한 것을 준다. 이유 없이 잘해 주는 사람을 조심해야 한다. 이는 90% 사기꾼이기 때문이다. 그렇기 때문에 사기를 당한다고 하면 내가 잘못한 것이다. 모든 것의 주체는 나이고 내 마음이 흔들리지 않으면 사기를 당하지 않기 때문이다.

그래서 우리는 영적인 분별을 위해 하나님께 모든 일에 기도를 드리고 보우하심을 구해야 한다. 영적인 분별력은 성령님의 인도를 받는 삶이다. 성령의 인도를 받은 삶은 받는 사랑이 아니라, 주기만 하는 사랑, 즉 '아가페'이다. 이 수준에서는 누구도 상처를 받지 않고 모두 승리하는 기쁨을 누린다. 만약 내 스스로 무언가 생각하고 삶을 개척하는 것은 필로스 사랑을 추구한다면 시간이 지나면 원수가 되고 분열되는 삶이 된다.

4. 경지에 오르면 도가 자연히 닦인다 ● ● ●

인간의 뇌는 프로그램화되어 있어서 마음을 닦는 게 안착되면 시간이 갈수록 높은 경지로 올라가게 되어 있다. 진짜 도인들은 일반인들과 똑같기 때문에 알 수가 없고 구분할 수도 없다. 절에 가면 멋있게 앉아 있는 사람이나 일반인들과 수준이 같을 수 있다. 진정한 마음을 닦은 사람들은 뇌가 프로그램화되어 있어서 일을 하든, 놀든, 잠을 자든, 심지어 성관계 중이든 마음은 스스로 알아서 더 큰 깨달음을 갖는다. 그래서 마음을 닦는 것은 '학습'일 뿐이다. 이런 학습은 대화를 통해서 촉진되기도 한다.

일각에서는 경지에 오르면 모든 것을 알게 된다고 오해하기도 한다. 심지어 전생, 환생, 미래부터 시작해서 자연의 모든 것, 세상의 원리 그 모든 것을 알게 된다고 믿기도 한다. 이는 갑자기 '어!' 하고 깨달음을 얻으면 책을 100권 읽지 않아도 명문대에 수석 입학을 하게 된다는 것과 같은 것이다. 그러나 깨달음을 얻게 되더라도 이 세상의 모든 지식이 갑자기 로봇처럼 쏟아져 들어와서 천재가 되지는 않는다.

사람은 모든 지식을 알게 될 수 없다. 보지 않은 것을 어떻게 알고, 읽지 않은 것을 어떻게 알겠는가? 지식은 뇌의 용량을 크게 할 뿐, 자기가 답습하지 않은 것을 알게 하지 않는다. 마음을 닦으면 세상의 원리를 알기 때문에 '아, 이게 저거구나!' 하는 깨달음이 오는 것이다. 기독교에서는 난자와 정자가 만나는 순간 하나님께서 영혼을 부어 주시기 때문에 전생은 없다고 본다. 인간은 경험하지 않은 것은 알 수가 없다. 오직 경험을 해야만 깨달음이 있다. 하나님을 아는 지식이 있어야 올바른 길을 갈 수 있는 이유이다.

그래서 도인이 속세에서 수련을 하는 이유는 어느 한곳에 머물러서 정체되어 있는 게 아니라, 자기의 마음과 경험을 넓

히기 위함이다. 물론 세상에 사는 우리는 욕심과 정욕에 따라서 행동하기 때문에 어떤 마음이 발달되는 것은 아니다. 이는 어떤 최고의 고승이라도 세속으로 내려와서 흔들리고 문제를 겪는 이유이다. 숲속에서 혼자 하는 수련보다 세속에서 교류를 통하여 얻는 게 진정한 수련인 것이다.

5. 의식 진화와 영성 ・・・

가인은 아벨을 죽이고 하나님으로부터 저주를 받는다.

"가는 곳마다 황폐화될 것이다."

인류는 저주받은 땅에서 먹고살기 위해서 농기계, 농업, 목축업, 무기를 발달시킨다. 그리고 즐겁게 지내기 위해서 음악, 성, 놀이를 발전시켰다. 이 당시에는 사람의 의식 수준(혼적인 수준)이 낮기 때문에 짐승의 본능이 남아 있어서 '강한 자가 약한 자를 지배한다'는 것이 당연하게 여겨졌다.

이때 일부다처제나, 여자를 사람 수에 포함시키지 않은 것이 하나님의 뜻이 아니다! 성경에 기록된 선악과 사건 이후의 모든 문명은 죄이다. 성경은 역사적인 것을 거스르지 않으며 그 당시 인간의 문명을 발자취처럼 기록해 놓았다. 그래서 신약과 구약의 차이가 커 보이는 것이다. 구약시대에는 선악의 구분이 없었기 때문에 하나님께서는 그 기준점으로서 십계명을 주셨다.

그래서 이 세상에서 강자는 자기가 잘못하고도 잘못을 느끼지 못하고, 약자는 강자한테 놀림을 당하고 불만이 많아지게 된다. 그래서 정치적으로 진보는 불평이 많고 보수는 비리가 많게 되는 것이다. 이렇게 진보와 보수로 분열되는 것으로 의식 수준이 올라가는 것은 아니다. 사람은 의식 수준이 나빠지면 감정이 올라오는데, 감정은 사람이 쉽사리 억누르지 못하기 때문에 이념의 한쪽 편만 들게 되고 다툼과 분열만 생긴다. 더군다나 학교에서는 토론과 지식만 공부하기 때문에 의식은 떨어지고 감정은 더 강해지는 것이다.

의식 수준이 높아진다는 것은 감정을 잘 통제할 수 있는 것이다. 도를 닦은 사람은 감정적으로 반응하지 않는다. 그래서 도인은 감정이 잘 일어나지 않기 때문에 상대를 비판하지 않게 된다. 명상은 감정을 통제하는 것이다.

이때 놀이 또한 명상의 일종이다. 놀이는 감정을 좋은 쪽으로 옮겨 가게 할 수 있기 때문이다. 그래서 어린아이 때에는 계속 놀게 해 줘야 하는데, 왜냐하면 아이가 좋은 감정을 가질 수 있기 때문이다. 좋은 감정을 가지고 있다면 타인이나 부모를 원망하지 않는다. 반대로 지식은 쌓이면 쌓일수록 주변을 원망하게 만들고 감정을 나쁘게 만들고, 타인을 원망하게 만든다. 한국 사람이 행복하지 않은 이유이다. 따라서 한국 교육에서는 '어떻게 하면 잘 놀까?'를 가르쳐야 하는 게 시급하다.

도를 닦은 사람은 의식 수준이 낮고 범죄자와 같은 사람들은 보고도 분노하지 않는다. 만약 똑같이 분노를 하게 된다면 같은 물에서 헤엄치는 수준이 되기 때문이다. 도리어 '왜 저 사람들은 자기 인생을 불행하게 살고, 입에 쓰레기만 담을까?'라면서 불쌍히 여기고 의식 수준이 올라가면서 멍한 상태를 유지한다. 그게 바로 '지혜'의 차이이다.

지혜는 절대로 감정을 드러내지 않는다. 반면, '지식'은 자신의 감정을 마음껏 드러내기 때문에 잘난 척하고, 나누고, 편 가르는 진흙탕이다. 그래서 경제적·군사적으로 상위 국가라고 하더라도 여전히 정치와 경제는 부패하며 살인 사건은 일어난다. 좋은 사회를 이루기 위해서는 국민이 의식 수준이 따라 줘야 한다. 인간의 제도를 통해서 의식적으로 통제하려는 것은 이를 따르는 사람들의 의식 수준이 낮기 때문에 서로 싸우기만 하고 실효성이 없는 이유이다.

6. 세상의 섭리와 영성 ···

사도행전에 죄를 짓지 않았음에도 교회와 개인이 박해받는 것이 나온다. 온 땅에 말을 전하기 위해서 하나님께서 흩으신 섭리라는 것을 알 수 있다. 이렇듯이 모든 일에는 '양면성'이 있다. 그래서 세상을 일차원에서 보는 게 아니라 고차원으로 보아야 한다. 고난과 고통과 박해가 결국 나쁜 것만은 아니다. 고난과 박해를 통해 사랑을 완성할 수 있기 때문이다.

7. 중도와 기독교 ···

'우리는 세상의 만물의 조화를 안다. 모든 것은 하나이고, 구분할 수 없고, 양극단을 구분하지 않아서 중도라는 깨달음을 얻는다.'라는 말이 있다. 하지만 사실 양극단을 구분하지 않는다는 것은 2차원적인 면에 지나지 않는다.

하나님이 없는 상태는 자연의 상태이다. 자연의 상태에서는 본능만 있기 때문에 불이나 물이나, 뜨거운 것이나, 차가운 것이나 하나밖에 없다. 그래서 이분법을 뛰어넘었다 해서 깨달음을 얻은 게 아니다. 이는 하나님을 믿지 않는 상태일 때

죄와 선이나 똑같은 것으로 보이는 것과 같은 이치이다. 오로지 신이 계실 때 죄와 선으로 분리될 수 있고 이게 더 높은 차원이다.

8. 소유와 무소유 • • •

낮은 수준의 무소유

'소유하지 않겠다'고 마음을 다스리는 것은 '선'을 이야기하는 것이다. 세상에 피해를 주지 않겠다는 선비의 청빈이 이 무소유의 수준이다. 사실 사람들은 무소유를 할 수 없다. 어떤 방법으로든지 어떤 것이든지 소유할 수 있게 된다. 심지어 무소유를 주장하는 사람들의 마음은 세계에서 가장 부자라는 사실이다. 마음은 없어지지 않고 남에게 뺏기지 않으니 내면적인 소유를 하고 있는 셈이다. 그것을 무소유로 착각하는 것이다.

진정한 무소유

마음의 상태가 무소유인 사람은 물질을 공유하지 않는다. 그래서 경지에 오른 사람들은 결국 죽는다. 불에 타 죽고, 자기 미라가 되고, 인신공양을 하는 것이다. 경지에 오르니까 이

세상 모든 것에 대해서도 무소유가 되는 것이다. 진짜 무소유
는 나조차 없다. 이는 신이 주신 내면세계가 아니다. 내가 무
소유를 하겠다는 것은 자기 스스로 이 세상에 존재한다고 믿는
것이고, 이는 이 세상의 모든 것이 우연히 생겼다고 믿게 되기
때문에 이런 일을 하게 되는 것이고, 그 결과는 죽음이 된다.

기독교적 삶(자족하는 삶)

내 운명과 내 인생을 받아들이고, 기쁨과 행복을 누리는 것
이 바로 신과의 교제이다. 신과 교제를 한다면 진정한 자유를
누릴 수 있게 된다. 이 세상에 속해 있지 않게 되는 것이다. 만
약 신을 믿는다면 신이 준 것을 감사하게 먹어야지, 왜 무소유
를 하겠는가? 기독교적 삶이란 무소유가 아니라 부자는 부자
인 대로, 가난한 자는 가난한 대로 하나님께 지으심받은 그대
로 만족하고 감사하는 자족하는 삶이다.

9. 죄인과 영성 • • •

도를 닦는 수련자는 차별과 애정을 없애야 한다. 우리는 죄
와 벌을 받은 죄인을 판단하거나 경멸을 보내서는 안 된다. 반

대로 '어떻게 하면 도와줄 수 있을까?'라고 생각해야 한다. 죄를 지었으면 반드시 죄의 대가는 지불해야 하는 것이 공정이고 공의이다.

그러나 어떠한 죽을죄를 짓더라도 하나님 앞에서는 그것이 일반 죄와 다르지 않다. 그래서 참된 기독교인은 오히려 어둡고 진흙투성이인 곳에 가서 죄인이 회개하도록 돕는 것이다. 죄를 뉘우치고 회개하면 용서해 주는 것이 바로 율법의 마침표인 사랑이다.

10. 은사와 영성 ● ● ●

은사는 구원의 조건이 아니다. 은사는 사람을 모으는 방법 중의 하나이다. 깨달음은 성경과 말씀에서 생긴다. 마술과 기적, 은사에는 차이가 있다. 은사에는 내적인 은사와 외적인 은사가 있다. 은사는 성령의 선물이다. 내적인 은사는 품성이고 외적인 은사는 치유, 가르침, 통솔력, 재주, 예언, 치유와 같이 자연적인 것과 초자연적인 것이 있다.

외적인 은사는 아무에게나 올 수 있다. 그러나 내적인 은사는 오랜 시간이 걸린다. 영혼을 살리는 것은 품성이다. 그래서 외적인 치유보다 내적인 치유가 중요하다. 이러한 하나님의 사랑을 받은 사람은 세상 모두에게 그 사랑을 전해야 한다. 그 사랑을 전하기 위해 은사를 사용한다.

11. 사탄과 영성 • • •

사탄은 인간을 죄로 유혹해 하나님과 멀어지게 한다. 하지만 그들은 하나님으로부터 제한적인 허락을 받아야만 하기 때문에 인간의 의지로 사탄의 유혹을 뿌리칠 수 있다.

12. 저주와 영성 • • •

저주는 훈계를 위해서 하는 것이다. 저주에는 저주를 풀 수 있는 조건이 있어야 한다. 저주는 나를 위하여 해서는 안 된다. 하나님 나라, 질서를 위해 제한적 저주를 할 수 있다. 그러나 반드시 회개하면 용서해야 한다. 성경에는 베드로와 요한 마술사 시몬에게 저주를 하지만 동시에 회개할 것을 권면하고, 이에 시몬은 회개하는 장면이 나온다.

13. 회개와 회심 • • •

회심은 개종을 의미한다. 안 믿는 사람이 믿는다거나 불교에서 기독교로 개종할 때 회심이라는 단어를 사용한다. 회개는 예수님을 믿고 성도가 된 사람들은 우리 육신의 감정(욕구에 의해) 죄를 짓는다. 성령님은 우리 양심을 통하여 죄를 알게 하신다. 이럴 때 우리는 눈물로 범죄를 자복하고 용서를 구하는 것이다.

의식 세계는 오감과 오장, 육체적인 세계이다. 우리의 사상과 신념, 생각, 이론, 정책 등은 시대마다 변하기 때문에 무질서하고 혼돈하다. 세계대전으로 인해 이성주의와 합리주의가 저물고 포스트모더니즘이 대두하고 있다. 포스트모더니즘은 절대적인 것은 없고 다양성을 추구하는 것인데, 이로 이해서 결국 개인의 유익만이 중요한 것이 되어 버리고 도덕과 윤리의 기준이 사라지게 된다. 결과적으로 무의식이 소멸되기 시작하고 정신적인 질병이 늘어난다. 지정의라는 인간의 인격, 사람다움이 죽어 가고 인간의 동물과 본성이 더 중요하게 여겨지는 것이다.

치유란 죄를 깨닫는 회개의 기도로부터 시작된다. 회개 기도는 양심을 살려 내고, 양심이 살아나면 직관이 열린다. 직관이 열리면 마음의 눈이 열리고, 마음의 눈이 열리면 육신적인 눈으로 볼 수 없는 것을 볼 수 있게 되고 깨달음을 얻는다. 그래서 말할 수 없는 기쁨과 희락을 느낄 수 있다. 또한 육신적인 치유 또한 얻을 수 있다. 이는 영적인 세계로 가는 문이다.

14. 사역자의 태도
   - 제자, 성도란 무엇인가? • • •

제자는 육신의 정욕을 죽이고 영이 살아야 한다. 오직 '하나님께 순종, 스승에게 복종'해야 한다. 사역자는 자아가 살아 있어서 마음대로 살아서는 안 된다. 발가벗겨진 수치를 당해도 모든 일에 감사로 하나님께 기도를 드린다.

성도는 그리스도의 남은 고난에 참여해야 한다. 우리에게는 예수님의 십자가도 있지만 우리의 십자가도 있다. 사랑은 기독교인의 정체성이다. 사랑이 있느냐 없느냐를 통해서 우리는 기독교인의 여부를 알 수 있다.

제4장

깨달음에
이르는 길

1. 마음 관리 • • •

자기 마음을 다스리는 자는 성을 빼앗는 자보다 나으니라.
(잠 16:32)

네 마음을 지키라. 생명의 근원이 이에서 남이니라.
(잠 4:22)

너희 안에 이 마음을 품으라. 곧 그리스도의 예수의 마음
이니. (빌 2:5)

네 마음으로 나의 명령을 지켜라. (잠 3:1)

마음은 아름다운 정원처럼 가꾸어야 한다. 하나님께서 가
장 소중한 것을 우리 마음에 감추어 두었다. 그것은 바로
생명이다. (잠 4:23)

마음의 정원을 가꿀 때 우리는 영적인 축복을 받는다. 마음
을 관리하면 건강하다. 치유는 두 가지로 볼 수 있다. 육신의
질병이 치유되는 것, 육신의 질병이 치유되지 않아도 마음이
평화로운 것.

마음을 관리하면 인생이 달라진다. 예수님은 천국이 우리
마음에 있다고 말씀하셨다. 마음을 관리하면 형통하다. 하나
님은 겸손한 마음에 복을 주신다. 모든 것이 사람의 마음과 연

결되어 있다. 사람의 마음을 잘 이해하는 사람은 이미 형통의
길에 들어선 것이다.

2. 기복신앙과 영적 성장 ・ ・ ・

처음에 신앙생활을 하면 기도가 뭔지 모르고 기도를 왜 해
야 하는지 모른다. 어느 정도 신앙생활이 익숙해지면 내 육신
을 위해서 기도한다(기복신앙). 돈도 달라, 지혜도 달라, 우리
가족이 잘되게 해 달라 기도가 나온다.

그러다 어느 정도 더 성장하면 '감사하다, 내가 하나님을 믿
게 된 게, 교회에 나오게 된 게 감사하다.'라고 기도한다. 어느
날 누가 날 도와주더라도 하나님께 먼저 영광을 돌리고 나서 그
사람에게 감사한다.

이 정도의 신앙이면 나와 그 사람과의 관계는 1대 1이 아니
라 하나님이 개입을 하시며 하나님의 섭리에 의해서 그 사람이
날 도와주는 것이지, 그 사람 마음 상태가 착해서 날 도와주는
게 아니라는 사실을 깨닫는 것이다(성령의 인도하심을 받는 사람).

3. 마음의 원리(모든 것은 내 마음에서 나온다) • • •

사람들은 누군가가 자신을 도와주면, '그 사람이' 도와주는 줄 알아서 만약 어떤 일에서 나를 도와주지 않게 되면 그 사람을 미워하게 된다. 내가 힘들고 어려울 때 능력 있는 옆 사람이 도와주지 않아 원망하게 되는 것이다. 그러나 사실 나를 도와주든 아니든 그 사람을 미워할 필요가 없다. 도움은 하나님의 섭리에 있는 것이고 내 자신에게 원인이 있기 때문이다(내 마음이 중심이 되어 좌로나 우로 치우친다).

- **육적인 마음** : 환경, 사람에게 영향을 받는다.
- **영적인 마음** : 성령의 인도하심을 받는다.

예를 들어서 내가 상대방을 싫어하는데 그가 날 도와주겠는가? 그 사람 입장에서는 '저 사람을 도와줘 봤자 밑 빠진 독에 물 붓기이고, 언젠가 내 뒤통수를 칠 거야.'라고 생각하면 도움을 주지 않을 것이다. 이와 같이 도와주지 않는다고 짜증을 낼 필요가 없다. 이런 마음은 우리의 삶에서 하나님이라는 존재를 빼 버리는 것이다. 하나님의 자녀가 된 사람은 마음을 빼앗기면 안 된다. 우리가 '마음을 빼앗기기 때문에' 하나님 섭리 아래에 있는데도 착각을 하고 그 결과 많은 죄를 짓게 된다.

우리에게 늘 마음 훈련이 필요한 이유가 여기에 있다.

'영혼'이라는 단어가 성경에 계속 나오는데 이는 단순히 '사람'이라고 지정할 수 없다. 영혼이라는 단어의 의미를 따진다면 하나님이 창조한 '모든 피조물'을 일컫는다. 보통, 사람은 '영혼이 있다' 하고 짐승은 '영혼이 없다' 하는데 이는 틀린 말이다. 왜냐하면 '영혼'이라는 단어 안에 내포되어 있는 내용들이 굉장히 많기 때문이다. 영혼은 '살아 있다', '생명이다', '마음이다' 등 여러 가지 뜻을 포함하고 있다. 물론 사람들이 갖고 있는 영혼과 짐승들이 가지고 있는 영혼은 다르다. 그렇지만 영혼이 없으면 짐승들도 살지 못한다. 마음이 없는데 어떻게 살 수 있겠는가?

특이한 점은 사람이 무언가를 만들어 낸 것에는 영혼이 없다는 점이다. 인간은 인조인간, AI를 만들어서 스스로 알아서 일도 하고 전쟁도 하고 부엌일도 하게 만들었는데, 영혼 없이 작동한다. 우리가 하드웨어, 껍데기에는 반도체와 센서를 넣고, 인식해서 자기 스스로 움직이게 만들 수는 있지만 거기에는 영혼이 없다. 물론, 감정이나 마음을 비슷하게 프로그램화시켜서 집어넣으면 눈물을 흘리거나 웃을 수 있겠지만 이는 비슷하게 흉내 내는 것뿐이다. 기계에는 '양심,이라는 것이 작동을 하지 않는다.

4. 영혼이라는 것은 복잡하다 ● ● ●

영혼이라는 것은 복잡하다. 양심, 마음, 육신, 사람의 자아 등 모든 것들이 합쳐졌을 때 영혼이라고 한다. 그래서 하나님이 만든 모든 피조물들은 다 영혼이라고 하는 것이다. 물론 사람과 동물의 영혼은 다르다. 사람은 회개도 할 수 있고 하나님을 믿을 수도 있지만, 짐승들은 그런 영혼이 없기 때문에 그렇게 할 수는 없다.

일부 기독교인들은 사람만 영혼을 갖고 있다고 인정하고 싶으니까 동물들은 영혼이 없다고 생각하는데, 그렇지는 않다. 영혼이 없다는 것은 생각이 없다는 것이다. 그러나 IQ 없는 짐승은 없다. 짐승을 잘 관찰해 보면 생각하고 있음을 알 수 있다. 동물이 밥을 먹을 수 있는 이유는 밥 먹고 싶은 생각이 들기 때문이다. 어떨 때는 동물들이 사람보다 영리하다.

5. 마음의 폭은 넓다 ● ● ●

마음에도 폭이 넓다. 짐승이 가지고 있는 마음, 사람이 가지고 있는 마음이 있다. 짐승은 단순히 배고프면 먹고, 졸리면 자고, 물 마시고 싶으면 마시는 등 생존과 번식에 대한 본능에 의해서 살아간다. 하지만 사람이 가지고 있는 마음은 그보다 훨씬 뛰어나다.

사람은 '어떻게 하면 행복하게 살 수 있을까?', '어떻게 하면 기쁘게 살 수 있을까?' 등의 복잡한 인성이 드러난다. 하나님을 섬기기도 하고, 귀신을 섬기기도 하고. 부처를 섬기기도 한다. 우리는 '영혼의 폭이 넓다는 것', '하나님께서 만드신 피조물은 다 영혼이 있고, 영혼의 차원들이 각각 다를 뿐'이라는 것을 알아야 한다.

짐승이라고 해서 마음이 없고, 생각이 없는가? 아니다. 식물도 마음이 있고 생각이 있다. 식물에도 예쁘다, 예쁘다 하면 잘 자라지만 죽어라, 죽어라 하면 죽는다.

6. 모든 피조물엔 영혼이 있다 • • •

하나님이 만드신 모든 피조물들은 영혼이 있다. 잘못된 기독교는 성경에서 '영혼'이라고 하니까 영적인 것만 바라보고 신비주의적인 관점에서 과학을 완전히 무시한 나머지 동물 외에 사람만이 영혼을 갖고 있다고 오해하는 경우도 있다. 그러나 영혼이 없다면 다 죽은 것으로 인정하는 셈이다.

영혼이 없다는 것은 죽어 있다는 뜻이다. 의자, 책상 이런 나무 같은 것은 영혼이 없다. 죽어 있는 것이다. 이렇게 물질적으로 눈에 보이는 것은 '에너지가 있다'는 것을 뜻한다. 영혼은 없지만 에너지는 있는 것이다. 따라서 이 영혼은 하나님이 만드신 모든 피조물에 전부 있다는 것을 알게 되면, 세상은 내 것이 아니라 하나님 것으로서 소중한 것이 된다.

사람은 '하나님이 사람만 존귀하게 여기고 나머지는 다 허접하니까 산에 가서 나무도 꺾고 돌도 발로 차고 훼손하고 짐승도 멋대로 해야지!' 하는데 그러면 결국 본인의 인성이 파괴된다. 자연의 질서는 그렇게 되어 있다.

이렇듯 영혼이라는 폭은 넓은데 우리는 신이 아니기 때문에 '인간이란 무엇이다'라고 정의할 수는 없다. 그래서 단순히 정리하자면 '하나님이 만든 모든 피조물은 영혼이 있고 살아 있는데 각각 격이 다른 것'이라고 이해하면 된다.

사람에게는 하나님이 부여한 하나님의 성품, 생기가 있다. 예를 들어 창세기를 보면 오직 인간만 손수 흙으로 빚었고 하나님의 생기를 불어넣었다. 이는 하나님의 성품을 인간에게 부여했다는 의미이다. 이 '생기'는 다른 생명체와 달리 하나님과 공유할 수 있는 것을 불어넣었다는 것을 뜻한다. 인간이 가지고 있는 것은 다른 어떤 것보다 소중한 영혼을 가지고 있다.

그런데 우리가 개보다 못한 짓을 하면 어떻게 되는가? 흔히 '짐승보다 못한 놈'이라는 소리가 있다. 우리에게 있는 하나님이 손수 빚고 생기를 불어넣은 아름다운 영혼이 결국은 하찮은 영혼이 되어 버리는 것이다. 그래서 성경에는 '마음을 관리하는 자가 성을 빼앗는 자보다 낫다'고 한다.

치유

사람들이 병원도, 과학도, 의학도 무시한 채 머리에 손을 얹으면 치유라고 생각하는데, 그래서 오늘날의 교회들이 망해 가는 이유이다. 과학, 의학은 하나님이 만든 게 아니란 말인가? 없었던 것을 인간이 만든 게 아니라, 다만 인간이 발견하고 인간이 개발한 것일 뿐이다.

과학이나 의학을 인간이 발견했다고 해서 이를 교회에다가 접목하면 어떤 사람은 되게 나쁜 거라 생각하는데, 치유도 이단이라고 생각한다면 병원에 가지 말아야 할 것이다. 그래서 진정한 신비주의자는 병원에 가지 않고 기도하다가 죽는 사람일 것이다. 천국에 올라가서 "제가 하나님 믿느라고 병원에 안 가고 기도만 하다가 죽어서 올라왔어요."라고 이야기하면 하나님이 뭐라고 하실까? "내가 만든 병원을 왜 무시하냐? 그 병원에 가서 치료 좀 받으라고 했는데 왜 안 해?"라고 안 하실까?

예를 들어 성경에는 사도 바울의 아들과 같은 제자 디모데가 몸이 안 좋았었던 것 같다. 그래서 사도바울은 디모데에게 물만 마시지 말고 술도 마시라고 권했다. 그 당시 의학기술 수준이 낮았던 탓에 술이 치료 역할도 했기 때문이다. 술 마시라는 것은 약 먹으라고 이야기한 것이다.

오늘날엔 약 먹으라고 하면 '저 목사는 능력이 없어.'라면서 교회에 오지 않는 사람도 더러 있다. 세상 것은 전혀 교회와 상관없는 것이라고 생각하면 정말 소중한 우리에게 준 것을 우리 스스로 다 망칠 수 있다. 이 세상 모든 것은 하나님의 피조물이고 하나님이 허락하고 만든 것이다.

마음을 관리하는 자

그래서 '마음'이라는 것, '마음을 관리하는 자가 성을 뺏는 자보다 낫다'라는 것은 마음을 관리하는 자가 모든 것을 다 가진 왕보다 낫다는 것이다. 전도서 1장 2절을 보면서 솔로몬이 성을 다 가졌지만 헛되고 헛되다고 한다. 이어서 잠언에서는 영혼에 대한 이야기, 마음을 관리하는 이야기가 나온다.

그러나 우리가 어떻게 마음을 관리할 수 있는가? 성경에서는 생명의 근원이 마음에서 나온다고 이야기한다. 우리가 하나님의 자녀이지만 가끔 사단 짓을 하는 것은 사단에게 마음을 빼앗기기 때문이다. 그래서 마음이 중요한데 '마음을 어떻게 관리를 하느냐' 하는 것이 포인트이다.

우리의 마음을 나눠 보자면 '영적인 부분'과 '혼적인 부분'이 있다. '혼적인 것'은 설교 시간에 많이 들었듯이 '육신적인 것'을 말한다. 어떤 사람들은 '영적인 거다, 혼적인 거다' 이런 것에 대해서 말꼬리를 잡는데, 그래선 안 되는 이유는 이는 사람이 만든 언어이기 때문이다. 요즘 잘못된 신앙인들은 기독교적인 용어만 아니면 원수 잡아먹듯이 덤비고 이단 취급을 하는 게 문제이다. 모든 것은 어떤 의미로 이야기하는지 잘 들어 봐야 한다.

'혼적인 것'은 선악과를 따 먹고 난 후에 죄로 물들어 있는 마음의 상태, 육신적인 상태, 자아 상태를 혼이라고 할 수 있다(사단의 종노릇하는 사람, '사단은 거짓의 아이' 요 8:44). 이 '혼'이라는 것을 표현한다고 하면 '인간의 자아', 선악과 따 먹은 죄의 상태로 육신적인 상태로 사는 것을 '혼적인 삶', 또는 '육적인 삶'이라고 할 수 있다. 따라서 교회를 다니고 예수님을 믿으면서도 죄를 짓는 사람은 '육신적인 그리스도인'이라고 표현할 수 있다.

'영적인 것'은 하나님의 계시를 받는 사람, 성령의 인도함을 받는 사람, 성령의 뜻에 따라 사는 사람, 더 정확히 말하자면 성경 말씀대로 사는 것을 말한다. 영적인 사람이라면 하나님의 뜻대로 사는 사람, 하나님의 계시를 받는 사람, 성경대로 사는 사람을 말한다.

성령의 인도함

요 근래에는 이상한 기술이나 은사를 가리켜 '영성'이라고 하는데 3분의 2만 맞은 것이다. 이것을 좀 더 신비하게 만들기 위해 영성을 이상하게 만들기 때문에 주의해야 한다. 우리는 예수님을 믿는다. 예수님을 믿으면 우리는 바로 '성령'을 선물로 받는다. 우리 안에 성령이 존재하는 것이다.

성령은 보혜사, 즉 '변호사, 보호한다'는 뜻이다. 우리를 변호하는 것이다. 우리가 기도를 하지 않고 맨날 놀러 돌아다니고, 교회를 다녀도 돈만 달라고 기도하면(기복신앙) 성령이 한탄하면서 대신해서 기도한다고 하지 않은가. 그래서 하나님 말씀을 잘 따르게, 예수를 잘 믿게 하는 역할을 하신다.

여러분이 이 정도 사는 것은 성령님이 여러분을 돕고 있기 때문이다. '양심의 죄책을 느끼게 하고, 거룩하게 하고, 깨끗하게 하고, 더러운 인간을 불쌍히 여기게 해 주세요.' 하고 성령이 기도하게 만들어 주신 것이다. 이런 내용을 우리들이 알아야지 신앙생활을 하는 데 있어서 영적이고 말씀대로 사는 사람이 될 수 있다.

어떻게 성령의 인도함을 받을 수 있을까? 계시록에는 라오디아교회에 "문 열어라, 내가 문밖에서 두드리니까 문 열어라."라고 하신다. 지금도 성령님이, 예수님이 우리들에게 도와줄 테니 문 열라고 하신다. 그러나 우리가 종종 열지 않는다는 게 문제이다.

7. 인격체 • • •

예수님은 인격체이시기 때문에 마음을 열어야지만 예수님이 들어오셔서 우리가 하나님을 신실하게 믿고 각종 은사 사역을 할 수 있다. 하나님 나라를 확장하고 그래야 하는데, 우리는 종종 '하나님이 알아서 다 해 주시겠지. 예배하고, 설교 듣고, 헌금하면 알아서 되겠지.'라고 생각하거나 마음을 열지 않는 이들이 있다.

"네 마음의 문을 열어라. 그래야지 너를 더 도와주고 하나님 곁으로 인도한다."

이는 우리에게 성향의 의지를 보이라는 것이다. 예수님은 그냥 도둑놈처럼 훅 들어오지 않는다. 우리가 마음을 열어야지만 각종 은사를 받을 수 있다. 가장 중요한 건 우리의 중심을 드려야 한다는 점이다.

우리가 어떻게 해야 우리의 마음을 열 수 있을까? 예를 들어 과학이나 한의학 관점에서 보자. 오천 년 전 한의학에서 육기 칠정이라는 것이 있었다. 육기는 여섯 가지 기후를, 칠정은 일곱 가지 마음을 뜻하는데 이러면 육신이 망가진다는 것을 의미한다. 육기는 굉장히 덥고, 굉장히 습하고, 굉장히 추운 것을 뜻한다. 칠정은 기쁨, 슬픔과 같은 것이다.

우리가 기쁘다고 무조건 좋은 것이고 건강한 것일까? 사실 너무 기쁘면 심장마비로 죽게 된다. 월드컵 축구 같은 때 심장마비로 죽는다는 뉴스를 볼 수 있듯이, 너무 기쁘니까 심장에 문제가 생기는 것이다. 그래서 기후도 적당히, 마음도 적당히 다스려야 건강한 상태가 된다. 그래야 건강한 육신을 가질 수 있다.

문제는 기독교인들은 마음을 어떻게 관리하는지 전혀 알지 못한다는 것이다. 성경에는 '마음을 관리하라', '마음의 문을 열라'고 하였다. 이는 성향의 의지가 있다는 것이다. 어떤 신앙인들은 오로지 하나님이 다 이뤄 준다고 하는데, 그렇지 않다. 본인의 의지를 드러내야 한다.

어떤 신앙인은 마음은 콩밭에 있는데 능력을 자랑하러 교회에 온다. 겉보기에는 이 사람이 신앙생활을 열심히 하고, 헌금도 팍팍 내고, 새벽 예배까지 드리니까 하나님과 교통한다고 주변인들이 생각하는데, 사실은 그렇지 않다. 중요한 것은 '마음'이다. 정말로 마음을 잘 관리하면 하나님과 가까이 있게 되어 행복과 기쁨이 생기는 것이다.

마음과 오장육부

육기는 어떻게 조종할 수 없다. 기후는 인간의 힘으로 조종할 수 없다. 미국에서는 기온에 영하권으로 떨어지는 가운데 폭설이 겹치자 사람이 몇 십 명씩 죽고 난리가 났는데, 그것은 우리가 마음대로 못하는 것이다. 다만 우리에게는 기술이 있으니 보일러를 떼거나, 옷을 두껍게 입거나, 차를 탈 뿐이다.

마음도 우리가 분노하고 불안하고 초조하면 병이 난다. 우리 한국에는 화병이라는 게 있다. 전 세계에서 유일하게 한국 사람만 화병이 나는데, 그것을 전 세계에서 인정하기 시작했다. 우리에게는 오장육부가 있는데, 이게 마음과 관련이 있다.

음악을 좋아하던 아이가 심장 이식수술 후에 운동을 잘하고 좋아하게 되었다. 알고 보니 심장을 주고 간 사람이 옛날에 운동선수였다는 것이다. 심장을 이식하고 난 후 성격이 바뀐 것이다.

한편, 간 이식을 받으면 취미가 바뀌기도 한다. 집에만 틀어박혀 있다가 간 이식을 받은 후 여행을 엄청 좋아하게 된 것이다. 코미디언 최홍림은 누나에게서 간 이식을 받고 난 이후에 먹는 음식이 달라졌다고 한다. 사람의 간은 기본적으로 소화효소를 내는데, 간의 약강에 따라 소화의 정도가 달라지니 사람은 본능적으로 먹는 음식을 가리게 되는 것이다.

이런 걸 우리는 '마음'이라고 한다. 먹는 것, 운동하는 것, 여행하는 것은 내 마음을 따라서 하는 것이지, 내 마음이 가만히 움직이지 않는다면 우리가 무엇을 하겠는가? 이는 죽은 것과 다름없다. 따라서 마음과 오장육부가 연결되어 있음을 알 수 있다. 뇌, 오장육부, 이런 것들과 마음이 연결되어 있다는 것이다.

뇌가 하는 역할은 기억력이다. 자율 신경계, 사람은 굉장히 얽히고설켜 있어서 마음과 관련이 있단 말이다. 하드웨어, 육신, 세포, 혈관 이런 것들이 전부 다 관련이 있다.

그런데 우리가 '마음 관리를 하라, 순종하라'고 성경에 나와 있어 그대로 순종하려고 노력하지만, 되는가? 잘 안 된다. 하나님이 이 세상을 만들었지 않은가. 그럼에도 우리는 의학적,

한의학적, 과학적인 모든 것을 무시하려고 한다. 그러니 맨날 교회를 다녀도 변화되지도 않고, 깨닫지도 못하는 것이다.

한 달 정도 치유를 하면 그 사람의 상태에 대해서 어느 정도 파악을 하고 '이거는 먹지 말고, 이거는 먹어도 된다.'고 음식물을 정해 준다. 왜냐하면 음식이 사람의 육신에 영향을 미치기 때문이다. 심지어 산소마저도 여러분 몸 안에 독소가 되기도 한다. 이런 부분을 무시해서는 안 된다.

8. 하나님이 우리의 마음을 이끄신다 · · ·

어느 경지에 이르러서 직접접으로 하나님이 여러분의 마음을 이끌기 이전까지는 여러분이 음식이든, 운동이든, 주변 사람이든 모든 환경에 영향을 받게 되어 있다. 성자 정도 되면 하나님이 직접적으로 성령을 통해서 인도하기 때문에 환경의 영향을 받지 않는다. 그런 사람은 현재 지구상에서 한두 명 있을까 말까? 그러니 하나님이 특별히 선택하기 전까지는 그런 경지에 도달하지 못한다.

그래서 마음을 관리하기 위해서는 육체를 건강하게 해야 한다. 간이 굉장히 나쁜 사람은 열이 난고 맨날 화가 나고 짜증을 잘 낸다. 교회에 오면 가만히 있어도 짜증이 나고 화가 난다. 상대방이 조금만 뭐라 해도 화가 난다.

또 심장이 좋지 않으면 불안하고 초조하고 심지어는 죽을 것 같다. 공황장애라고 하는데, 지하실이나 일정한 공간에 가면 숨이 안 쉬어지는 폐쇄공포증 같은 것도 심장이 나쁘면 일어나는 현상이다. 콩팥이 안 좋은 사람은 소심하다. 이런 부분들을 알고 육체를 가장 먼저 건강하게 해야 우리가 마음을 관리할 수 있다. 그렇게 하려면 말씀대로 살아야 한다.

육신의 건강

육체를 건강하게 하려면 음식을 잘 먹어야 한다. 양질의 음식을 먹어야 하고, 특히 음식을 많이 먹으면 안 된다. 당뇨병에 걸리는 사람들은 먹으면 안 되는 줄 알면서 한없이 먹는데, 고혈압이나 당뇨를 앓고 있다면 반드시 적절한 운동을 하면서 음식을 조절해야 한다.

간과 콩팥이 나쁘면 몸에서 해독이 잘 안 되기 때문에 독소가 적은 순한 음식을 먹어야 하다. 몸이 찬 사람은 찬 음식을 먹으면 안 된다. 왜냐하면 몸이 차가운 사람은 체내의 독소로 인해 차갑기 때문에 이를 덥힐 수 있는 음식을 먹어야 한다. 찬 독소만 가득하고 에너지가 없는 사람이 만약 차가운 음식이

나 아이스크림과 같은 것을 먹으면 독소는 계속 쌓일 수밖에 없다.

따라서 가장 먼저 음식을 적당히, 죽지 않을 만큼만 먹어야 한다. 오장육부가 튼튼하면 육신이 건강해지고 에너지가 넘치게 된다. 그리고 에너지가 넘치면 마음이 편안해진다. 운동을 잘 안 하다가 한 번 등산을 하면 헉헉거리고 힘들지만, 산에서 내려와 쉬면 마음이 되게 기뻐한다. 물론 육체는 활성화되어 힘들어 죽을 것 같지만, 걸어가면서 땀과 함께 독소도 배출되고, 많이 움직이는 동안 맑은 공기를 들이마시고 휴식을 취하면 기분이 좋아지는 것이다.

요즘 사람들은 커피를 안 마시면 기운이 없어서 일을 못한다고 한다. 우울증 환자들은 기분이 우울할 때 초콜릿같이 단것을 먹고 싶어 한다. 만약 내가 단것이 먹고 싶다면 내가 조금 우울하다고 생각하면 된다. 이런 상태가 6개월 이상 지속되면 우울증에 걸린다. 에너지가 넘치면 마음이 평안해져서 이런 것이 먹고 싶다는 생각이 별로 들지 않지만 그렇지 않을 경우에는 커피, 고기, 단것이 먹고 싶어진다.

이런 육신적인 건강을 중요시하지 않는 신앙인은 열심히 신앙생활하려고 하지만, 비실비실 여기저기 아프기 시작한다. 그래서 봉사를 잘하다가도 자기 맘에 안 든다 해서 교회를 분열시키고, 교인을 내쫓고 쌈박질한다. 육신이 건강하면 마음이라는 것은 잘 변하지 않는다. 건강하지 않으면 변덕이 죽을 쓰고, 마음에 문제가 생긴다.

마음의 건강

영적이나 성경적으로 해석하면 슬픔의 영, 분노의 영 같은 것들은 사단이 선물한 것이다. 선악과를 먹은 이후에는 인간의 육신과 에너지나 마음 상태가 문제되기 시작한다. 사단을 슬픔도 분노도 음란과 거짓의 아비라고 하지 않은가. 하나님께서 여러분에게 슬픔을 주는가? 분노를 주는가?

우리들이 천국에 가라고 십자가에 예수님을 못 박았는데 여러분은 왜 슬퍼하는가. 이런 것들은 사단이 선물한 것이다. 에덴동산에서 쫓겨난 후에 정녕 죽으리라 말한 것은 이 세상은 고통이라는 것이다. "10년 더 살면 뭐하나? 고통인데."라고 모세가 말했고 "헛되고 헛되다."라고 솔로몬도 말했다. 육신이 결국 썩어서 없어지기 때문이다.

다윗 왕도 모든 권한을 가지고 이스라엘을 강대국으로 만들어 놓고 죽을 때가 되니까 자기 몸 스스로 덥히지 못해서 신하들이 여성 한 명을 침대에 넣어 주지 않던가. 물론 여기에 비밀이 있다. 아기를 배와 배끼리 마주 보게 안고 있으면 여름에 덥고 땀띠가 난다. 그런데 아기를 등에 메고 있으면 그렇게 덥지 않다. 왜냐하면 인간의 오장육부가 활발하게 움직이는 에너지가 서로 마주 보니까 땀이 뻘뻘 나는 것이다.

미국은 마사지, 에너지 힐링을 대체의학이라고 한다. 한국에서는 마사지사를 무시하는데 미국에서는 의사 취급을 해 준다. 아비가일이 다윗의 침대에 들어온 것은 바로 치유이다. 성경에도 다윗이 스스로 못 덥히니까 남의 것으로 자신의 몸을 덥히는 것처럼, 사람도 사람의 기운을 전달할 수 있다. 그래서 다윗 때부터 치유의 일이 있었고 역사 속에서 지혜를 볼 수 있다. 하나님이 인간을 그렇게 만든 것이다.

요새는 심리학도 발전되어서 옛날처럼 마음이 어떤 에너지로 바뀌어서 오장육부를 관리한다고 이야기한다. 그래서 심리학에서는 어떤 사람이랑 오래 얘기하면 엄청 피곤하지만, 또 어떤 사람이랑 얘기하면 기운이 팔팔하고 마음이 평안해진다고 한다. 왜 그런지 아는가? 이는 귀신 들린 사람을 만나서 그런 게 아니라, 다윗과 아비가엘처럼 사람과 사람의 관계에서 내 에너지를 빼앗기느냐 상대방이 나에게 좋은 에너지를 공급해 주느냐의 문제이다.

첫 번째로, 허약한 사람을 만나면 내가 기운이 없어진다. 에너지는 높은 곳에서 낮은 것으로 흘러들어 간다. 약한 사람을 만나면 에너지를 너무 많이 뺏기는 것이다. 보통 사람이랑 만나면 에너지 교류가 극적이지는 않겠지만, 저수지가 텅 비어 있듯이 에너지가 아주 없는 사람을 만난다면 내 에너지가 쪽쪽 빨리는 것이다.

두 번째로, 마음이 불안정한 사람, 주파수, 자율신경계가 높은 사람이다. 자율신경계가 고장 난 사람을 만나면 너무 피곤하고 마음이 불안정해진다.

호흡과 건강

건강한 사람은 호흡이 길고 깊다. 불안정한 사람은 호흡을 짧게 한다. 눈으로는 보이지 않지만 호흡이 불안정한 사람이 있다. 강아지가 헉헉거리듯이 가만히 가슴을 보면 들썩거리는 것을 볼 수 있다. 정상적인 사람은 들썩거리지 않는데 목소리까지도 헉헉거리는 사람이 있다. 물론 일시적으로 그럴 수도 있지만 늘 그러는 사람이 있으면 병이다.

세상에서는 흔히 배로 숨 쉬고 복식호흡을 하라고 한다. 단전호흡은 숨이 길고 천천히 쉬어지도록 훈련하는 것이므로 좋다. 다만 단전호흡에 영적인 것이나 신을 개입시켜서 문제가되는 것이다.

기도를 오래 한 사람, 내가 잘 살든 못 살든 그런 것을 떠나서 늘 기도하는 사람은 기운이 넘쳐나고 기분이 좋아진다. 복을 달라고 기도하는 것과 달리 '전 죄인입니다. 저 불쌍한 이웃 잘되게 해 주세요. 내 남편 하나님 믿고 구원받게 해 주세요.'라며 사랑이 가득 차 있고 하나님의 뜻대로 기도하는 사람은 마음이 안정되어 있고 어떤 충격에도 크게 충격을 받지 않는다. 이런 사람들의 호흡은 깊고 천천히 조용하게 움직인다.

심지어 헐떡헐떡 숨을 쉬는 사람이 이렇게 호흡이 잔잔한 사람과 상담을 하면 깊은 호흡을 따라가게 된다. 어떨 때는 평소에 내 호흡이 길고 깊으니까, 상담하다 보면 그 호흡 때문에 상담자들이 졸려 하는 경우가 있다. 처음에는 헐떡거리다가 깊은 호흡을 따라오게 되어 있다. 물론 본인은 잘 모른다.

호흡이 길어지고 깊어지면 마음이 편안해지고 잠이 잘 온다. 만약 밤에 잠을 잘 못 이룬다면 숨을 뱉을 수 없을 만큼 뱉은 후 들이쉴 수 없을 만큼 들이쉬기를 서너 번 반복해 보는 것이 좋다. 생각이 많아서 밤에 잠이 안 올 때 그렇게 해 본다면 잠이 잘 온다는 것을 알 수 있다.

우리가 '예수님 믿으면 하나님 뜻대로 살아야 하는데'라고 하는데, 지금 이것들이 하나님 뜻이다. 그런데 우리는 하나님 뜻대로 산다고 하면서 씩씩거리고, 남 탓하고, 먹고 싶은 건 다 먹으며 마음대로 산다. 마치 이스라엘 사람들이 구원받았지만 애굽의 종살이하던 습관을 버리지 못하던 것처럼 행동하는 것이다. 신앙인이라면 이웃을 위해서 봉사하고 헌신하고, 마음이 편해져야 하는데 그게 안 되는 이유가 있다. 기도를 할 때 첫 번째는 건강, 두 번째는 음식, 세 번째는 운동, 네 번째는 휴식 이런 것이 병행되지 않으면 우리들은 마음을 관리할수 없다. 아무리 신앙생활을 잘하려고 해도 내 몸이 불안하고, 아프고, 남편과 갈등이 있는데 어떻게 잘할 수 있겠는가! 맨날 회개할 일밖에 없는 것이다.

9. 외적인 기도 ・ ・ ・

우리는 기도를 할 때 첫 번째로 찬양과 통성기도를 해야 한다. 왜냐하면 우리가 세상에서 살았으니 세상에서 육적인 삶을 내려놔야 하기 때문이다. 회사에서 상사한테 욕먹고, 부하 직원이 사고 쳐서 열받았는데 갑자기 교회에 온다고 해서 기도가 될 리 만무하다. 이런 번잡한 마음을 어떻게 내려놓을 수 있는가? 바로 찬양과 통성기도로 육신의 외적인 것을 벗어내고 세상적인 것을 거둬 내는 것이다. 나를 죽이고 하나님을 드러내며 회개를 통하여 재물이 되는 것이다.

10. 하나님을 아는 지식 ● ● ●

그러고 난 다음 하나님의 말씀, 성경에 대해서, 마음에 대해서, 영적인 것에 대하여 30~60분 정도 지식을 쌓는다. 지식이 많다고 깨달음을 얻을 수 있는 것은 아니다. 그러나 깨달음을 얻기 위해서는 그에 대한 지식을 알아야만 한다. 하나님을 아는 지식이 없다면 성경의 하나님에 대해서 오해하거나 나도 모르는 사이 미신을 섬길 수 있다.

11. 침묵기도 ● ● ●

이렇게 1시간이 이렇게 지나가면 여러분의 마음이 안정된다. 따라서 이제 마음을 비우는 기도를 하는 것이다. 하나님이 우리 안에서 역사하기 위해서는 우리가 이 세상의 것을 내려놓고, 세상을 내려놓고, 내 생각을 내려놓고 하나님의 제물이 되어야 하는데 내가 살아 있으면 안 되지 않은가. 내가 죽어야 하지 않은가.

사람들은 성경 공부하면서 '네 자신을 죽여라, 예수님이 죽이라고 하지 않았냐?' 하는데 어떻게 죽이는지는 가르쳐 주지 않는다. '네 자신을 십자가에 못 박아라.'고 하지만 '날마다 자신이 죽는 십자가를 져야 해!'라고 하지만 정작 내 자아가 어떻게 죽는지, 어떻게 생각이 죽는지는 가르쳐 주지 않는다. 자기도 그 길을 안 가 보았기 때문이다.

여러분이 바뀌는가? 감동만 받지, 변하지 않고 깨달아지지 않으면 여러분 자아를 죽이지 못한다. 그래서 여러분은 훈련을 받아야 한다. 전쟁하려면 비행기, 탱크를 몰아야 하는데 훈련도 받지 않은 사람이 전쟁터에 가면 할 수 있는가?

훈련과 연습의 반복이 필요하다. 그렇다면 어떻게 훈련을 받을 수 있을까? 가 보지 않는 사람은 모른다. 다 죽어 가서 능력이 안 되는데 어떻게 성경에 나와 있는 것을 해석하겠는가.

그 반대로 불교는 하나님을 안 믿어서 그렇지, 산속에서 훈련을 하기 때문에 능력이 많고 깨끗하다. 물론 기독교인은 산속에서 깨끗하게 살지 않아도 예수님을 믿으니까 천국을 가지만, 세상에 나가서 돈도 벌고 하다 보니 수양을 많이 하지 않는 경향이 있다. 우리는 하늘의 상급을 기대하고 하나님 자녀다운 사람을 살아야 한다.

예수님 사역의 60퍼센트 이상은 치유이다. 본인 스스로가 치유되지 못하면 남을 치유할 수 없다. 적당한 운동, 휴식, 그리고 기도를 통해 우리들이 마음을 관리해서 자기 자신을 치유해야 한다. 건강한 마음으로, 건강한 육신으로 나아가야 한다. 또는 이런 신실한 믿음이 생기면 본인이 암에 걸리고 고통스러워도 이웃을 위해 헌신할 수 있다. 신앙생활을 하다 보면 이 경지까지 와 있을 수도 있고, 인도하심에 이끌릴 수도 있지만 그 어려운 길을 가 봐서 깨달은 사람만이 경지에 도달하는 방법을 이야기해 줄 수 있다.

끝으로, 이 책을 쓰면서 이 세상 모든 사람들이 예수 그리스도의 믿음으로 말미암아 사랑과 희락과 기쁨, 평안을 누리며 육신의 질병과 마음의 질병이 치유되길 기원한다.

12. 하나님이 받으시는 기도 • • •

믿음, 행동, 기도

1 가이사랴에 고넬료라 하는 사람이 있으니 이달리야 부대라 하는 군대의 백부장이라 2 그가 경건하여 온 집안과 더불어 하나님을 경외하며 백성을 많이 구제하고 하나님께 항상 기도하더니 3 하루는 제 구 시쯤 되어 환상 중에 밝히 보매 하나님의 사자가 들어와 이르되 고넬료야 하니 4 고넬료가 주목하여 보고 두려워 이르되 주여 무슨 일이니이

까 천사가 이르되 네 기도와 구제가 하나님 앞에 상달되어

기억하신 바가 되었으니(사도행전 10장 1~4절)

구약 때 화제는 향기로운 냄새이자, 하늘로 올라가는 분향

단의 연기는 하나님이 받으신 것이었다. 신약에 이르러서는

하나님을 경외하고, 백성을 구제하고, 항상 기도를 하는 고넬

료에게 천사가 "네 기도와 구제가 하나님 앞에 상달되었다."라

고 답하는 것을 보고 우리의 믿음, 기도, 행동이 함께 이루어

질 때 우리의 기도가 하나님께 상달됨을 알 수 있다.

예언

5 그는 무두장이 시몬의 집에 유숙하니 그 집은 해변에 있

다 하더라(사도행전 10장 5절)

무당, 점쟁이, 철학관 등의 예언은 사람의 길흉화복을 점치

는 기복적인 것에 불과하다. 그러나 진정한 하나님의 예언이

란 하나님을 믿게 하는 것만이 목적이기 때문에 그 내용은 자

세하고 세부적인 내용으로 이루어진다. 천사는 고넬료에게 정

확하게 "해변가에 있는 무두장이 시몬의 집에 머무는 베드로

를 만나라."는 예언을 한다.

황홀경

10 그가 시장하여 먹고자 하매 사람들이 준비할 때에 황홀한 중에 **11** 하늘이 열리며 한 그릇이 내려오는 것을 보니 큰 보자기 같고 네 귀를 매어 땅에 드리웠더라(사도행전 10장 10~11절)

2 내가 그리스도 안에 있는 한 사람을 아노니 그는 십사 년 전에 셋째 하늘에 이끌려 간 자라 (그가 몸 안에 있었는지 몸 밖에 있었는지 나는 모르거니와 하나님은 아시느니라)(고린도후서 12장 2절)

10 주의 날에 내가 성령에 감동되어 내 뒤에서 나는 나팔 소리 같은 큰 음성을 들으니(요한계시록 1장 10절)

사도행전 10장에는 베드로가 사람들이 음식 준비를 하는 중에 황홀경에 빠지면서 하늘이 열리고 하나님의 계시를 받는다. '하늘이 열린다'는 것은 마음의 눈이 열렸다는 것이다. 육신의 눈으로는 하나님의 뜻이나 세상의 원리조차 보지 못한다. 하지만 베드로와 같은 성인은 마음의 눈이 띄었기 때문에 하늘이 열리면서 하나님의 계시를 볼 수 있었다.

고린도후서 12장에서는 사도바울도 황홀경을 느끼면서 "내가 몸 안에 있는 것인지, 몸 밖에 있는 것인지 모른다."라고 이야기한다. 왜냐하면 황홀경의 상태에서는 무의식이 높아지고 의식이 낮아져서 주변에 대한 감각이 사라지기 때문이다. 한편, 요한계시록에서 1장에서는 요한이 성령에 감동이 되자 하나님의 계시를 듣고 보게 된다. 이와 같이 하나님의 계시가 나타날 때 황홀경이 나타나는 것을 알 수 있다.

이때 잠들어서 얻는 꿈과 환상은 차이가 있는데, 꿈은 의식이 사라지기 때문에 나타나지만 환상 중에는 의식이 아주 또렷하며 살아 있을 때 일어난다.

하나님의 뜻

15 또 두 번째 소리가 있으되 하나님께서 깨끗하게 하신 것을 네가 속되다 하지 말라 하더라 17 베드로가 본 바 환상이 무슨 뜻인지 속으로 의아해하더니 마침 고넬료가 보낸 사람들이 시몬의 집을 찾아 문밖에 서서 (사도행전 10장 15절, 17절)

당시에는 베드로도 유대인의 전통에 따라 이방인을 개처럼 취급하면서 그들에게 다가지 못했고, 또 세간 사람들로부터 손가락질 받을까 봐 두려워했다. 그러나 하나님께서는 베드로에게 부정한 음식을 3차례나 보여 주면서 "내가 깨끗하게 한 것을 네가 욕되다 하지 말라."고 하신다. 이는 이방인에게도 구원의 복음을 전하라는 뜻이었다.

그런데 베드로는 이에 대해서 곧바로 깨닫지는 못하고 도리어 하나님께 "난 의로워서 이런 더러운 것은 먹지 않아요."라고 답했다. 그러나 이 환상이 무슨 뜻인지 깊은 생각을 하기 시작하고 곧 깨달음을 얻는다. 그는 황홀경으로 인해 개념이 전환되었고 마음의 치유를 받게 되는 체험을 한다.

사람의 판단은 한계를 가지고 있다. 직감은 오판을 낳고 일을 그르치며 오해를 불러온다.

제5장

전도서로 보는
세상의 이치

전도서 1장 ∙ ∙ ∙

예배의 중요성

예배가 왜 필요한가요? 예배가 우릴 어떻게 만드나요? 예배는 이 세상에서 가장 나에게 기쁨을 주고, 행복을 주고, 무한한 능력을 주죠. 세상에서 우리가 죽어 갈 때(죄) 예배를 통해 생명(하나님과 교제)을 불어넣습니다. 그 예배의 중요성을 모를 때 우리는 하나님의 능력과 선하신 뜻을 제대로 알지 못합니다. 그래서 그저 인사하고, 설교 듣고, 찬양하고 종교적인 행사로 교회에 나왔다가 다시 세상으로 돌아가 버리죠. 그것은 본질이 아닙니다. 그런데 세상의 사람들은 그렇게 생각하지 않습니다. 교회의 본질을 보기보다는 교회에 모여 있는 사람들의 행위로 인해서 교회의 모습을 판단하는 안타까운 현상이 나타납니다. 마치 교인은 '지옥에 가야 할 사람, 이기주의자, 도적 같은 사람, 세상의 공공의 적'이 되어 버렸습니다. 선하신 하나님이 나 때문에 내 죄로 인해서 욕을 먹고 있는 것이죠.

오늘부터 전도서를 나갑니다. 이를 통해서 청년이나 나이 드신 분이나 인생에 대해 진실하게 접근하게 됩니다. '내가 과연 무슨 짓을 하며 살고 있는가?'를 깨닫는다면 하나님이 주신 천국을 우리 안에서 누릴 수 있습니다.

솔로몬의 고백

잠언과 전도서는 전부 솔로몬이 지었습니다. 솔로몬은 한쪽으로는 부패했지만, 한쪽으로는 성전도 건축하고 이 두 가지 면을 갖고 있어요. 즉, 부패하기만 한 것이 아니라 한쪽으로는 하나님을 위해서 온갖 충성을 다했다는 거예요.

사실 우리가 세상에서 욕을 먹는 게 그런 것 때문이죠. 우리가 하나님에 대한 믿음이 있음에도 불구하고 세상에 나가서, 세상 사람들이 싫어하고, 그들이 죄라고 부르고, 또 하나님이 죄라고 하는 모든 쾌락을 누리려고 하는 것이죠. 솔로몬이 그랬거든요.

솔로몬은 자기 아버지 다윗이 물려준 모든 권력과 재산을 가지고 법 같은 것과 상관없이 한 번쯤은 누려 보고 싶은 모든 쾌락을 누려 봤습니다. 그러면서 한쪽으로는 하나님 앞에 무릎 꿇고 사랑하고 경외했던 것이죠. 그때 쓴 것이 바로 잠언이고, 여기에는 지혜로운 이야기들이 많이 나옵니다.

전도서는 글자 그대로 솔로몬 왕이 늙어서 죽을 때가 되니 이제 하나님의 자녀 역할, 전도자 역할을 합니다. '나의 인생이 헛된 것이구나, 먼지와 같구나.' 하는 것을 깨달은 것이죠. 그래서 자신의 간증을 통해서 세상 사람들을 하나님께로 전도하는 전도자의 역할을 하는 것이죠.

"사람은 태어난다. 그리고 태어나면서부터 지식과 사회를 배우기 시작한다. 그런데 그런 것들이 나에게 고통과 고난을 줄 뿐이다. 나는 반드시 죽게 된다. 내가 소유했던 그 모든 것은 내가 죽는 순간 타인의 손에 넘어간다. 인생은 이 얼마나 헛되고 헛된 것인가?"

이렇게 솔로몬이 고백하고 있습니다. 그가 첩을 천 명을 두고 이것저것 별짓을 다 해 봤지만 거기서 남는 것은 고통과 고난밖에 없더라, 죽어라 머리 굴리고, 몸 팔고, 죽어라 일해서 돈을 벌어 놨는데, 죽을 때가 되니까 내 것이 하나도 없더라는 것이죠.

여러분도 그렇지 않습니까? 여러분은 죽을 때 다 가져갈 수 있습니까? 여러분이 가진 지혜와 골똘히 생각하는 것들이 여러분을 행복하게 해 줍니까? 그것이 오히려 여러분을 더 고난스럽고 갈등 속으로 몰아넣지 않습니까?

여러분에게는 먹을 수 있는 것만 있으면 충분합니다. 열심히 해도 자기 것이 되지도 않는데 잔머리를 굴려서 사기 치고 다니다가 인생이 돌이킬 수 없이 망할 수 있습니다. '내가 이렇게 해 봤더니 인생이 완전 쪽박이더라. 그러니 여러분들은 그러지 말아라.' 하는 것이 전도서의 제작 목적인 것이죠.

1 다윗의 아들 예루살렘 왕 전도자의 말씀이라

'다윗의 아들, 예루살렘의 왕'은 솔로몬을 말합니다. 다윗의 다른 아들들은 전부 왕이 되지 못했기 때문에 다윗의 아들로서 왕이 된 사람은 솔로몬밖에 없습니다. 그래서 전도서 저자는 솔로몬입니다.

'전도자의 말씀'이라는 뜻은 인생 마지막에 하나님을 위해서 산 것을 의미합니다. 마치 사도바울은 자신을 '하나님의 종, 사도된 자, 예수 그리스도의 종'으로 표현한 것처럼, 솔로몬도 자신을 '다윗의 아들, 예루살렘 왕, 전도자'로 표현합니다.

우리들 중에 솔로몬이 자랑스럽게 다윗의 아들이라고 이야기하듯이 자기 자신을 '우리 아버지의 아들, 딸' 이렇게 얘기할 사람 있나요? 그렇게 말할 수 있다면 좋은 것이죠.

여러분들과 이야기할 때 부모에 대해서 물어보면 대강 그 사람의 삶이 나타납니다. '아버지, 어머니'라고 이야기하는 사람은 행복한 거예요. 불평하면 안 되죠. 그러나 '아버지, 어머니' 이야기를 안 하는 사람은 그의 인생이 참으로 고달팠기 때문이겠죠. 그런 사람들은 우리가 위로해 줄 필요가 있습니다. 그래서 만일 자신을 '우리 아버지의 아들, 딸입니다'라고 말하지 못한다면 우리의 자녀들이라도 '우리 엄마의 딸이야, 우리 아버지의 딸이야.'라고 자신 있게 말할 수 있도록 자녀들한테 잘합시다.

그만큼 다윗은 하나님을 경외하고, 많은 업적을 남겼고, 세상을 올바르게 산 사람이죠. 물론 인간인지라 살인도 하고, 간통도 했지만 정말 '우리 아버지야!'라고 할 수 있는 자부심을 가질 수 있는 아버지였다는 것입니다.

솔로몬은 그런 훌륭한 아버지 밑에 있었지만 이 세상에서 하지 말라는 짓은 다 했습니다. 그래서 전도서에는 그에 대한 죄송스러운 마음과 회개하는 마음 등이 담겨 있습니다.

하지만 자신이 죄인임에도 불구하고, 아버지 덕분에 하나님께서 나를 징계할지언정 버리지 않겠다는 확신이 있는 거죠. 이는 우리가 아무리 나가서 죄를 짓고, 막장 인생을 살아서 세상 사람들에게 손가락질 받고, 쓰레기 같은 인간이라 해도 하나님께서 날 징계할지언정, 예수 그리스도 때문에 천국으로 인도하신다는 거죠!

이는 우리가 하나님의 자녀이기 때문입니다. 다시 말하면 우리는 솔로몬처럼 죄를 짓고, 인생을 더럽고 헛되게 살고 있지만, 하나님 아버지를 통하여서 영원한 구원을 선물 받았다는 것입니다. 이와 같이 전도서는 자신에게 영원한 구원을 선물해 준 것에 대한 감사와 회개하고 전도자의 길로 들어서는 내용이 담겨 있는 것입니다.

2 전도자가 가로되 헛되고 헛되며 헛되고 헛되니 모든 것이 헛되도다 **3** 사람이 해 아래서 수고하는 모든 수고가 자기에게 무엇이 유익한고 **4** 한 세대는 가고 한 세대는 오되 땅은 영원히 있도다

2절의 '헛되고 헛되도다'의 헛되다는 숨 쉬는 것, 즉 호흡을 이야기합니다. 호흡은 뱉으면 없어집니다. 이를 '우리의 인생도 호흡과 같이 완전히 사라지고 없어지는 것이다.'라고 표현하고 있습니다. 3절은 그래서 '이렇게 헛된데 살아 있는 존재와 존재의 참다운 유익이 무엇인가?'라고 묻습니다. 우리가 수고하는 것과 열심히 사는 것의 참된 유익은 무엇입니까?

4절에서는 결국 '사람은 죽으면 기억되지 않는다'고 이야기합니다. 땅은 그대로 있지만 우리 인생을 기억하는 사람은 없습니다. 시간이 흘러가면 그 누구도 기억되지 않습니다.

제가 오늘 열심히 설교를 하고 있지만 만약 내일 죽고 어느 날 갑자기 훌륭한 사람이 나타난다면 몇몇은 저를 기억하다가 서서히 잊어버리게 되겠죠. 그러면 내 존재는 사라져 버리는 것이죠. 이것이 우리네 인생입니다.

그런데도 세상에는 이와 반대되게 살아가는 사람들이 많습니다. 정치에서도 남들만 도둑놈이라고 얘기하면서 자기가 서울시장이 되면 '서울이 뉴욕보다 발전될 것'처럼 얘기하잖아요. 그러면서 사실 자신의 거짓되고 부패한 점과 자신의 초라함은 전혀 모르잖습니까? 솔로몬은 이 점을 말하고 있습니다.

'나는 정말 훌륭한 업적을 만들고 전부 누려 봤지만 내가 늙고 나니까 세상에서 날 기억하지 않더라.'는 것이죠. 세상이 날 기억하지 않는다는 사실을 모르니까 이렇게 힘들게 사는 겁니다. 차라리 가족들과 조촐하게 고기도 구워 먹고 산에도 가는 게 돈이 많고 정치하는 사람들보다 몇 백 배 행복한 삶을 사는 것입니다. 돈 많고 정치하는 사람들은 자기 발로 고행길에 들어선 것입니다.

5 해는 뜨고 해는 지되 그 떴던 곳으로 빨리 돌아가고 **6** 바람은 남으로 불다가 북으로 돌아가며 이리 돌며 저리 돌아 바람은 그 불던 곳으로 돌아가고 **7** 모든 강물은 다 바다로 흐르되 바다를 채우지 못하며 강물은 어느 곳으로 흐르든지 그리로 연하여 흐르느니라 **8** 모든 만물이 피곤하다는 것을 사람이 말로 다 말할 수는 없나니 눈은 보아도 족함이 없고 귀는 들어도 가득 차지 아니하도다

5절에서 7절까지는 '세상의 성질'을 말합니다. 해는 떴던 곳으로 빨리 돌아가죠. 바람은 남쪽에서 북쪽으로 불다가 겨울이 되면 북쪽에서 남쪽으로 불죠. 북서풍은 정말 시리고 춥잖아요? 바람도 이리저리 돌아 불던 곳으로 돌아가듯이 모든 강물도 결국 바다로 돌아갑니다.

8절에서 모든 만물이 피곤하다는 것은 세상의 변화가 그렇게 무궁하다는 거예요. 어느 날 태풍이 불어오고 비바람이 몰아치고 갑자기 눈이 왕창 내려서 차들이 난리 나고, 지금 날씨가 어떨 땐 뜨거웠다 차가웠다가 하죠. 작년엔 바이러스 상황 속에서도 호주에 산불이 일어나서 멜버른, 시드니를 완전히 눈도 못 뜰 정도로 휩쓸고 갔죠. 캘리포니아에서는 매년 산불이 나서 정신이 없습니다.

세상은 이런 것들로 가득 차 있는데, 사람들은 아무리 눈으로 봐도 만족하지 않고 아무리 귀로 들어도 만족하지 않습니다. 그래서 사람은 계속 지혜를 쌓고 계속 탐구하고 그러다가 마지막 날을 맞이하게 되는 것이죠.

9 이미 있던 것이 후에 다시 있겠고 이미 한 일을 후에 다시 할지라 해 아래에는 새것이 없나니 **10** 무엇을 가리켜 이르기를 보라 이것이 새 것이라 할 것이 있으랴 우리가 있기 오

래전 세대들에도 이미 있었느니라 **11** 이전 세대들이 기억 됨이 없으니 장래 세대도 그 후 세대들과 함께 기억됨이 없 으리라

9절은 결국 이런 일들이 계속 반복된다는 것입니다. 바람이 나 산이나 자연의 모든 일들은 계속 반복되는데, 오직 나만 죽 으면 사라져 버리죠. 우리는 자기 자신의 생각과 마음 때문에 고난과 고통 속에서 삽니다.

그래서 10절에서는 '자기 자녀나 자신의 손주, 손녀가 있다 고 할지라도 어떤 사람이든 누구나 이 세상에 기억되지 않는 다. 인생이 그렇게 아무것도 아니다.'라고 이야기합니다. 사람 은 태어나면 반드시 죽은 날에는 재로 돌아가게 되죠.

솔로몬은 자기 인생의 쾌락을 위해서 천 명의 후궁을 두기 도 하고 별일을 다 했습니다. 법을 위반해 가면서까지 하지 말 란 짓은 다 한 거예요. 그렇게 하면 행복할 줄 알았는데, 그는 전혀 행복해지지 않았습니다.

그래서 연구해 보니 창세기 3장이 딱 생각나는 것이죠. 창 세기 3장에서 인간이 선악과를 따 먹고 죄를 범하니까 하나님 께서 '남자에게는 곡괭이질을 해서 땀 흘리고 해야지만 먹을 것이 생긴다. 여자는 애 낳는 해산의 고통을 질 것이다.'라고

하셨죠. 하나님께서 인간에게 선악과로 인한 원죄로 이미 이런 고통과 근심과 걱정을 주셨다는 거예요.

솔로몬은 "내가 선악과를 따 먹은 그 죄 때문에, 내 죄성 때문에 아무리 노력하고 수고하고 무슨 짓을 해도 그 고통에서 벗어날 수가 없도다. 사람이 생각하면 생각할수록, 지혜를 내면 낼수록 고난과 근심, 걱정에 사로잡히더라."고 말하고 있습니다. 그 누구도 여기에서 벗어날 수 없습니다. 대통령도, 목사도, 장로로, 집사도, 청년도, 이 원칙에서 벗어날 수 없습니다. 여러분도 아무리 발버둥 쳐도 벗어날 수 없습니다.

우리가 어떤 죄를 지었기 때문에, 욕심을 많이 부렸기 때문에, 아니면 어떤 자연적인 현상으로 인해 이런 고통이 온 것이 아닙니다. 이는 하나님께서 주신 인간의 원죄로 인한 형벌입니다.

14 내가 해 아래에서 행하는 모든 일을 보았노라 보라 모두 다 헛되어 바람을 잡으려는 것이로다 **15** 구부러진 것도 곧게 할 수 없고 모자란 것도 셀 수 없도다

14절의 '바람을 잡으려는 것이다', 이는 다시 말하면 뜬구름 잡지 말라는 것이죠. 우리들도 교회에 왔으면 예수님과 십

자가를 잡아야겠죠. 여러분이 뜬구름만 잡다가는 인생 망하는 수가 있습니다.

가장 행복한 순간이 언제라고 생각하십니까? 산에 올라가서 그냥 떠다니는 구름만 가만히 쳐다보면 한참 후에 멍해집니다. 그러면 희열이 끓어오릅니다. 그게 바로 행복입니다. 머리를 쓰는 것은 여러 사람들도 괴롭게 만들고, 본인도 괴로워지죠.

15절은 '인간의 한계'에 대해서 말합니다. 인간은 언제나 한계에 부딪히게 되어 있습니다. 우리는 피조물이지 하나님이 아니지 않습니까? 사실 우리가 할 수 있는 일은 많지 않습니다.

16 내가 내 마음속으로 말하여 이르기를 보라 내가 크게 되고 지혜를 더 많이 얻었으므로 나보다 먼저 예루살렘에 있던 모든 사람들보다 낫다 하였나니 내 마음이 지혜와 지식을 많이 만나 보았음이로다 **17** 내가 다시 지혜를 알고자 하며 미친 것들과 미련한 것들을 알고자 하여 마음을 썼으나 이것도 바람을 잡으려는 것인 줄을 깨달았도다

16절은 우리들의 교만함이 나타납니다. 솔로몬은 지혜와 지식을 많이 찾았습니다. 정말 많은 사람들을 만나면서 지식을

탐구했다는 말이죠.

그러나 여기에 있는 그 누구도 솔로몬보다 더 적은 지식을 가지고 있는 사람이 없어요. 더 적은 지혜를 가지고 있는 사람도 없어요. 우리들은 솔로몬보다 더 많은 지식을 소유하고 있습니다.

"알면 알수록, 노력하면 노력할수록,
생각하면 생각할수록 뜬구름 잡는 것이다."

욥기를 보면 세상에는 보이지 않는 영적인 힘을 배울 수 있습니다. 욥은 사실 사단과 하나님의 관계 아래 놓여 있었습니다. 그런데 그것도 모른 채 인간들이 모여 가지고 '이게 너 때문이야!'라면서 서로에게 돌멩이를 던지잖아요. 여러분, 이 세상이 여러분의 뜻대로 된다고 생각하시나요?

저에게는 이런 경험이 있습니다. 제 회사를 코스닥에 상장할 계획이었는데 이제 곧 2,000억 정도 돈이 들어올 거라고 생각했습니다. 신라호텔에 가서 투자자들과 기자들을 다 모아 놓고, 삼성 광고를 만드는 전단팀에서 영화처럼 ppt를 만들어서 '전 세계에서 최초의 어떤 제품을 만들었다'라고 회사를 홍보하니까 국회의원들이 몰려오고 돈이 투자되니까 "이야, 이

제 내가 돈방석에 앉았다. 내 인생에 1,000억만 있으면 산에다
가 만 평만 사 가지고 기도원을 지어야지!" 하는 꿈을 꾸고 있
었습니다. 그런데 며칠 안 돼서 S 기업이 바로 코앞에서 배신
을 때리는 바람에 졸지에 2,000억이 마이너스된 거예요. 졸지
에 거지가 되더라는 것이죠.

여러분도 이런 경험이 없나요? 인생은 결코 내 마음대로 되
지 않습니다. 누군가 도와준다고 해서 했는데, 어느 날 슬금슬
금 발을 빼 버려서 결국 나 혼자 남아 버리니까 가야 될 길은
모르겠고, 열받아서 자살도 못하겠고, 울화통이 터져서 미쳐
버릴 것 같던 적이 없나요?

반면에 지금 당장에 내 자식들과 마누라를 다 먹여 살려야
해서 앞길이 캄캄한데 누군가 와서 나한테 환한 빛을 비춰 준
적이 없나요? 그게 여러분이 노력해서 되는 것이 아닙니다.
제가 죽을 것 같은 순간에도 누군가가 나한테 몇 년 동안 몇 십
억의 돈을 갖다 주기도 한단 말입니다!

우리는 이러한 '하나님의 섭리'에 대해서 논리와 합리를 너
무 내세워서 몰아내 버리진 않는지요? 우린 그런 우연 같은 섭
리에 영향을 받으면서 살고 있습니다.

18 지혜가 많으면 번뇌도 많으니 지식을 더하는 자는 근심
을 더하느니라

공부를 많이 하고 똑똑하면 분명히 문제가 생깁니다. 우리
들은 적당히 컨트롤해야 합니다. 자녀들도 적당히 컨트롤해야
합니다. 어떤 사람들은 정말 뼈를 깎는 노력으로 수십 배로 공
부를 해서 서기관도 되고, 판사도 되고, 검사도 됩니다. 하지
만 이런 사람들 하는 일들을 보면 결국은 어린애 같아요. 세상
에 대한 경험도 없이 그저 책에 나와 있는 것과 자기의 지식이
다인 줄 알고서 세상의 재판관 역할을 하지 않습니까?

이것이 바로 '지식'이라는 거예요. 뒤로 까 보면 전부 다 썩
어 있는데도 썩은 줄을 모르죠. 자신이 정당한 줄 알아요. '내
인생의 지식은 이런 것이더라. 오히려 나한테 근심과 걱정과
고민만 더 갖다 주더라.' 솔로몬이 경험한 지식은 이런 것이었
습니다.

12 내 아들아 또 이것들로부터 경계를 받으라 많은 책들
을 짓는 것은 끝이 없고 많이 공부하는 것은 몸을 피곤하게
하느니라 **13** 일의 결국을 다 들었으니 하나님을 경외하고
그의 명령들을 지킬지어다 이것이 모든 사람의 본분이니

라 14 하나님은 모든 행위와 모든 은밀한 일을 선악 간에

심판하시리라(전도서 12장)

우리가 하나님을 믿는다면 예수 그리스도를 통해서 하나님의 자녀가 됩니다. 우리는 하나님의 자녀입니다. 그러므로 이제 우리는 하나님이 심판하신다는 것을 확실하게 마음속에 새겨야 합니다.

우리들 중에는 몸의 암 때문에 고통스러워하는 사람도 있고, 자녀 때문에 고통스러운 사람도 있고, 삶이 고단한 사람들도 있습니다. 그러나 하나님께서는 결국 우리를 천국으로 인도하십니다. 이 세상 사는 동안에 내 힘으로 그 문제를 해결하려고 발버둥치지 마십시오. 그러면 그럴수록 고통과 고난과 근심 속으로 더 빠져들어 갑니다.

"기도해라! 말씀을 보라!

공중에 나는 새도 하나님이 먹이시지 않는가."

들에 핀 백합화도 하나님께서 돌보시는 걸 왜 여러분들은 믿지 않습니까? 하물며 하나님의 자녀인 저와 여러분을 하나님께서 그냥 버려두시겠습니까?

그런데 여러분은 마치 여기에 하나님이 안 계신 것처럼, 우리 아버지가 안 계신 것처럼 행동합니다. 내 힘으로, 내 지혜로써 무엇인가 해 보려는 순간 우리들은 고통과 근심과 걱정 속에서 살다가 죽습니다. 그리고 죽을 때에야 전도서와 같은 고백을 하는 것이죠.

저는 이 순간과 앞으로 남은 순간 동안 저와 여러분이 천국에 대한 소망을 가지고 이 세상의 모든 것을 내려놓고 순종하는 마음으로 순리대로 따라가면서 서로 사랑하며, 서로 존중하는 크리스천이 되기를 간절히 기도하겠습니다. 아멘.

전도서 2장 • • •

인생이란

전도서의 말씀 안으로 깊이 들어가면 여러분은 자신의 인생이 떠오르면서 '참으로 인생이 덧없다'는 느낄 수 있을 것입니다.

제가 젊었을 때는 하고 싶은 것은 거의 다 했습니다. '오늘 미국에 있는 샌프란시스코에 있는 친구가 보고 싶다.' 생각되면 곧바로 티켓을 예매해서 미국으로 건너갈 정도였습니다. 내가 직장 생활을 했다면 그렇게 할 수 없었겠지만, 평생에 사업을 하다 보니 내가 원할 때, 내가 하고 싶을 때, 모든 걸 다 내려놓고 할 수가 있었죠. 열심히 일을 하다가 잠시 쉬고 싶으면 친구들한테 전화해서 운동하러 갔으니 얼마나 행복했겠습니까? 그러나 그것을 이제 돌이켜 생각해 보니 아무것도 아닌 거예요. 지나가 버린 거죠. 이미 지나가 버린 거니까 그런 것도 이제 다 쓸모없는 것이 된 겁니다. 이는 아무리 좋은 것도 지나가기 때문입니다!

전도서 1장에서는 솔로몬이 혼자서 '지혜란 과연 어떤 것인가?'를 생각하고 사색하다가 '이게 모두 다 헛된 것이구나!' 하는 결론을 내리고, 전도서 2장에서는 솔로몬이 밖으로 나와서 철학자나 신하, 박사, 정치가 같은 사람들을 만나서 함께 인생에 대해 생각해 본 것입니다.

1나는 내 마음에 이르기를 자, 내가 시험 삼아 너를 즐겁게 하리니 너는 낙을 누리라 하였으나 보라 이것도 헛되도다

솔로몬이 지혜에 대해서 사색하면서 의문이 풀리지 않았죠. "세상의 진정한 즐거움, 진정한 행복이란 어떤 것인가?"

시편에는 7대 회개시라는 것이 있어요. 그 회개시를 공부하면 여러분들이 우울해질 수 있죠. 왜냐하면 인생이 너무 허무하게 표현되니까요. 솔로몬의 심정이 이렇게 우울한 것 같아요. 모세가 시편을 통해서 그랬잖아요. "사람의 연수가 70인데 오래 살면 80까지 산다. 그런데 10년 더 살면 무엇 하냐. 10년이 너무도 고달프고 고난스러운데."

모세는 40년을 거대한 나라의 왕자로서 모든 걸 배웠고 모든 걸 누렸어요. 그것도 40년은 살인하고 쫓겨나서 옛날에 누렸던 화려한 것들을 다 내려놓고 광야에서 아름다운 처녀 둘과 결혼하고 양을 치면서 마음 편하게 40년을 살았던 것이죠.

그런데 40년을 딱 살고 나니까 하나님의 부르심을 받아서 하나님이 주신 능력으로 200만이 넘는 이스라엘 백성들을 가

나안 땅으로 인도해 냈죠. 모세는 솔로몬과 같이 왕 중의 왕이요. 하나님 앞에 충성스러운 사람이자 하나님의 능력을 행할 수 있는 사람이었죠. 그러나 모세는 인생에 대해 이렇게 고백합니다.

"인생은 정말 괴로운 것이다. 살면 살수록 괴롭고 고달픈 것이다."

솔로몬도 그렇습니다. 솔로몬은 아버지 다윗이 만들어 놓은 그 왕권과 유산으로 주변에 있는 나라들을 쭉정이로 만들어 예속시켜 놓은 배경 위에서 하나님이 주신 지혜를 통해서 국가를 다스리고 세상에 부러울 것이 없는 천 명의 부인을 둔 왕이었습니다. 그런데 '이 세상 모든 것이 헛되다, 모든 것이 아무것도 아니다'라는 것이죠.

우리가 모세보다 믿음이 있나요? 우리가 솔로몬보다 믿음이 있나요? 여러분은 세상이 헛되다는 말이 이해되십니까? 솔로몬은 자신의 잘못들과, 하나님이 주신 모든 달란트를 자기를 위해서 쓴 것을 회개하면서, 목사 같은 전도자의 심정으로 하나님 앞에서 이 글을 썼습니다.

2 내가 웃음에 관하여 말하여 이르기를 그것은 미친 것이라 하였고 희락에 대하여 이르기를 이것이 무슨 소용이 있는 가 하였노라

2절에서 솔로몬은 신하, 박사, 문학가를 상대로 테스트를 해 봤습니다. 솔로몬은 가진 것이 많고 권력이 있으니까 사람들에게 기쁨, 희락을 제공할 수도 있었죠. 그래서 사람들에게 먼저 '웃음과 희락에 관하여' 시험해 보았습니다.

우리들은 누군가 나를 칭찬해 주면 기쁩니다. 어느 날 갑자기 내 사업이 잘되고 재물이 계속 쌓이면 기쁘잖아요? 내 자녀들이 공부도 잘하고, 너무 착하고, 너무 신실하면 기쁘잖아요?

그런데 솔로몬은 이 세상에서 우리들이 누리고 있는 기쁨과 희락 이런 것들이 다 '헛되다'고 이야기합니다! 이런 기쁨에 빠져들면 빠져들수록 우리의 고통과 근심만 더 커져 간다는 것이죠. 돈이 많아서 기쁜 것, 자녀가 잘돼서 기쁜 것, 누가 나를 칭찬해 줘서 기쁜 것, 이런 것들은 곧 금방 사라져 버립니다. 나를 칭찬하는 사람은 어느 날 갑자기 내 옆구리에 칼을 들이밀 수 있어요! 내가 갖고 있던 그 많은 재물이 어느 날 갑자기 사라질 수 있다니까요!

이 세상의 어떤 '환경'으로 인한 기쁨은 위험하고 불안합니

다. 그것 때문에 우울증이 생기고 분노하고 그것 때문에 너무 억울해서 자살까지 합니다. 이 세상에서 주는 것, 환경적으로 주는 기쁨은 그렇습니다. 여러분이 마음을 관리하지 못하고 그것들에 사로잡혀 있을 때 여러분의 실망과 우울함은 더 커지고, 그래서 심각한 상황에 빠져들 수 있습니다.

이런 종류의 기쁨은 사실 노숙자가 갖고 있는 기쁨이나 가난한 사람이 갖고 있는 기쁨보다 못 할 수 있습니다. 노숙자에게도 기쁨이 있고, 가난한 사람들도 기쁨이 있어요. 심지어 영화에서 보면 미친 사람도 머리에 꽃을 꽂고 기뻐하잖아요. 오히려 가난하거나 노숙자 같은 사람들이 기뻐하는 것은 오래갑니다. 왜냐하면 그들은 가진 것이 없기 때문에 그들에게서 뺏어갈 것이 없거든요.

물론 솔로몬은 이런 기쁨마저도 헛되다고 이야기하였지만, 사실 저와 여러분은 이것을 넘어서 있습니다! 왜냐하면 솔로몬은 오실 예수님을 바라보았기 때문입니다. 모세도 오실 예수님을 바라보았기 때문에 이같이 생각했습니다.

"이 세상은 살면 살수록 고난스럽다.

이 기쁨이, 희락이 우리를 즐겁게 하지 못한다."

그런데 저와 여러분은 솔로몬이나 모세와 같은 답을 하면 안 됩니다. 왜냐하면 우리에게는 예수님을 믿는 그 자체로서 소망이 있어서 더 이상 세상의 조건, 환경, 물질, 자녀 등 어떤 현실 속에서 기쁨과 희락을 얻지 않기 때문입니다.

이제 우리는 우리에게 주어진 복인 '영원한 생명' 때문에 영원히 기쁠 수밖에 없습니다. '인내'가 생기는 것이죠. 이 세상을 살아갈 수 있는 용기도, 능력도, 인내도 생기는 것은 바로 예수 그리스도 때문입니다.

전에는 우리가 하나님과 원수였지만 이제는 예수님이 이미 천 년 전에 오신 이후부터 우리는 예수님을 믿는 믿음으로 말미암아 우리의 죄를 사함받아 하나님의 자녀가 되었죠. 그래서 이제는 하나님의 자녀로서 살아가는 기쁨, 희락, 평안이 있기 때문에 우리는 솔로몬과 정반대의 이야기를 할 수 있습니다.

"내 인생이 정말 아름답다.
여기 우리 교인들의 인생이 너무도 소중하고 아름답다."

하나님을 믿음으로써 그리스도의 이름으로 하나님 앞에 나갑니다. 그래서 고난과 환난과 모든 것이 하나의 연단일 뿐입니다. 우리는 이 세상을 떠나 주님을 만날 날을 기대하기 때문입니다. 그래서 하나님이 없는 기쁨과 희락은 솔로몬이 말하는 것처럼 모든 것이 헛되지만 결코 우리의 인생이 헛된 건 아닌 것입니다! 하나님과 함께 있을 때. 우리의 어떠한 인생도 헛되지 않습니다.

3 내가 내 마음으로 깊이 생각하기를 내가 어떻게 하여야 내 마음을 지혜로 다스리면서 술로 내 육신을 즐겁게 할까 또 내가 어떻게 하여야 천하의 인생들이 그들의 인생을 살아가는 동안 어떤 것이 선한 일인지를 알아볼 때까지 내 어리석음을 꼭 붙잡아 둘까 하여

2절이 '사람의 마음'에 대한 이야기라면 3절은 '사람의 입'에 대한 이야기로 넘어갑니다. 먹는 것과 마시는 것을 이야기하지요. 솔로몬이 술을 마시면서 '먹는 것으로 어떻게 내 몸을 한번 즐겁게 해 볼까?'라고 이야기하는 겁니다.

사실 의학적으로도 먹고 마심으로써 우리의 육신이 즐겁습니다. 만약 먹지 않거나 마시지 않으면, 우리는 행복한 상태에 도달할 수 없어요. 우리에게는 충분한 에너지가 우리 몸에 공급됐을 때 우리에게 기쁨이라는 것이 있거든요. 술도 우리를 즐겁게 하기 위해서 먹죠. 그러나 그것이 과하다 보면 간을 비

롯한 장기들이 손상되어서 그 사람의 인생을 망치기도 합니다.

요새 재벌 집 딸이 마약 사건에 연루되더니 이제는 한꺼번에 100만 명이 투여할 수 있는 마약을 배로 들여오다 잡혔다고 합니다. 20대 남녀 세 명이 호텔에서 마약해서 경찰이 출동하는 뉴스도 있죠. 사람들이 마약을 하는 목적이 쾌락, 즐거움을 얻기 위함이죠. 쾌락과 즐거움을 누리기 위해서 이제 이것도 하고, 저것도 하다가 안 되니까 강도를 점점 높여 가다 결국은 마약에 손을 대는 거죠.

솔로몬은 '먹는 것으로 인해서 육신을 한번 즐겁게 해 볼까?'라고 하였지만 그로 인해서 항상 행복하지는 않는다는 거죠.

4 나의 사업을 크게 하였노라 내가 나를 위하여 집들을 짓고 포도원을 일구며 **5** 여러 동산과 과원을 만들고 그 가운데에 각종 과목을 심었으며 **6** 나를 위하여 수목을 기르는 삼림에 물을 주기 위하여 못들을 팠으며 **7** 남녀 노비들을 사기도 하였고 나를 위하여 집에서 종들을 낳기도 하였으며 나보다 먼저 예루살렘에 있던 모든 자들보다도 내가 소와 양 떼의 소유를 더 많이 가졌으며 **8** 은 금과 왕들이 소유한 보배와 여러 지방의 보배를 나를 위하여 쌓고 또 노래하는 남녀들과 인생들이 기뻐하는 처첩들을 많이 두었노

라 **9** 내가 이같이 창성하여 나보다 먼저 예루살렘에 있던 모든 자들보다 더 창성하니 내 지혜도 내게 여전하도다 **10** 무엇이든지 내 눈이 원하는 것을 내가 금하지 아니하며 무엇이든지 내 마음이 즐거워하는 것을 내가 막지 아니하였으니 이는 나의 모든 수고를 내 마음이 기뻐하였음이라 이것이 나의 모든 수고로 말미암아 얻은 몫이로다

4~5절에서 솔로몬은 이제 '사업'을 해 보았습니다. 솔로몬이 하나님의 성전도 건축하고 자기 궁궐도 건축합니다. 큰 궁전을 만들어 놓고 그 안에다가 엄청나게 큰 정원을 만들어 놓은 거예요. 수목원에 들어가면 나무들이 빽빽이 들어서 있어서 마음이 힐링되고 좋잖아요. 그러니까 솔로몬이 정원을 만들어도 양이 안 차니까 산이나 광릉수목원 같은 수목원을 만든 거죠. 사막이라 물이 없어서 나무들을 못 키우니까 운하도 만들어서 나무들을 키워 보았죠.

6~10절은 그러니까 자기의 아버지나 그 윗대의 사울왕, 그 위로 사사들이나 이스라엘의 모든 대표적인 왕과 지도자들보다 솔로몬 자신이 더 많은 것을 해 보았다는 내용이에요. '그러면 나에게 즐거움이 더 있을까? 유익함이 있을까?' 하면서 솔로몬이 해 본 것을 주르륵 나열하죠.

여러분의 인생을 대비하면 이렇게 인생을 준비하잖아요? 지혜를 내야 사업도 할 것이 아니에요. 그래서 처음에는 이렇게 생각합니다. '사업을 해서 돈이 있어야지만 내가 사고 싶은 집도 사고 또 집을 사면 별장도 사고, 또 별장이 있으면 그 주변에 산도 하나 사고 싶고, 산에 사면 거기다가 또 뭐 만들어야지.' 이런 생각을 하지 않습니까? 거기다가 이제 돈이 더 많아지면 하인도 부리는 것이죠. 이렇게 성공하면 할수록 이런 곳에다가 투자를 하죠.

11 그 후에 내가 생각해 본즉 내 손으로 한 모든 일과 내가 수고한 모든 것이 다 헛되어 바람을 잡는 것이며 해 아래에서 무익한 것이로다

옛날에는 어떤 교과 과정이나, 지식을 배우기보다는 예의, 도덕적인 것 등 서로 소통할 수 있는 것을 많이 배웠던 것 같습니다. 지금은 제가 초등학교 문제도 어려워서 못 풀겠어요. 우리하고 이 세대들 사이에 왜 이런 차이가 날까요?

지금의 세대는 혼자 살기 때문에 '경쟁의 세대'예요. 그리고 인간의 행복을 추구하기 위한 '휴머니즘'의 시대이기 때문에 그렇게 교육을 시키는 거랍니다. '너는 최고가 되지 않으면 살아

남을 수 없다. 넌 정말 최고가 되지 않으면 가질 수 없다.' 인생의 목적을 최고가 되는 데 두는 것이죠. 너무도 염려스러운 일입니다. 인성이 다 파괴되어 버리거든요.

제가 어렸을 때는 겨울에 까만 고무신을 신었어요. 그때는 서울에도 눈이 무릎까지 오곤 했거든요. 그 까만 고무신에 양말도 없이 이렇게 걸어 다니면 눈이 안으로 다 들어와서 질척거려요. 그런데 그 상태로 눈 위에서 축구도 하죠. 그러니 얼마나 발이 아프고 고생을 했겠어요? 그런데 나만 그런 것이 아니라 친구들도 그랬어요. 동상에 걸려서 발에 진물이 나고 퉁퉁 부어서 간지럽고 아픈데도 그보다 그냥 노는 것이 더 좋았죠.

학교 가서 다시 놀다가 어느 날은 도저히 아파서 안 되겠다 싶어 부모님과 병원에 갔습니다. 그러면 의사 선생님은 이렇게 될 때까지 방치해 뒀냐면서 부모 탓을 하는 거예요. 조금만 더 가면 발을 잘라야 되는 상태까지 간 거죠. 그래도 그때는 행복했습니다. 그런데 요즘은 그렇지 않잖아요?

앉아서 공부하면서 '어떻게 하면 남들보다 많은 지식을 쌓을까?', 인터넷을 뒤적거리면서 '어떻게 하면 내가 좋은 정보를 가져올까?' 하는 생각에 사람들은 지하철만 타면 핸드폰을 보느라고 정신이 없어요. 저도 요새 핸드폰을 자주 보지만, 이상한 정보들이 많으니까 그게 나를 점점 로봇화시켜 가는 거예요.

그런 시대로 가고 있는 겁니다. 내가 기쁨을 만들어 내고, 내가 행복을 만들어 내는 것이 아니라 세상이 나에게 주는 즐거움과 희락, 세상이 나한테 제공하는 것에 지배당하면서 사는 것이죠.

행복과 기쁨은 여러분이 만드세요. 우리 안에 살아 계신 하나님이 우리를 통해서 일하게 만드십니다. 세상 사람들에게 행복을 주고, 복을 주고, 기쁨을 주었을 때 그때 여러분은 그로 인해 희락이 생기고 기쁨이 생깁니다.

오늘 솔로몬이 얘기한 것처럼 '내가 돈도 벌어 보고, 내가 술도 마셔 보고, 내가 정원도 만들어 보고, 집도 100평으로 이사 가 보고, 산도 만 평 사 가지고 그 산에다가 정원처럼 만들어서 거닐어 보고, 양도 한 100마리와 한 20만 원짜리 개 한 마리 사다가 길러 보고 안 되면 고양이도 천만 원짜리 하나 사 보고…. 그렇게 해서 그것을 바라보면서 기쁨과 행복을 누리면 그것이 헛된 것이다. 그것들로 인해서 불행해진다.' 결국 솔로몬은 내 자신을 위해서, 행복을 위해서, 기쁨을 위해서 투자한 그 모든 것들이 '헛되고 헛되다'고 이야기합니다.

우리 집에 강아지가 한 마리 있어요. 한때는 사람들이 강아지를 너무 예뻐하고 또 강아지를 데리고 다니면 힘에 부칠 정

도로 잘 달리곤 했는데, 지금 한 10년 되니까 늙어서 꼼짝을
안 해요. 밖에 한번 나갔다 들어오면 이틀 동안 절룩거리죠.
그러니 어떨 때는 걱정스러워요. 그래서 병원에 갔다 오면 돈
이 많이 들어가고 근심 덩어리인 거예요. 이제 슬슬 걱정이 되
는 겁니다. 이제 안락사시켜 줘야 될 시점이 다가온 것 같기도
하고…. 저러다가 죽으면 얼마나 고통스럽겠어요.

한때는 개가 있어서 우리 집이 행복했거든요. 그래서 젊을
땐 너무 싱싱하고 좋더니, 이제 늙어 가니까 근심과 걱정거리
로 바뀌는 거예요. 여러분, 돈도 마찬가지입니다. 돈이 있으
면 한때 행복해요. 물론 돈이 없으면 고통이 더 심해지죠. 제
가 돈을 잘 벌던 때는 우리 집에 기쁨을 가져다주었는데, 이제
돈을 못 벌게 되면 고통만 가져다주게 되는 것이죠.

사람은 처음엔 몰라요. 경험을 해 봐야 압니다. 여러분이
경험해 보지 못한 것을, 성경 안에서 경험해 보시라는 거예요.
솔로몬이 얘기한 것처럼 여러분이 세상이 주는, 세상 환경이
주는, 육신적인 데에 마음을 쏟고 거기에 마음을 빼앗겨 버리
지 않습니까? 그런 데서 기쁨을 찾아 그렇게 헤매다 보면 결국
은 우울해지고 마는 것이죠.

그래서 여러분한테 필요한 것은 기도와 말씀인 거예요. 여
러분한테는 하나님이 항상 있어야 해요. 여러분, 힘들고 어렵

다고 해서 친구들하고 같이 막 술 마시고 떠들고 나면 그다음 날에는 속만 쓰리다니까요. 돈만 아까운거죠. 차라리 그 순간 혼자 아무도 없는 교회 와서 무릎 꿇고 울면서 땅을 치면서 하나님을 붙들면, 하나님이 여러분에게 좋은 것을 선물해 주십니다.

12 내가 돌이켜 지혜와 망령됨과 어리석음을 보았나니 왕 뒤에 오는 자는 무슨 일을 행할까 이미 행한 지 오래전의 일 일 뿐이리라 13 내가 보니 지혜가 우매보다 뛰어남이 빛이 어둠보다 뛰어남 같도다 14 지혜자는 그의 눈이 그의 머리 속에 있고 우매자는 어둠 속에 다니지만 그들 모두가 당하는 일이 모두 같으리라는 것을 나도 깨달아 알았도다 15 내가 내 마음속으로 이르기를 '우매자가 당한 것을 나도 당하리니 내게 지혜가 있었다 한들 내게 무슨 유익이 있으리요?' 하였도다. 이에 내가 내 마음속으로 이르기를 '이것도 헛되도다' 하였도다 16 지혜자도 우매자와 함께 영원하도록 기억함을 얻지 못하나니 후일에는 모두 다 잊어버린 지 오랠 것임이라. 오호라 지혜자의 죽음이 우매자의 죽음과 일반이로다

12절과 13절은 지혜가 무식한 것보단 괜찮다는 거예요. 확실히 괜찮죠! 지혜가 있으면 돈도 벌고 사기도 치고, 남도 이용해 먹을 수 있지만, 무식하면 맨날 사기당하고 인생이 이리 치이고 저리 치이잖아요. 지혜가 더 낫죠.

14절에는 똑똑하고 지혜 있는 사람이 미련한 사람들을 종 부리듯 하네요. 요즘 세상이 그렇잖아요. 권력을 갖고 있는 사람이 권력을 갖고 있지 않는 사람을 종 부리듯 하죠. 권력이 없는 자는 항상 당할 수밖에 없어요.

우리나라나 미국 같은 나라들을 민주주의라 하는데, 제가 볼 때는 전혀 민주주의가 아닙니다. 권력을 가진 사람이 법망을 피해서 교묘하게 사람에게 멍에를 씌워 버린 거죠. '그냥 시키는 대로 해!'라면서 멍에를 주는 거예요.

세상은 이런 이치입니다. 자유는 없어요. 공산주의는 독재 정권이 들어가서 자기 하고 싶은 대로 해서 더 괴로운 것뿐이고, 자유민주주의는 모든 것이 자유로운 것 같지만 사실은 권력과 물질의 노예가 되어서 자연적으로 끌려가죠. 어찌 되었든 권력과 물질을 가진 사람은 소수잖아요?

지금 솔로몬이 그러한 이치를 발견한 겁니다. '똑똑한 것이 좋은 것은 확실하다. 그렇지만 결과론적으로 보면 미련한 자나 똑똑한 자나 다 똑같다.'라는 것을요. 왜냐하면 여기에는 영적인 것이 개입되어 있거든요. 우리가 알 수 없는, 우리 눈에 보이지 않는 어떤 영적인 힘이 있어서 그 섭리대로 움직이기 때문에 내가 똑똑하니까 저 미련한 놈을 이길 수 있는 것 같은데, 어느 날 갑자기 미련한 놈이 내 위에 있는 것이죠.

예를 들어서 제가 예비군 훈련을 갔는데 이태원에서 친구를 만났어요. 공부도 안 하는 날라리였고, 항상 부하 짓만 하고, 군대도 못 갈 정도의 친구였는데 예비군 훈련장에서 딱 만났더니 '놀러 오시라'면서 명함을 딱 주는 겁니다. 명함을 주는데 거기에 거창하게 건물을 갖고 있대요. 거기에 바도 있고, 다른 것들도 있으니 오라는 거예요. 그러면 자기가 거나하게 대접하겠다고 말이죠.

그래서 "야 인마, 공부도 안 하고 맨날 사고만 치고 그러더니 어떻게 돈을 벌었니?"라고 물어봤더니, 제가 군대 간 사이에 양주가 유행이었는데 양주 먹을 때 꼭 필요한 얼음을 이태원 술집에 납품하는 데 한 봉지에 700원이었다고 해요. 그것을 팔아서 빌딩을 샀다는 거죠.

지혜로워서 정보통신기기, 핸드폰, 스마트폰을 만들어서 돈을 번 게 아니라, 머리가 좋지는 않지만 얼음 덩어리를 봉지에 넣어서 납품을 한 돈으로 건물을 산 겁니다. 우리는 이런 세상을 인정하지 않으려고 하잖아요. 열심히 내가 머리를 쥐가 나도록 쥐어짜야지만 성공하는 줄 알죠. 그런데 성경은 그렇게 얘기하지 않습니다. 그냥 열심히 선하게 살면 하나님이 모든 것을 이끄신다고 나와 있습니다.

여러분, 지혜자나 우매자나 똑같습니다. 우리가 영적인 걸 모르니까 우리의 이성과, 감성, 지성을 가지고 나 혼자 모든 것을 하려고 하다 보니 그렇게 되는 것이죠. 무슨 일이든 내 힘으로 어떻게든 해 보려고 하다가, 어느 날 옆에 있는 사람을 쳐다보니 방에서 맨날 뒹굴뒹굴하거나 어디 산에 가서 놀던 사람이 빌딩을 갖고 있단 말이에요. 이건 너무 속상해서 배가 아프지 않겠어요?

사실 나의 지성이나 노력 같은 것들이 우리 인생에서 영향을 끼치고 차지하는 건 3%밖에 되지 않습니다. 그런데 그것으로 모든 것을 다 할 수 있다고 착각을 하니까 인생이 망가지고 결국 신세 한탄만 하게 되는 것이죠.

따라서 우리는 이제 그렇게 행동하지 않아야 합니다. 우리에게는 하나님의 인도하심 있잖아요! 이를 우리가 '영성'이라고 하는데 영적의 인도함을 받는 사람들, 성령의 인도함을 받는 사람들은 성령님께서 도우시죠. 성령님께서 우리를 변호하시기 때문에 우리는 영적으로 민감해야 합니다. 말씀에 민감해야 되고, 하나님 앞에서 겸손해야 하죠. 그러면 솔로몬처럼 '지혜롭거나 미련한 것이나 다 똑같다'는 것을 알 수 있게 됩니다.

17 이러므로 내가 사는 것을 미워하였노니 이는 해 아래에서 하는 일이 내게 괴로움이 모두 다 헛되어 바람을 잡으려는 것이기 때문이로다 **18** 내가 해 아래에서 내가 한 모든 수고를 미워하였노니 이는 내 뒤를 이을 이에게 남겨 주게 됨이라 **19** 그 사람이 지혜자일지, 우매자일지야 누가 알랴마는 내가 해 아래에서 내 지혜를 다하여 수고한 모든 결과를 그가 다 관리하리니 이것도 헛되도다

17절의 의미는 우리가 먹고살기 위해서 일을 하잖아요. 18절은 내가 지혜를 짜내고 열심히 하고, 사람과 관계 맺고, 노력하고 밤낮 쉬지 않고 돈을 벌어서 재산을 쭉 부풀려 놨는데 그걸 자식에게 물려주고 난 죽어야 한다는 이야기입니다.

솔로몬의 자녀는 르호보암입니다. 이 자식이 못돼서, 이 자식에게 물려주니 나라가 완전히 쪼개져 버렸죠. 이건 중요한 점입니다. 하나님이 모세를 통해서 이스라엘 백성들을 출애굽시킨 후 가나안 땅에 정착을 시켰지요. 거기에는 모세는 못 들어가고, 여호수아는 들어갔습니다.

그러나 여호수아가 인간이기 때문에 하나님이 명령한 것을

서너 가지 지키지 못했습니다. 그래서 그 땅을 완전히 100%
점령하지 못하고 여기저기 남겨 놨어요. 인간은 그렇습니다.

20 이러므로 내가 해 아래에서 한 모든 수고에 대하여 내가
내 마음에 실망하였도다 **21** 어떤 사람은 그 지혜와 지식과
재주를 다하여 수고하였어도 그가 얻은 것을 수고하지 아
니한 자에게 그의 몫으로 넘겨주리니 이것도 헛된 것이며
큰 악이로다

가나안 땅을 정복한 이스라엘 사람들은 하나님이 주는 능력
을 다 보았습니다. 불기둥과 구름 기둥, 그다음 홍해도 건넜
고 만나, 메추라기, 반석에서 물 터져 나온 것, 그 여리고 성
이 무너지는 걸 봤던 이스라엘 백성들이 행복해하고 하나님을
경외하는 삶을 살아갈 수 있었는데 어떤 일이 벌어졌는지 아
십니까?

그 사람들이 다 죽고 난 다음에 그 후손들이 완전히 우상숭
배하고 하나님한테 욕하고, 저주하고, 죄를 짓기 시작했어요.
그들이 유산으로 남겨 준 건 젖과 꿀이 흐르는 그 기름진 땅뿐
이었고, 하나님의 말씀은 남겨 주지 않은 거예요. 그래서 그들
이 하나님을 모르고 방황한 것이죠. 즉, 우리 자녀에게 물려줘

야 될 것은 바로 '하나님의 말씀'이라는 겁니다. 하나님을 자녀들에게 물려주었을 때 그 자녀들이 복을 받는 것이죠.

그래서 솔로몬은 내가 모든 수고를 통해서 얻은 재물과 모든 것들은 결국 내가 죽으면 자녀에게 가게 되기 때문에 헛되다고 말하는 것입니다. 왜냐하면 그 자녀 역시 죽게 되어 있고, 그 자녀 역시 재물을 가지면 솔로몬처럼 인생의 허무함과 쾌락을 즐기기 위해서 이것도 해 보고 저것도 해 볼 것이 아니겠습니까? 거기에 어떤 목적이 있겠습니까? 결과적으로는 물려주는 것이 아무것도 아니게 되는 것이죠. 그게 인생이고 그래서 허무한 것입니다.

22 사람이 해 아래에서 행하는 모든 수고와 마음에 애쓰는 것이 무슨 소득이 있으랴 **23** 일평생에 근심하며 수고하는 것이 슬픔뿐이라 그의 마음이 밤에도 쉬지 못하나니 이것도 헛되도다 **24** 사람이 먹고 마시며 수고하는 것보다 그의 마음을 더 기쁘게 하는 것은 없나니 내가 이것도 본즉 하나님의 손에서 나오는 것이로다 **25** 아, 먹고 즐기는 일을 누가 나보다 더 해보았으랴 **26** 하나님은 그가 기뻐하시는 자에게는 지혜와 지식과 희락을 주시나 죄인에게는 노고를 주시고 그가 모아 쌓게 하사 하나님을 기뻐하는 자에게 그

가 주게 하시지만 이것도 헛되어 바람을 잡는 것이로다

계속해서 '세상만사 헛되고 헛되도다' 하는 내용이 이어집니다. 지금 정치하는 분들이나 법무부장관, 검찰총장 등이 부럽나요? 그러나 공인이라 세상에 주목받는다는 것, 내가 높은 자리에 있다는 것에는 그만큼 큰 책임이 따릅니다.

반면에 저와 여러분은 책임질 게 별로 없어요. 노숙자가 빵 한쪽을 훔쳐 먹었다고 해서 '너 왜 도덕성이 그렇게 문제야?' 하겠어요? 하지만 장관이 와서 빵 한쪽을 훔쳐 먹으면, 그 장관이 속한 당 전체가 쓰레기장으로 변질되어 버리죠. 이런 세상이 원칙적인가요? 합리적인가요? 이성적인가요?

그러나 철학을 연구하는 사람들이 종교 없이는 세상이 선할 수 없다고 합니다. 세상에 많은 종교가 있지만 다행히 여러분은 참 하나님을 믿고 있잖아요. 그게 복인 거죠. 그러니까 이 세상에서 돈과 권력을 쫓아다니는 행동을 해서는 안 됩니다. 그런 분들을 보면 불쌍해 보여요.

전도서를 한마디로 요약해 본다면, '모든 것이 다 뜬구름 잡는 것이다, 사라지는 것이다. 시간이 있기 때문에 영속적이지 않다.'는 것입니다. 이 세상 모든 것이 왔다가 사라집니다. 순간순간일 뿐입니다. 그러나 우리는 영속적인 존재입니다! 왜냐하면 우리는 예수 그리스도를 믿고 하나님의 자녀이기 때문입니다. 우리는 영원한 세계를 알고 있잖습니까?

여러분들, 세상을 비관한다거나 게을러지지 마십시오. 여러분들한테는 하나님이 주신 달란트가 있습니다. 여러분들한테 하나님이 주신 재능이 있단 말이에요. 그 재능을 게을리하지 말고 그 재능을 선하게 사용하셔야 합니다. 세상에서 소외받고, 부족하고 연약한 자들에게 하나님이 주신 그것을 사용하라는 것이죠.

이 말씀을 통해서 '우리 인생이 덧없다.'는 것을 생각하게 되지만, 반대로 우리는 예수 그리스도로 인해서 새로운 인생과 새 생명을 얻었기 때문에 한없이 축복스러운 삶을 살고 있다는 거죠. 그러나 우리는 축복받은 사람의 삶을 살아야 합니다. 기도하겠습니다.

전도서 3장 • • •

전도서 1장과 2장에서 솔로몬은 말했습니다.

"지혜도 헛되고, 세상에서 즐기는 것, 세상에서 오는 쾌락,
세상에서 내가 무엇을 하든지 모든 것이 헛되고 헛되도다."

하지만 솔로몬의 말대로 이 세상의 그 모든 것이 헛되고 헛
되다면 우리가 왜 태어났겠습니까? 태어난 이유가 없죠. 그래
서 솔로몬이 3장에서 모든 일에는 때가 있다고 이야기합니다.

"우리가 육신적으로 이 세상에서 살고 있지만 우리는 하나
님의 섭리 아래 살고 있고, 하나님이 우리를 만드신 목적
대로 살지 않으면 우리의 모든 것이 헛되고 헛되다."

우리가 이 세상을 살아가는 데 성경을 통해서, 기도를 통해
서 하나님의 섭리에 대해서 깨달음을 얻고, 하나님께서 우리
를 만드신 그 목적을 알고 그 목적대로 살아간다면 '인생이 헛
된 것'이 아니라는 것이죠!
이제는 인터넷이 발달되어 자꾸만 지식적으로 공부하고 시

험도 오픈북으로 봅니다. 그러면 다 100점을 맞죠. 핸드폰 하나만 꺼내면 문제들이 다 나와 있고, 나머지는 인터넷에 검색하면 다 나오잖아요. 그래서 이제는 기본적인 것만 공부하되 다만 정말 중요한 것은 '경험'입니다. 연륜 같은 경험은 대학교 교수들도 따라올 수 없습니다. 대학교 교수들은 1+1은 2뿐이 모릅니다. 그런데 연륜과 경험이 많은 사람은 1+1 가지고 3을 만들 수 있거든요. 세상 이치가 이렇습니다. 사람들은 '지혜'나 '지식'만 가지고 살려고 하다가 인생이 망한단 말이에요.

솔로몬은 3장에서 이런 이야기를 합니다. 여러분이 바다로 고기를 잡으러 갔는데 물때를 잘못 만나면 물고기를 한 마리도 잡지 못합니다. 여러분이 돈 벌러 간 곳이 사기꾼들이 득실대는 곳이라면 여러분은 돈을 벌기는커녕 몸 뺏기고, 집 뺏기고, 통장 뺏기고, 다 뺏기겠죠. 또 세상의 섭리를 잘 모르기 때문에 어떤 이는 좋은 사람이 불쌍히 여겨서 도움을 주려고 하는데도 자기 생각과 맞지 않다고 해서 도망을 갑니다. 불나방같이 불구덩이로 들어가죠.

그래서 세상의 이치를 모르기 때문에, 동시에 우리가 '하나님께서 우리를 만드신 목적'을 상실했기 때문에 지혜를 얻는 것, 물질을 얻는 것, 집을 사고, 정원을 가꾸고, 오락을 즐기는 등 우리가 하는 모든 것들이 헛되다는 것입니다. 그러나 세상 이치를 알고 하나님이 만드신 목적을 안다면, 우리가 여행도 가고 열심히 돈 벌고, 열심히 스포츠도 하고, 열심히 놀기도 하는 것들이 하나도 헛되지 않은 것이죠.

기독교인이라고 해서 '하나님이 날 보호하시니까' 그냥 무릎 꿇고 기도만 하고 밥만 먹고 와서 성경 연구만 하면 살 수 있을까요? 아닙니다. 적절한 운동과 휴식이 있어야지만 내 육신이 받쳐 줘서 여러분들한테 열심히 말씀도 전하고, 공부도 가르칠 수 있는 것이죠. 만약 내가 병들어서 여기저기 아프고, 짜증나고, 혈압이 올라가는데 여러분들한테 좋은 것을 줄 수 있겠습니까?

내가 열심히 운동하고, 열심히 일하는 목적은 내 가정을 지키기 위해서, 즉 내 가족들에게 물질이 필요하니까 가족들이 그 물질을 사용하게 하기 위해서, 그리고 헌금하고, 불우한 이웃도 도우면서 오락이나 스포츠 같은 것들도 즐기기 위함이죠.

그러나 내가 돈을 버는 목적이 그냥 내 쾌락을 위해서만 있고, 남들이나 가족, 이웃이야 어찌 됐든, 그냥 내 인생을 즐기기 위해서 쓴다면 그건 조울증 환자나 다름없습니다. 예를 들어서 사업할 때 돈을 버는 목적은 물론 개인의 이윤 창출도 있겠지만 내 직원들을 먹여 살려야 되기 때문이기도 합니다. 직원들에게 봉급을 줘야 하니 쉬지를 못 하는 거예요. 그런데 만약 내가 회사를 차린 목적이 직원들을 사기 쳐서 직원들의 주머니 속에 있는 돈을 뺏기 위해서라고 한다면, 그것은 진정한 목적에 어긋난 것이겠죠.

세상에는 이런 이치가 있다는 겁니다. 무조건 다 옳고 무조건 다 그릇된 게 아니라는 것입니다. 우리가 사는 이 세상은 하나님의 섭리에 의해서 돌아가는 것입니다.

1 범사에 기한이 있고 천하만사가 다 때가 있나니

1절은 '범사에 기한이 있다'는 내용입니다. 모든 게 영원하지 않은 것이죠. 세상의 식물이나 동물도 영원하지 않고, 사람의 생명도 영원하지 않고 좋은 일도, 슬픈 일도 영원하지 않고 기쁨도 영원하지 않다는 겁니다.

우리는 한번 정해지면 그게 끝인 줄 알고 영원한 줄 알아요! 나한테 돈이 생기면 영원히 돈이 생기는 줄 알고, 내게 물질이 없으면 영원히 물질이 없는 줄 알죠. 우리는 모든 것에 대해 그렇게 인생을 살아갑니다. 그래서 자꾸 실패하는 것이죠.

즉, 지금은 물질적인 축복으로 인해서 내게 물질이 많이 있더라도 그것을 잘못 관리하면 그게 다 공수표가 된다는 거예요. 반대로 지금은 힘들고 괴롭고 물질도 없지만, 언젠가는 나에게 물질이 생길 수 있는 기회와 때가 있다는 것이죠.

따라서 우리가 하나님의 이치에 대해서 알고, 마음속으로 그것을 잘 관리하고 꾸준히 인내할 때, 우리는 마음속에 근심이나 걱정 없이 원하는 것을 얻을 수 있게 됩니다.

2 날 때가 있고 죽을 때가 있으며 심을 때가 있고 심은 것을 뽑을 때가 있으며

천하만사가 다 때가 있다 합니다. 이 세상이 바람이 불고 비가 오고 눈이 오고, 차들이 왔다 갔다 하고, 내가 직장을 가기도 하고 직장에서 쫓겨나기도 하고 새로운 직장으로 갑자기 스카우트되기도 하고…. 이런 모든 것들이 다 정해진 때가 있다는 것입니다.

솔로몬이 인생을 살다 보니까 자기가 열심히 노력하고 지혜를 내고, 많은 재판을 통해서 세상에 온 지혜가 널리 퍼지고, 자기가 노력해서 돈을 많이 번 것 같지만, 사실은 그런 것이 아니라 정해진 때가 세상에 존재한다는 것을 깨달았다는 겁니다.

날 때가 있고, 죽을 때가 있고, 심을 때가 있고, 심은 것을 뽑을 때가 있습니다. 사람이 태어나고 동물이 태어나면 반드시 죽게 되어 있고, 식물이 씨를 뿌려 잘 자라게 하면 반드시

곡식을 거두고 어느 날은 뽑아 버린단 말이죠. 그런 때가 있다는 거예요. 그런데 그게 자연적인 현상이자 하나님의 섭리라는 겁니다. 우리 인간은 그것을 우리 마음대로 할 수 없는데, 우리 마음대로 할 수 있다고 착각하는 것이죠.

3 죽일 때가 있고 치료할 때가 있으며 헐 때가 있고 세울 때가 있으며

3절에는 더 강하게 이렇게까지 얘기합니다. '죽을 때가 있다. 하나님께서 심판하시는 때가 있다.'고 말입니다.

여러분들이 이 세상을 살다 보면 하나님의 심판을 받을 수 있습니다. 죽임을 당할 수도 있어요. 성경에는 죽임을 당한 사람들이 많이 나오죠. 요즘에는 잘 믿지 않는데, 저는 현실에서도 어떤 교회 문제가 생겼을 때 목사가 죽는 것을 보는 등 여러 가지를 봐 왔습니다.

그래서 성경적으로 해석한다면, 때가 되어 그 사람이 화를 받게 된 것이죠. 그 사람이 천국 가고 지옥 가는 것은 예수를 믿는 자와 안 믿는 자의 차이이지만, 우리가 지은 죄에 대한 대가로 그 사람이 죽을 수도 있거나 가족이 죽을 수도 있다는 말입니다. 우리는 그것을 알아야 합니다.

"죽일 때가 있고 하나님께서 치료할 때가 있다."

여러분 암에 걸리면 다 죽는 줄 아시죠? 그런데 제가 서울 삼성의료원에 누가 돌아가셔서 가느라 택시를 타고 가는데, 택시 운전기사가 "저 암 걸린 지 5년 됐어요. 근데 지금도 그때 그 상태로 남아 있어요."라는 거예요. 그래서 "수술 안 하세요?" 물어봤더니 처음에는 동네 병원에서는 암이 아니라는 거예요. 그다음에는 신촌 세브란스병원으로 검사하러 갔더니 암 진단을 받는데, 담당의가 지나가면서 '내 아버지 같으면 수술 안 했겠다.' 그러더라는 거예요. 그래서 용기를 얻어서 병원을 뛰쳐나와 지금까지 그냥 아무런 약도 먹지 않고 살고 있다고 합니다. 그래서 가끔 동네 병원에 가서 확인해 보면, 암이 자라지 않고 그대로 있다고 하더라고요.

반면에 딱 90일 이후에, 3달도 안 되어 죽는 암이 있어요. 아주 빠르게 퍼지는 암이라고 합니다. 어떤 젊은이는 나이가 43살인데 암에 걸려 와서 살려 달라고 해요. 병원에서는 1년 시간을 못 넘길 거라고 하는데도 어떻게든 살아 보려고 아등바등하다가 어느 날 갑자기 죽었습니다. 그 고통은 이루 말할 수 없겠지요.

사람의 몸 중에 흉추가 있잖아요? 거기 목뼈에 암이 생기면

음식이 넘어가지 않는다고 합니다. 숨이 막혀 죽는 거죠. 그런데 얼마나 괴롭냐면, 그 친구가 죽 한 숟갈을 떠서 목에 넣는데 여기 암이 생기니까 근육들이 움직이지 않아 굳어서 몇 시간을 괴로워해요. 그렇게 몇 달을 고통스러움에 살다가 가죠.

인생의 어떤 섭리, 하나님의 섭리는 우리가 모르는 것입니다. 그런데 우리는 다 아는 것처럼 착각을 하지요. 하나님이 죽이기도 하고, 아프게 하기도 하고, 또 치료하기도 하십니다. 자연적인 법칙에 의해서나, 저절로 생겨나는 게 아니라는 겁니다. 솔로몬이 이 세상에는 하나님의 섭리가 있다고 고백하듯이, 우리에게도 그런 고백이 나와야 합니다.

이 세상의 모든 풀을 모든 식물들조차도 자연적으로 자라는 것 같죠? 여러분이 자세히 들여다보면 그렇지 않아요. 대표적인 게 도라지와 산삼입니다. 도라지와 산삼은 비슷하니까 같은 환경에서 자라야 되잖아요? 그런데 도라지는 햇빛이 없으면 죽는 반면, 산삼은 습하지 않고 햇빛이 있으면 죽습니다.

이렇듯 식물조차 섭리에 의해서 어떤 장소, 어떤 환경이 다 필요한 겁니다. 그런데 우리는 그냥 자라나서 먹게 되는 줄 알아요. 솔로몬은 이를 두고 '짐승과 같다'고 이야기합니다.

"헐 때가 있고 세울 때가 있다."

우리도 헐어 버릴 때가 있습니다. 집도 헐어서 새집을 짓잖아요. 이와 같이 하나님이 쓰시기에 합당하지 않거나 망가졌거나 완전히 하나님의 목적에 벗어나 있다면 헐어 버리십니다. 하지만 우리가 다시 회개하고 하나님 앞에 돌아올 때, 하나님은 우리를 바로 세우십니다. 세상의 모든 이치가 그런 거예요. 헐어 버릴 수도 있고 새로 세울 수도 있는 겁니다. 그런데 우리는 그냥 한번 만들어지면 영원히 그 자리에 있는 것으로 착각을 하죠. 하지만 그렇지가 않습니다.

4 울 때가 있고 웃을 때가 있으며 슬퍼할 때가 있고 춤출 때가 있으며

세상 살다 보면 당연히 우리는 기쁠 때도 있고, 웃을 때도 있지만, 슬플 때도 있고, 눈물을 흘릴 때도 있지 않습니까? 그래서 여러분들이 그리스도를 만나 기쁨이 오는 사람, 교회에서 거듭나서 기쁨이 오는 사람은 반드시 눈물을 흘려야 합니다.

어떤 고난과 고통을 경험하고 그 고통 속에서 내가 주님과 교제했더니 하나님께 기도했더니 나에게, 내 마음에, 내 가족에 형통함이 있더라는 것이죠. 이렇듯 근심과 걱정, 고난, 영원히 나오지 못할 것 같은 어두운 골짜기같이 죽을 것 같은 상

황 속에 있을 때에도 하나님과 소통하고 바라보았더니 형통해 집니다. 그래서 기쁨이 있다면 그 기쁨은 예수님 만날 때까지 가져갑니다. 그 기쁨을 여러분이 갖고 있으면 여러분의 믿음이 정말 변하지 않아요.

목사의 자녀들이나 장로의 자녀들의 믿음은 보통 변함이 없습니다. 예수님 때문에 눈물에 젖어 보지 않았으니까 믿음이 자라야 되는데, 안 자라는 거예요. 만약 내가 세상에서 소외받고, 고통당하고, 무시당하고, 만사 괴롭고, 무언가가 안 됐을 때 주님을 만나서 내 모든 것이 형통해졌을 때 믿는 그 믿음은 정말로 오래가는 믿음이 됩니다.

5 돌을 던져 버릴 때가 있고 돌을 거둘 때가 있으며 안을 때가 있고 안는 일을 멀리할 때가 있으며

'돌을 던져 버릴 때'라는 것은 그 당시에 성전을 지으려면 돌들이 있어야겠죠? 이는 내가 성벽을 건축할 때와 성벽을 허물 때가 있다는 뜻입니다. 아마 이건 그 앞으로 일어날 바벨론 포로 생활 예루살렘이 완전히 멸망하고 끌려가는 거죠. 교회가 지금 그런 식으로 되지 않습니까? 다 허물어져 가는 시국이지 않습니까?

세상 사람들로부터 손가락질 받고, 사람들로부터 외면을 받는 허물어져 가는 시대가 있다는 거예요. 그런데 그건 우리 힘으로 되는 게 아니라는 겁니다. 그것도 하나님 뜻이지요. 우리들의 죄로 인해서 하나님이 그렇게 하신단 말이에요. 왜냐하면 결국 돌이키기 위해서죠.

그러니 내 힘과 내 생각으로 이게 어떠니 저게 어떠니, 이것은 어떻게 해야 되느니 등 온갖 방법을 다 동원하더라도, 한번 이렇게 된 이상 회복되지 않는 것입니다. 회복되는 길은 오로지 회개하고 우리가 바로 서는 길밖에 없는 거죠. 즉, 새로 세우시기 위해서 하나님께서 그렇게 하시는 것입니다.

6 찾을 때가 있고 잃을 때가 있으며 지킬 때가 있고 버릴 때가 있으며

6절에 안을 때가 있고, 안는 일을 멀리할 때가 있습니다. 여러분들한테 가장 중요한 말입니다. 좋은 친구와 나쁜 친구를 구분하세요. 여러분들을 해치는 친구가 분명히 있어요. 여러분들에게 도움을 주는 친구가 있고, 영적으로 인도하는 친구가 있는 반면, 여러분을 육적으로 인도하는 친구가 있습니다. 그런 친구는 버려야 합니다.

'찾을 때가 있고 잃을 때가 있으며 지킬 때가 있고 버릴 때가 있다'는 구절에서 찾을 때란 여러분이 돈을 많이 벌 때가 반드시 있다는 뜻입니다. 그런데 잃을 때가 있으니까, 여러분이 지킬 수 있을 때, 지킬 때가 있다는 것이죠.

노동에 대한 가치를 생각한다면, 돈을 소중히 생각할 줄 알아야합니다. 인터넷이나 뉴스를 통해서 복권 당첨된 사람이 거지가 되는 게 돈을 그냥 자기 수고 없이 벌어서 막 쓰기 때문이죠. 자기가 열심히 중노동하고 땀 흘려서 번 돈은 그렇게 안 쓴다니까요. 그래서 우리는 돈의 가치를 알아야 합니다.

지혜로운 사람은 어떤 사람한테는 돈을 많이 지원해 주지만 어떤 사람한테는 지원해 주지 않습니다. 사람을 지원해 줄 때는 그 사람이 스스로 노력을 하는지 여부와 내가 지원해 준 것만큼 그 사람이 성공하는지의 여부를 보는 것이죠. 반면, 먹고 노는 것이 버릇이 돼서 남들한테 달라고만 하고, 시간 지나면 또 와서 손 내미는 사람에게는 절대로 지원을 하지 말아야겠죠.

7 찢을 때가 있고 꿰맬 때가 있으며 잠잠할 때가 있고 말할 때가 있으며

7절에 회개할 때 옷을 찢는다, 성경에서 옷을 찢는다고 하면 내 죄를 자복하는 것입니다. 내가 자복하고 회개하고, 옷이 꿰매지듯이 다시 회복되는 때가 있다는 겁니다. 그런데 악인들은 회개할 줄 모르기 때문에 옷을 찢을 때가 없지요. 자기 잘못에 대해서 깨닫지 못하고 계속 남 탓, 세상만 탓하거나 세상에 문제가 있다고 이야기합니다.

이번에 코로나바이러스를 보면서 우리나라 사람들과 전 세계 사람들이 다 문제라는 것을 알게 되었습니다. 코로나가 급하니까 빨리 어떻게 좀 해결하라고 우리나라는 백신이 늦게 들어온다며 대통령에게 문제가 있다느니 별소리를 하고 난리였죠.

그런데 막상 백신이 들어오니까 30%가 부작용이 있어서 안 맞겠다는 거예요. 거기다 음모론까지 생겨났죠. 백신에 나노입자가 들어 있어서 백신 맞으면 우리가 조종당한다는 거예요. 사람 심리가 정말 이상하죠. 이런 걸 보고 '사람들 변덕이 팥죽 끓듯 한다.' 하죠. 이렇게 하면 이렇게 한다 뭐라 그러고, 저렇게 하면 저렇게 한다고 뭐라 그러니, 대체 어떻게 하란 말이죠?

금요일 날 우리 기도회가 끝나고 사당역을 가는데, 10시까지 영업하잖아요. 사람들이 한꺼번에 쏟아져 나오는데 인파가 바글바글해요. 완전히 불타는 금요일이에요. 마치 젊은이들이 금요일 날 자신의 모든 인생을 다 끝내 버리려는 것 같아요. 차라리 금요일 날 가족들이나 가까운 친구들과 조용히 아름다운 밤을 보내면 좋잖아요. 이렇게 어떤 상황들이 벌어지는 것들이 있고 때가 있는데, 그것을 다 무시하면 되겠습니까? 인생에는 이렇듯 때가 있다는 것이죠.

8 사랑할 때가 있고 미워할 때가 있으며 전쟁할 때가 있고 평화할 때가 있느니라

정치적인 것이 아니라 오로지 어떤 것을 만들고 생산해 내는 경제에 집중해야 합니다. 생산적이지 않거나 소모적인 것은 지양하는 것이죠. 특히 그중에는 상대방이 나에게 평화를 원할 때 나도 항상 평화를 열어 놓는 것이 있습니다. 상대방이 나에게 칼을 들이밀면 난 총으로 들이대야 하죠. 그게 육적인 사람이에요. 이건 여러분도 그래야 됩니다. 이 세상 사는 방식이 여러분 앞에 칼을 들이대는 것인데, 모두를 사랑하라 했다고 찔려서 죽임당하면 되겠습니까? '원수를 사랑하라'는 것은 바로 주 안에서 사랑하라는 것이죠.

우리 적이 북한이지만 그들은 동포잖아요. 그럼 우리는 북한을 끌어안아야 하죠. 우리가 가진 끌어안는 방법은 '우리가 같은 민족이니까 우리 평화로 공존하자', '우리들이 돈을 많이 갖고 있으니 지원 좀 해 줄게.' 하는 것이에요. 그러면 북한도 잘살 수 있지요.

우리는 이렇듯 항상 주려고 하는데 북한은 양아치처럼 때리고 또 때립니다. 미련한 것이죠. 우리나라는 선량하잖아요. 북한이 평화롭게 '절대 해치지 않을게, 절대 너한테 피해 안 가게 할게.', '그래, 내가 먼저 문 열게.'라고 했다면 저렇게까지 힘들게 살지 않을 겁니다. 그러나 저들은 주면 줄수록 자꾸만 공격하고, 정부는 계속 욕먹는 거예요. 물론 계속 때리는 것 또한 하나님의 뜻인지 모릅니다. 일본과 중국이 어떻게 할까 봐, 북한 때문에 자꾸 우리가 무기를 개발하고 사들이거든요.

우리는 전쟁할 때가 있고 평화할 때가 있습니다. 상대방이 평화를 원할 때 우린 평화를 주고, 상대방이 전쟁을 원할 땐 우리 전쟁을 준비해야 하죠. 우리는 상대방에게 전쟁을 일으키는 마음을 허용해서는 안 됩니다.

먼저 마음의 문을 열고 사랑하는 마음을 가져야 합니다. 그런데 상대방이 계속 거부하고 도발한다면, 아예 싹을 잘라 버려야 하죠. 손을 대려면 아예 쳐다보지도 못하게 손을 대야 해요. 어설프게 손을 댔다가는 여러분들이 맞을 거예요. 즉, 한쪽에선 전쟁을 원하는데 한쪽에선 계속 평화를 주장하면 그건 좋지 않다는 겁니다. 전쟁 나면 같이 전쟁해야 되고, 평화가 있으면 같이 평화가 일어나야 된다는 거죠.

이렇게 말씀드린 이유는, 우리가 영적으로만 살 수 없다는 것을 설명하기 위함입니다. 하나님이 만들어 놓은 육신적인 이치가 있기 때문에 우리가 육신적으로 살기 위해서 세상의 이치가 이렇다는 거예요.

교회에서도 마찬가지입니다. 우리 교회 공동체라고 그러잖아요? 도전하는 사람은 그냥 둘 수 없습니다. 자기가 마치 교회의 주인인 것처럼 행동하면서 자기 맘대로 안 된다고 교회를 뒤집어엎어 버리면 어떻게 그냥 내버려 두겠습니까?

사람들 중에는 교회를 화풀이 대상으로 착각하는 사람이 있어요. 그래서 교회가 항상 비위를 맞춰야 되는 줄 아는 거죠. 그것은 교회를 나오는 이유가 목사나 장로, 사람을 보고 오는 것이기 때문에 이제 자기는 안 오겠다고 열받아 갖고 씩씩거리는 거잖아요. 하나님한테 열받아서 씩씩거리나요? 교회는 하나님 보고 와야 하고, 하나님하고 교제를 해야 하는 겁니다.

9 일하는 자가 그의 수고로 말미암아 무슨 이익이 있으랴

기독교는 무조건 사랑하라 했는데, 이렇게 보니 세상의 섭리와 돌아가는 원리가 육신적인 것이어서 기독교적인 것은 아닌 거 같잖아요? 아닙니다. 전도서에는 전쟁하는 것들이 나와 있습니다. 왜냐하면 이런 세상의 섭리가 다 하나님께로부터 왔기 때문입니다. '이렇듯이 이 세상만사가 어떻게 보면 무상하다. 결국 내 뜻대로 되지 않는다. 그런데 무슨 이익이 있겠느냐.' 하는 것입니다.

솔로몬이 세상 이치를 지혜를 겸비했잖아요? 그리고 왕이었고 세상의 모든 걸 다 해 봤고 그래서 거기서 얻은 경험으로서 '세상은 이렇게 저렇게 돌아가는데 사람들은 다 자기 뜻대로 되는 줄 알고 살더라. 그런데 세상만사 내 뜻대로 되는 게 아니더라. 다 내 뜻대로 되는 줄 알고 그냥 내 뜻대로 어떻게 밀어붙이려 하다가 쫄딱 망하더라. 기쁨도 희락도 없더라.' 하고 깨달은 것이지요.

우리가 예수 그리스도를 믿지만 육신을 입었어요. 이 세상 사는 동안 육신의 욕구도 있단 말이에요. 그러니 여러분이 영적인 것과 육적인 것을 동시에 같이 갖고 가야 합니다. 만일 영적인 것만 갖고 간다면 무당이 되겠죠.

그래서 성도들은 열심히 일하고 놀러 갈 때는 놀러 가야 하는 겁니다. 교회 다니는데 놀러 가면 무슨 큰 죄라도 짓는 것처럼 여기는데 그런 게 어디 있나요? 그럼 세상 사람들은 신나게 놀고, 신앙인은 맨날 어두컴컴한 데서 엎드려서 울고불고 기도만 해야 되나요? 그렇지 않습니다.

다만, '하나님이 나를 만든 목적이 무엇인가? 날 이 교회로 보낸 목적이 무엇인가? 내가 예수를 믿는 목적이 무엇인가? 내가 지옥으로 가야 되는데 천국으로 가게 하신 목적이 무엇인가? 그게 바로 하나님 사랑, 이웃 사랑이다.'라는 것을 알면 됩니다. 세상의 이치는 안 믿는 사람이나 믿는 사람이나 다 똑같이 적용받습니다. 내가 교회 다닌다고 해서 특별하게 무엇을 더 주시고, 하나님을 안 믿는다고 해서 특별하게 덜 주시지 않습니다. 만약 그렇다면 이 세상이 존재할까요? 불균형이 일어나서 존재하지 못해요.

우리는 이미 복을 받았단 말이에요. 믿으나 안 믿으나 '심은 대로 거두는 것'이지요. 세상의 이치를 아는 것만큼 이 세상에 육신적인 복도 누릴 수 있습니다. 교회 다닌다고 해서 세상의 이치도 모르고 노력도 안 했는데 누가 돈을 주나요? 세상 사람들은 교회 다니는 사람이 게으르고 멍청하면 싫어한다니까요.

저는 사람을 따로 불러다가 상담을 합니다. 제 전공 중에 하나가 진로상담이거든요. 그런데 그것을 듣는 사람이 있고, 안 듣는 사람이 있습니다. 어떤 사람은 길이 보여서 그 길로 가면 안 된다고 해도 듣지 않고 죽어라고 가다가 결국은 쫄딱 망해요. 자기만 망하면 괜찮게요? 남까지 끌어들여서 다 거지 만든다니까요. 그런 인생은 살지 마시기 바랍니다.

10 하나님이 인생들에게 노고를 주사 애쓰게 하신 것을 내가 보았노라

사주팔자란 게 요새 변질돼서 샤머니즘화되고 있는데, 사실은 그게 아니라 확률입니다. 생김새, 인상, 성격 같은 것을 확률로 맞추는 것이죠. 이런 특징을 가진 사람은 예술을 해야 된다, 저런 특징을 가진 사람은 체육을 해야 된다, 저런 특징을 가진 사람은 사업을 해야 된다 하는 것들이 사실 사주거든요.

그렇잖아요. 여러분이 예술을 할 사람이 아닌데 예술을 한다면 어떻게 되겠습니까? 다 자기 자녀마다 성경적인 은사가 있거든요. 그 길로 가면 성공할 수 없는 은사인데, 그 길을 가서 남보다 10배 노력해도 주어지지 않는다는 거예요. 자기가 노력해서 되는 게 아닙니다. 그러므로 여러분은 자신이 하나님께 받은 은사가 무엇인지 알아야 합니다. 여러분의 달란트와 재능이 무엇인지 알아서 그 은사의 길을 간다면 노력을 별로 하지 않아도 물질이 생기고 복이 생깁니다.

'남들은 맨날 놀러 다녀도 돈도 생기고 행복한데, 왜 난 24 시간 일해도 맨날 남한테 손 벌려야 하지?'라는 생각이 든다면 이는 자기 은사를 개발하지 못한 탓이겠죠. 그래서 진로 상담이 중요한 거고, 학교에 가면 상담 선생들이 있어서 문과냐 이과냐 선택을 하죠. 이런 것들이 다 중요하고 성경에도 나온 것입니다. 성경적이라는 거죠.

> **11** 하나님이 모든 것을 지으시되 때를 따라 아름답게 하셨고 또 사람들에게는 영원을 사모하는 마음을 주셨느니라 그러나 하나님이 하시는 일의 시종을 사람으로 측량할 수 없게 하셨도다

하나님이 이 세상의 모든 만물을 지으시되 아름답게 선하게 지으셨습니다. 그리고 우리 사람들에게는 영원을 사모하는 마음을 주셨죠. 영원한 생명, 즉 천국을 사모하는 마음을 주셨다는 거예요.

이 세상의 모든 종교의 특징은 영생입니다. 불교와 힌두교는 윤회설을 주장하죠. 내가 이 세상을 살면서 착한 일을 하면 사람이 되고, 짐승처럼 굴면 짐승이 된다고 해요. 이렇게 모든 종교가 영생을 가지고 있습니다. 가끔 짐승이나 맹수들도 이

상한 행동을 하는데, 그걸 그들의 종교라고 우기는 사람들은 미련한 것이죠. 사람만 영원한 생명에 대한 생각이 있기 때문에 바로 종교란 게 있는 거죠.

12 사람들이 사는 동안에 기뻐하며 선을 행하는 것보다 더 나은 것이 없는 줄을 내가 알았고

이는 곧 '선한 일을 행하는 것보다 더 나은 게 없다.'는 것이죠. 사람이 선을 베풀면 기쁨이 있고, 행복이 있고, 뿌듯함과 세상에 대한 떳떳함이 있습니다. 그런데 내가 남한테 사기 치고, 뺏어 온다면 그 사람의 눈빛이 벌써 달라지죠. 여러분들도 느낄 수 있어요. 그 사람 눈만 보면 '아이고, 병들어서 오래 못 살겠네.', '이게 속에 독기를 품고 있네.', '이게 언젠가 나 뒤통수를 치겠네.' 하는 것을 알 수 있죠.

이는 눈이 우리 마음, 신경과 연결되어 있기 때문입니다. 그 사람 눈이 다 말해 주는 것이지요. 한의원에서는 눈동자의 안을 보고 병까지 진단하잖아요. 이렇듯 선한 일을 하면 선한 마음이 생기고, 얼굴도 선해지고 항상 웃음이 떠나지 않는 겁니다. 그래서 '선한 것보다 이 세상에 더 나은 게 없다.'고 솔로몬이 고백하고 있어요.

13 사람마다 먹고 마시는 것과 수고함으로 낙을 누리는 그
것이 하나님의 선물인 줄도 또한 알았도다

여러분들이 휴식을 취하고, 여행 가고, 맛있는 거 먹는 게
나쁜 게 아니라는 겁니다. 이게 하나님의 선물이라는 거죠.
전도서에서 '이 세상의 모든 게 헛되고 헛되도다'라고 하니까
'아이고, 이제는 모든 거 다 그만하고 기도원 만들어서 산에
들어가서 열심히 기도만 해야겠다.' 하는데, 이게 아니라는 거
예요.

우리가 먹고 마시는 것, 여행 가는 것, 모두 하나님이 우리
에게 주신 선물이기 때문이죠. 창세기에 '하나님이 인간을 만
들어 놓고 생육하고 번성하고 이 세상의 모든 것 다 다스리라'
했지, '너 맨날 나한테 기도하고 예배드려야지!'라 하지 않았
단 말이에요. 예배는 우리가 자꾸 하나님과 멀어지고, 하나님
께서 우리를 만든 목적을 모르고 우리가 자꾸만 죄의 종노릇을
하니까 '예배를 통해서 회복하라'는 것입니다.

우리가 만약에 선악과를 따 먹지 않았으면 예배할 필요가 없
었습니다. 맨날 하나님과 교제를 하는데 예배가 무슨 필요가
있겠습니까? 이제는 우리가 매일 하나님과 멀어지고 원수가
되니까 예배를 통해서 하나님을 만나라는 거죠. 그러니 여러분

들이 먹고 마시고 여행 가는 것을 죄라고 생각하지 마세요.

목사, 전도사, 장로들은 교회 직분이 높으니까 평소에 아무 것도 하지 말고, 그냥 기도만 해야 되고 그래서 밖에 나가서 골프 치고 등산도 가면서 성도들한테는 안 간 척하는데, 그럴 필요가 없습니다.

미국에 가니까 교회에서 운동한다는데 골프를 가요. 목사, 장로가 한 팀이 돼서 나가더라고요. 물론 성도들이 가난한데 목사가 골프장 가서 30만 원씩 쓴다면 그것은 죄죠. 그러나 일 년에 한두 번 가는 건 괜찮아요.

여러분들도 하는 일에 대해서 양심의 가책을 가지지 마시기 바랍니다. 마음껏 하는 대신, 하나님에 대한 사랑, 그 목적만 잊지 말라는 거예요! 예수님을 믿고 교회 다니면 자유로워야 지, 억압받으면 되겠습니까? 그래서 그게 하나님의 선물인 줄 깨달았다는 거예요.

죄란 성도들은 밥도 못 먹는데 내가 대표나 목사이니까 30 만 원 내고 골프를 치거나 비싼 돈 드는 호화 여행을 다니는 것 이니, 그러지 말라는 것입니다. 성도들은 또 목사와는 신분이 다르니, 자기가 그만큼 벌고 그만큼 시간이 있으면 한 300만 원 내에서 해외여행 가도 돼요. 그거 가지고 양식에 가책을 갖 지 말아야 합니다.

'목사님은 맨날 기도하고, 땀 뻘뻘 흘리고, 열심히 설교 준비하는데 나는 여행 가니까 죄송하네.'라고 하지 않아도 됩니다. 하나님 사역하는 사람과 성도의 신분이 다르기 때문이지요. 여러분들은 열심히 일하시고, 열심히 여행 다니고, 교회에 와서 하나님과 교제도 하세요. 자유로워지고, 죄의식을 품지 말라는 거예요. 죄의식을 품는 순간, 여러분들의 인생이 헛되어지는 거죠.

14 하나님께서 행하시는 모든 것은 영원히 있을 것이라 그 위에 더할 수도 없고 그것에서 덜할 수도 없나니 하나님이 이같이 행하심은 사람들이 그의 앞에서 경외하게 하려 하심인 줄을 내가 알았도다 **15** 이제 있는 것이 옛적에 있었고 장래에 있을 것도 옛적에 있었나니 하나님은 이미 지난 것을 다시 찾으시느니라

'하나님께서 행하시는 모든 것이 영원히 있을 것이라'는 것은 하나님의 행하시는 모든 것은 영원하다는 거예요. '그 위에 더할 수도 없고, 그것에 덜할 수도 없다' 이렇게 못을 박았어요.

그렇다면 '하나님이 이같이 행하심은 사람들이 그 앞에 경외하게 하려 하시는지를 내가 알았다'는 구절의 뜻을 살펴봅시

다. 이 세상은 복잡하고, 번잡하고, 때가 있고, 물이 흐르고 바람이 부는 모든 것들이 창조된 이유는 무엇일까요? 바로 하나님께서 우리를 창조하셨다는 것, 예수님께서 내 죄 때문에 돌아가셨다는 것, 이제는 하나님과 교제해야 한다는 것을 알게 하기 위해서 창조했다는 것이죠.

여러분이 지나가면서 꽃을 보면서도, 지나다니는 동물들을 보면서도 '하나님이 나를 위해서 이 아름다운 꽃을 만들었구나!', '하나님이 나를 위해서 이렇게 아름다운 동물들을 만들었구나!'라며 감사해야 하는 이유입니다.

어떤 권사님은 개를 키운다고 하면, 전도도 못 하고 개한테 들어가는 돈과 시간 아깝게 왜 그러냐며 개도 못 키우게 해요. 하지만 솔로몬은 그렇게 하라고 하지 않죠. 왜냐하면 이 세상의 모든 것은 인간을 위해서 하나님이 선하게 만들었기 때문입니다.

16 또 내가 해 아래에서 보건대 재판하는 곳 거기에도 악이 있고 정의를 행하는 곳 거기에도 악이 있도다

옛날이나 지금이나 사람이 살기 위해서는 법이 있고, 그 법을 통해 심판하는 심판자들도 있습니다. 그런데 법의 심판자

라고 해서 그 사람이 꼭 정의롭지만은 않죠. 요새 매스컴에 보면 검찰개혁이니, 정의롭지 않은 검찰은 개혁을 해야 된다는 말들을 많이 합니다. 그런데 검찰 입장에선 약이 오르겠죠. 이 세상에 온전한 게 어디 있겠어요? 다 허물이 있지만 문제 일으키지 않을 정도면 참아 주는데, 이게 문제가 된다 생각하니까 검찰개혁을 하겠다는 얘기 아니에요.

솔로몬이 하는 얘기는 우리를 심판하고 재판하는 사람들도 정의롭지 못하다는 것입니다. 인간은 다 똑같다는 거죠. 그런데 우리는 누구는 우러러보고, 또 다른 누구에게는 '저건 나쁜 놈이야!'라고 하잖아요? 그런데 사실은 모두가 나쁜 놈이라니까요. 결국 이 세상의 모두가 죄인입니다.

17 내가 내 마음속으로 이르기를 의인과 악인을 하나님이 심판하시리니 이는 모든 소망하는 일과 모든 행사에 때가 있음이라 하였으며 **18** 내가 내 마음속으로 이르기를 인생들의 일에 대하여 하나님이 그들을 시험하시리니 그들이 자기가 짐승과 다름이 없는 줄을 깨닫게 하려 하심이라 하였노라 **19** 인생이 당하는 일을 짐승도 당하나니 그들이 당하는 일이 일반이라 다 동일한 호흡이 있어서 짐승이 죽음같이 사람도 죽으니 사람이 짐승보다 뛰어남이 없음은 모

든 것이 헛됨이로다

17절은 '하나님께서 반드시 죄에 대해서는 심판하신다.'는 것을 나타냅니다. 그리고 18절은 '사람과 짐승이 같다'는 거예요. 하나님의 말씀에 따라 살지 않고, 자기 생각대로 약탈하고 노략질하고 사기를 친다면 짐승과 다를 바 뭐가 있겠습니까? 우리 집에 있는 개도 그런 짓은 안 하는데, 사람은 이성으로 판단할 줄 알면서도 왜 개만도 못한 짓을 하느냐는 거예요. 우리의 삶이 짐승만도 못하다면 안 되겠지요?

20 다 흙으로 말미암았으므로 다 흙으로 돌아가나니 다 한 곳으로 가거니와 **21** 인생들의 혼은 위로 올라가고 짐승의 혼은 아래 곧 땅으로 내려가는 줄을 누가 알랴

20절은 짐승이든 사람이든 식물이든 언젠간 다 죽습니다. 언젠간 다 썩는다는 점에서 똑같다는 거죠. 짐승도 죽고, 사람도 죽고, 천년 사는 식물도 있겠지만 그것도 언젠가는 다 죽는다는 거예요. 영혼이란 것은 굉장히 많은 걸 내포합니다. 이 세상에 있는 피조물 모든 것들에 영혼이 있다고 해요. 그런데 목사들은 이것을 자꾸 부정해요. 사람만 영혼이 있다고 하면

서 말이죠.

하지만 영혼이 없으면 죽은 거예요. 숨을 쉴 수가 없다니까요. 살려면 숨을 쉬어야 되잖아요. 여기 지금 나와 있습니다. 사람도 영혼이 있고 짐승도 영혼이 있는데, 사람의 영혼은 하늘로 올라가고 짐승의 오늘 땅에 내려간다고 말이죠.

기독교의 교리는 결국 '사람의 영혼은 죽는 순간 하늘로 올라간다. 지옥과 천국 둘 중에 한 군데 간다. 사람은 영원히 지옥에서 살거나 영원히 천국에서 산다. 하지만 짐승은 죽는 순간 영혼도 같이 죽는다. 이 세상 모든 짐승들의 영혼은 육신이 썩는 것과 동시에 같이 사라진다.'라는 겁니다.

여러분들, 짐승한테 영혼이 없다는 소리는 하지 마세요. 짐승에게 영혼이 없다는 건 마음이 없다는 거고 생각이 없다는 거예요. 그럼 왜 데리고 있나요? 생각도 없고 마음도 없으면 마네킹, 인형 같다는 것인데 왜 데리고 삽니까?

짐승이 밥 안 주면 물잖아요. 자기를 괴롭히면 물고, 자기를 쓰다듬어 주면 좋아하며 사람과 교감하잖아요. 물론 우리가 하나님과 교감하는 것과는 차원이 다르지만, 동물들에게도 마음이 있고 생각이 있다는 뜻입니다. 그러니 소중히 생각해야 해요. 하나님이 사람을 위해서 지은 것이기 때문이죠.

그런데 하나님이 사람을 특별한 존재로 만드는 것, 즉 영원한 생명을 주셨다는 것은 이 세상에서 내가 어떻게 행동하느냐에 따라서 우리의 생명이 영원히 지옥이냐 천국으로 가느냐로 갈라진다는 거예요. 우리는 죽은 다음 하나님과 함께 영원한 생명, 영원한 천국에 있을 것임을 확신합니다.

22 그러므로 나는 사람이 자기 일에 즐거워하는 것보다 더 나은 것이 없음을 보았나니 이는 그것이 그의 몫이기 때문이라 아, 그의 뒤에 일어날 일이 무엇인지를 보게 하려고 그를 도로 데리고 올 자가 누구이랴

여러분 각자 지금 열심히 일하고 열심히 놀고 열심히 먹고 사는 삶이 즐겁다는 것입니다. 이게 하나님의 섭리란 것이죠. 이것보다 더 나은 게 없습니다. 사람은 죽고 난 후에 다시 와서 자기가 벌어 놓은 것을 어떻게 썼나 보지 못하잖아요. 그러니 '욕심내지 말라, 세상 섭리대로 열심히 살아라. 자녀들은 열심히 착한 일 가르치고 열심히 공부시켜서 스스로 생존할 수 있는 거 가르쳐 줘라'는 것이지요.

솔로몬은 자기 아버지 다윗에게서 재산을 왕창 물려받았고 여자 천 명 데려다 놓고 쾌락을 즐기고 별짓을 다 해 봤더니, 결국 아버지 다윗이 자기한테 저주를 물려준 것임을 깨달은

겁니다. 여러분이 자녀에게 물려준 물질로 인해 물론 자녀가 그 축복을 받을 수도 있지만, 그게 저주가 되기도 한단 말이에요. 그래서 물질보다 더 중요한 건 '하나님에 대한 섭리, 하나님을 경외하는 마음, 사람의 선한 마음'을 더 소중히 여기는 것입니다.

여러분이 자녀를 위해서 유산을 남겨 놨는데, 여러분이 죽고 나면 자녀가 사기당해서 여러분이 벌었던 것을 어디다 썼는지 모르지 않겠습니까? 그러니 본인이 번 것을 열심히 쓰고, 자녀가 나중에 결혼하거나 자신을 책임질 수 있을 때까지 열심히 가르치고 죽을 때 남는 것을 봉사단체에 기부하고 가라는 거예요. 그것을 자녀에게 주면 자녀가 방탕한 길로 갈 확률이 절반이죠. 자녀를 저주로 몰아넣을 수 있다니까요! 저와 여러분은 자녀에게 가장 소중한 자산입니다. 이런 기회에 선한 마음, 하나님을 경외하는 마음을 물려줘야 된다는 것이죠. 여러분이 벌고 여러분이 노력한 건, 그냥 여러분 여생을 즐기는 데 쓰세요.

제가 샌디에이고에 있는데 그렇게 아름다운 해변가는 태어나서 처음 가 봤어요. 그런데 그 해변가에는 노인 부부만 있는 거예요. 그래서 왜 젊은이들은 하나 없고 노인만 있느냐고 물어봤죠. 미국은 휴가철 아니면 여행객이 다 노인이에요. 왜냐하면 본인들이 열심히 일하다가 자녀가 결혼하고 나면 집 남은 것을 가지고 반쪽 잘라서 작은 집으로 이사 가고, 나머지 반을 가지고 살면서 여행 다니는 것이죠. 나이 들면 여행 다니고 행복하게 살면서 가다가 교회 있으면 교회 가서 기도도 하고, 목사님과 담소도 나누고…. 그러면 얼마나 행복하겠습니까? 정말로 아름다운 것이죠.

그래서 솔로몬은 인생이 '헛되고 헛되다'고 하지만 '우리는 어쩔 수 없이 육신을 입었기 때문에 이런 하나님의 섭리에 대해서 우리가 알고 그 섭리대로 살아가는 게 하나님의 뜻이다'라는 것입니다.

전도서 4장 · · ·

우리 교회라는 게 공동체잖아요? 서로 모여서 힘을 합해서 나누는 것이 교회죠. 이번 설교 말씀이 그런 내용입니다. 사람은 높고 낮음 없이 누구나 다 먹어야 하고, 자야 하고 그런 게 인생살이인 것이죠. 전도서가 좋은 것이 어떤 신비적인 것이나 영적인 것보다는 우리 인간들의 삶을 담고 있기 때문입니다. 육신적인 삶을 다루고 있기 때문에 저와 여러분이 소통하기 쉽고 대화할 수도 있죠.

전도서에 깊이 들어가면, 죄로 인한 우울함이 자리 잡고 있지만 그래도 인생을 살아가는 데 있어서 우리가 이런 모습을 가지고 있구나 하는 걸 깨닫게 되는 귀한 말씀입니다. 그래서 전도서를 읽으면 행복하기도 하고 기쁘기도 하고 은혜스럽기도 하지요.

1장과 2장은 솔로몬왕이 '이 세상의 모든 것도 헛되고 헛되도다'라 이야기고, 3장에 와서 '모든 것이 때가 있다'라는 말을 했죠. 먹을 때도 있고, 굶을 때도 있고, 결혼할 때도 있고, 이혼할 때도 있고, 돈 벌 때도 있고, 돈을 잃어버릴 때도 있고, 친구를 만날 때도 있고, 친구를 버려야 될 때도 있고, 사기를 당해야 될 때도 있고, 내가 남을 사기 칠 때도 있고… 세상만

사 다 이런 때가 있는 것이죠.

그러면서 이 세상에는 권력을 가진 자들이 있어서 그들이 우리를 심판하고 정죄하지만, 그들도 똑같이 우리와 죄를 짓고 있다고 말합니다. 이 세상 사람들은 다 죽게 되어 있고, 동물들도 모두 죽게 되어 있다고 말하며 3장을 마쳐요.

3장에서 말한 권력자는 요즘으로 말하면 검사, 판사, 경찰, 국회, 청와대 등 헌법을 적용해서 우리를 심판하는 사람이겠죠. 그런데 그들 역시 부패되어 있죠. 그렇지 않습니까? 이 세상의 모든 정부는 한쪽에서는 좋은 소리를 듣기도 하지만 한쪽에선 나쁜 소리를 듣죠. 또 사업가, 학교에서 선생님, 교수와 같은 사람들도 권력을 쥐고 있다고 할 수 있죠. 그런데 그들 역시 부족한 면이 있답니다. 그래서 전도서 4장 말씀은 '그러한 사람들로부터 피해를 입는 사람들'에 대해서 이야기합니다.

1 내가 다시 해 아래에서 행하는 모든 학대를 살펴보았도다 보라 학대받는 자들의 눈물이로다 그들에게 위로자가 없도다 그들을 학대하는 자들의 손에는 권세가 있으나 그들에게는 위로자가 없도다

'눈물'이란 얘기는 학대를 받는다는 것을 뜻합니다. 이는 정

치인이나 권력자, 사업가, 교사, 교수로부터 학대를 받는다는 것이죠. '법과 정의보다는 주먹이 먼저다, 권력이란 힘이 먼저다.'라는 게 지금이나 2700년 전이나 인간은 똑같은가 봐요.

부모들은 열심히 잘 좀 돌봐 달라고 보냈는데 교사가 애를 학대하는 게 가끔 매스컴에 나오지 않습니까? 사람은 그렇다는 거예요. 우리가 아직 때가 덜 묻었다고 하는 어린이나 유치원생들에 대해서도 자기가 조금이라도 높은 위치에 서게 되면 자기 맘대로 모든 걸 조정하려고 하죠. 그런데 그게 안 되면 그때는 법을 들이대고 주먹부터, 힘부터 먼저 나간다는 거예요.

"그들에게 위로자가 없도다 그들을 학대하는 자들의 손에는 권세가 있으나 그들에게는 위로자가 없도다"

이 세상에 권력을 쥔 사람들은 그 약한 사람들의 단점과 약점을 잘 압니다. 그래서 그 사람의 어려운 점을 이용해서 더 학대하고 더 착복하고 더 뜯어내는 거죠. 특히 학교생활에서나 사회생활에서 더욱 그렇잖아요. 육신적으로 세상은 그렇게 되어 있습니다. 그런 속에서 우리도 살아가고 있고, 나 또한 한편으로는 가해자도 되지만, 한편으로 피해자도 되는 거죠. 이런 일들이 세상에서 이루어지고 있다는 것입니다.

2 그러므로 나는 아직 살아 있는 산 자들보다 죽은 지 오랜

죽은 자들을 더 복되다 하였으며

살아 있는 사람보다 죽어 있는 사람들이 더 복되다고 합니다. 그러니까 남한테 얻어터지고 끌려다니면서 '사는 것이 죽은 자보다 더 못 하다. 죽은 자가 오히려 낫다.'라는 게 죽음을 동경하는 거죠. 고통을 당하니까 '나는 왜 살아 있나? 얼마 전에 죽은 쟤가 부럽다.' 하잖아요. 이것이 바로 당하는 사람들의 마음의 상태인 겁니다. 마음이 상해 있는 거죠. 우울증이 있는 사람들이 자살하잖아요?

우리가 세상에 살다 보면 강한 사람이 있고 약한 사람이 있어요. 강한 사람은 약한 사람을 학대하고 소리를 지르고 난 다음에, 난 뒤끝이 없으니까 잘못이 없다 합니다.

어떤 분은 남편 때문에 죽을 거 같다는 거예요. 우리 애 아빠 이름은 '버럭'이래요. 그래서 핸드폰에도 '버럭'이라고 저장해 놨대요. 애들이 30이 넘었는데도 경기가 들 정도라니, 아빠가 얼마나 버럭이면 그러겠어요.

이게 강한 사람의 특징이에요. 막 괴롭혀 놓고 상대가 힘들다 그러면 '왜 힘드냐?', '남자가 그것도 못 견디고 어떻게 사회생활을 하느냐?'고 따지는 거죠. 자기 아들은 아빠가 두려워서

아빠 목소리만 들으면 막 운다는 거예요. 강한 사람은 이렇습니다. 약한 사람 심정을 모르거든요. 자기는 소리 지르고 나면 속이 다 시원하거든요.

그런데 당하는 사람은 자살하고 싶어져요. 영적으로 약한 사람의 특징이 뭐냐면, 강하게 소리치면 아무 소리도 못 한다는 겁니다. 그리고 뒤돌아서 불평불만을 하죠.

세상은 이렇습니다. 그래서 우리 예수 믿는 사람은 약해서도 안 되고 강해서도 안 돼요. 상대방을 인격적으로 부드럽게 대해 주면 됩니다. 그래서 치유에도 상담이 있잖아요? 강한 사람이 있고 약한 사람이 있음을 알고, 그 사람의 상태를 잘 알아야지만 우리가 치유할 수 있거든요. 성경을 연구하면, 심리학에 대한 모든 것이 다 들어 있음을 알 수 있습니다.

3 이 둘보다도 아직 출생하지 아니하여 해 아래에서 행하는 악한 일을 보지 못한 자가 더 복되다 하였노라

이를 직역한다면 '태어나지 말았으면 좋았을 텐데, 너무 괴롭다. 쟤가 맨날 나 때리고 돈 안 주면 때리고 이렇게 사기 치고 날 그냥 끝끝내 괴롭히네.'가 되겠습니다.

요새 많이 쓰는 단어 중에 '소시오패스'란 것이 있잖아요. 소

시오패스와 한번 인연을 맺으면 정말로 그 사람은 지옥에서 사는 거예요. 소시오패스는 상대방의 양심을 이용하거든요. 사이코패스는 양심이 없어 상대방이 아픈 걸 몰라서 살인도 할 수 있어요. 반면, 소시오패스는 상대방의 감정을 정말 잘 압니다. 그래서 감정을 이용해서 상대방을 죽지도, 살지도 못하게 만들면서 갈취를 하죠.

그러면 그렇게 당하는 사람은 차라리 '내가 태어나지 않는 것이 더 낫겠다'는 생각을 하게 됩니다. 이를 다르게 풀이한다면 '내가 이 세상에 태어나서 내 할 일을 다 했기 때문에 내 할 일을 다 마치고 죽으면 이런 상황들에 처하지도 않고 이런 상황을 당하지도 않지 않겠느냐.' 하는 것이 되겠죠.

4 내가 또 본즉 사람이 모든 수고와 모든 재주로 말미암아 이웃에게 시기를 받으니 이것도 헛되어 바람을 잡는 것이로다

사람들 중에 지혜가 충만한 사람이 있습니다. 지식이 있고 재능들이 있는 사람들이죠. 남들보다 특출 난 재능을 갖고 있는 사람들을 우린 대부분 부러워하고 동경합니다. TV에 나오는 패널들은 사회 · 정치 · 경제에 대한 문제를 이야기할 때 달

변가잖아요. 그런데 이런 것들이 많을수록 세상 사람들이 시기하고 질투한다는 겁니다. 그래서 내가 언젠가 위험에 빠질 수 있다는 거예요.

예를 들어서 우리는 금방 뭘 하고 싶다고 할 수 있나요? 지금은 스펙이라는 것이 있어야 하는 시대이죠. 우리가 뭘 하기 위해서는 오랜 세월 쌓은 스펙이 있어야 되는데, 그런 걸 갖고 있으면 부르는 데가 많죠. 그렇지만 한쪽에서는 마음에 안 드는 겁니다. '쟤는 키도 뭐 170도 안 되고, 머리도 노랗고…. 그런데 왜 쟤만 자꾸 좋아하는 거지? 쟤를 어떻게 좀 아작을 한번 내 볼까?'라고 생각하는 사람이 분명히 있다는 거예요.

그래서 재능이 많은 사람은 정말 조심해야 합니다. 이웃 간의 관계, 주변과의 관계에서 조금이라도 실수하면 그 사람으로부터 완전 공격의 대상이 되기 때문이죠. 내가 열심히 해서 내 능력대로 사는데, 사람들은 시기를 한단 말이에요.

그렇지만 어쩔 수 없잖아요? 이건 막을 수 없는 일이거든요. 그 사람한테 가서 '내가 너한테 뭘 잘못했길래 시기하느냐?' 그러면 그 사람이 '잘못했어요.'라고 사과하기보다는 오히려 '놀고 있네!' 그러면서 더 공격하죠. 현실 세계에서는 이런 일들이 일어난답니다.

5 우매자는 팔짱을 끼고 있으면서 자기의 몸만 축내는도다

재주가 없는 자들이나 우매자는 팔짱을 끼고 있으면서 자기의 몸만 축냅니다. 미련하니까 할 수 있는 것도 없고, 하지도 않죠. 그냥 게을러서 가만히 있으면서 '왜 나한테는 좋은 일이 안 생기지?', '왜 나한테는 돈이 없지?', '왜 나한테는 물질이 없지?', '왜 나한테는 권력이 없지?'라고 한탄하며 가만히 앉아 있어서 살만 찌는 거죠. 결국은 그러다가 병들어 죽는 겁니다. 살을 빼야 돼요. 가만히 있지 말고 열심히 운동해야 합니다.

목사들이 고혈압, 당뇨에 걸린 사람들이 많습니다. 그런데 목사들끼리 모여서 회식을 한 번 가지면 당뇨, 고혈압이면 나물 위주로 소량만 먹어야 하는데, 갈비를 정량의 세 배는 먹더라고요. 이게 미련한 짓이거든요. 자신이 건강해야 가족도, 사회도 건강하고, 교회도 건강할 거 아닙니까?

그런데 그냥 입이 요구하는 대로 막 집어넣고 난 다음에 '어, 갑자기 혈압이 오르네?'라면서 주섬주섬 약을 꺼내 먹는 거예요. 그러니까 '지혜롭고 똑똑하고 아는 것이 많은 사람은 사람들로부터 시기를 받지만, 미련한 사람은 자기가 자기 몸을 망치고 자기 인생을 망친다.'는 겁니다.

여러분은 둘 중에 하나를 택해야 합니다. 이거 외에는 다른 방법이 없어요. 사는 동안 미련해서 그냥 막 살거나, 내가 내 몸 망쳐 놓고 죽거나, 완전히 길거리 노숙자처럼 되는 대로 살거나 아니면 재능을 발휘해서 열심히 살다가 누군가가 시기해서 나를 완전히 무너뜨리거나…. 우리는 그런 삶을 살아야 된다는 겁니다.

6 두 손에 가득하고 수고하며 바람을 잡는 것보다 한 손에만 가득하고 평온함이 더 나으니라

1절부터 5절까지 문제점을 쭉 말하고 있어요. '두 손에 가득한 수고' 이건 지나친 수고이자 욕심을 의미합니다.

제가 경영을 전공하면서 한 사람이 열심히 일을 했을 때 얼마 정도를 버나 한번 통계를 내 봤어요. 그랬더니 한 사람당 한 달에 400만 원 정도 버는 거예요. 그런데 몇 천만 원에서 몇 억 이렇게 버는 사람도 있고, 주식 같은 거로 몇 천 억씩 버는 사람들도 있잖아요? 이것은 내 수고와 노력이 아니라 투기로 벌어들이는 거죠.

또 제가 기업 활동을 해서 한 달에 5천만 원씩 벌어 본 적이 있는데, 제가 버는 것만큼 남들은 죽어 나가는 거죠. 그래서 적정선이라는 것이 있는데, 어떤 이들은 이 적정선을 넘어서

는 거예요. 사람들에게는 욕심이 있거든요.

그런데 사업하다가 한번 올무에 걸려들면 빠져나가지 못합니다. 저는 사업을 종업원 한 100명 정도에 한 달에 한 2~3천만 원만 이익이 나는 회사를 꾸리고 싶었어요. 그런데 회사가 커지기 시작하니까 내가 줄이려고 해도 안 되고 계속 커져야 되는 거예요. 그러다 보면 인건비를 충당하기 위해서 계속 마케팅을 하고, 계속 오더를 받아야 하죠. 이런 과정이 내가 육체적 · 정신적으로 견디지 못할 정도로 확장되자 스스로를 컨트롤할 수 없는 단계에까지 올라갔습니다.

"두 손에 가득하고" 그러니 바람을 잡는 꿈을 꾸는 거죠. 허황된 꿈을 꾸는 거죠. 그러니까 "한 손에만 가득하고 평온함이 더 나으니라" 하는 겁니다.

내가 지나친 수고나 지혜가 많아서 남들에게 그 시기 질투 때문에 오늘날 폭삭 망하는 일이 벌어지고, 또 하나는 게을러서 완전히 내 인생을 완전히 망가뜨리는 것보다는 '적정선을 유지해서 내가 욕심도 부리지 않고 게으르지도 않고 내 마음의 평온을 쌓는 것이 더 낫다'고 얘기하는 거예요.

7 내가 또다시 해 아래에서 헛된 것을 보았도다 **8** 어떤 사람은 아들도 없고 형제도 없이 홀로 있으나 그의 모든 수고

에는 끝이 없도다 또 비록 그의 눈은 부요를 족하게 여기지 아니하면서 이르기를 내가 누구를 위하여는 이같이 수고하고 나를 위하여는 행복을 누리지 못하게 하는가 하여도 이것도 헛되어 불행한 노고로다

'헛된 것을 보았다.' 하는 것은 헛된 것이 되게 많다는 뜻입니다. 어떤 헛된 것을 보았냐면, 8절에 부양가족이 없다는 얘기죠. 처자식도 없고 부모도 없고 혼자 있는데 그 사람 수고가 끝이 없고 밤낮을 가리지 않고 일을 한다는 것은 이기심을 뜻합니다. 자기 먹을 것만 수고하고, 즐기고 여행도 다니고, 남들한테 도움도 주는 생활을 하면서 친구를 만나고 지내야 하는데 부양가족도 없고 돈을 쓸 출처도 없는데 계속 끊임없이 수고하는 것, 이런 이기심이 바로 악의 원인이라는 겁니다.

"또 비록 그의 눈은 부요를 족하게 여기지 아니하면서"

눈이라고 하죠. 눈의 부요는 안목의 정욕입니다. 우리가 눈이 보이지 않는다면 탐욕이 없어져요. 눈이 감긴 장님들은 욕심이 없잖아요. 옛날에 어떤 여자분이 오셔서 이런 간증을 하더라고요. "나는 세상을 볼 수 없다. 아름다운 것도 볼 수 없

다. 내가 사랑하는 사람도 볼 수 없고, 정말 좋은 음식 또 볼 수 없고 좋은 자연도 볼 수 없지만, 나는 당신들이 못 보는 걸 볼 수 있다. 내가 들을 수는 없지만 당신들이 듣지 못하는 건 난 들린다."

우리가 보지 못하고 듣지 못하는 건 그렇게 죄가 되지 않습니다. 하지만 우리 눈에 보이고, 우리 귀에 들리니까 우리 마음이 출렁이고 파도가 치고 태풍이 있는 거예요. 누군가가 나를 유혹하기 위해서 뭔가 달콤한 것을 가져왔는데, 그게 내 눈에 보이니까 이런 일들이 일어나는 거지, 눈에 보이지 않는다면 누가 아무리 좋은 것을 갖다 줘도 그게 무슨 상관이겠습니까?

바로 안목의 정욕이 우리를 망가트리는 거죠. 그래서 눈을 맑게 해야 합니다. 눈은 우리 마음이죠. 우리는 눈으로 보지만 우리 마음이 작동을 하잖아요. 그 눈의 탐욕으로 인해서 자기 마음을 잘 관리하고 자기 지혜를 총동원해도 세상 살아가기가 힘든 거죠.

"이르기를 내가 누구를 위하여는 이같이 수고하고 나를 위하여는 행복을 누리지 못하게 하는가 하여도 이것도 헛되어 불행한 노고로다"

혼자 사는데 내 눈의 탐욕 때문에 죽어라 일을 한다는 거예요. 사실 그것은 남을 위해서 수고를 한다는 거예요. 그래서 이런 것도 헛되고 헛되다는 것이죠.

내게 필요한 건 자족하는 삶입니다. 나에게 주신 복, 있으면 있는 대로 만족해하고 없으면 없는 대로 만족하는 자족하는 삶이 우리 기독교적인 사명입니다. 무소유는 내가 소유하지 않는 것이 아름다운 삶이지만, 기독교는 무소유가 아니에요. 자족하는 삶, 즉 있으나 없으나 만족하는 삶이 기독교적인 삶입니다.

9 두 사람이 한 사람보다 나음은 그들이 수고함으로 좋은 상을 얻을 것임이라

연합에 대해서 이야기하는 것으로, 좋은 사람을 만나라는 겁니다. 좋은 사람을 만난다면 그 사람은 의롭고 행복한, 충만한 삶을 살 수 있지요. 반대로 잘못된 사람을 만난다면 그 사람은 인생이 어두운 골짝으로 끌려 들어가기 시작하는 것입니다. 그래서 좋은 사람을 만나는 것이 중요하죠. 혼자서만 살 수는 없기 때문입니다. 누군가를 분명히 만나서 같이 힘을 합쳐서 살아야 되는데, 좋은 사람을 만나는 것이 의로운 삶인 것

이죠.

그런데 어떤 사람이 좋은 사람일까요? 돈을 많이 갖다 주는 사람? 권력을 주는 사람? 인간적인 애정을 퍼붓는 사람? 룻기에 보면, 그런 것들이 나옵니다. 룻이 쫄딱 망했잖아요. 남편도 죽고, 아들도 죽어서 이민 왔다가 다시 이스라엘로, 하나님이 계신 나라로 돌아가야 되는데 자기 아들이 죽는 바람에 며느리가 과부가 됐잖아요?

그래서 처음에는 룻이 며느리들에게 인간적인 사랑으로 그곳에 남아 거기에 있는 좋은 남자들하고 결혼해 술 마시고 행복하게 살다 죽으라고 하잖아요. 그것은 인간의 사고이죠. 하나님의 뜻은 나오미가 힘들더라도, 두 딸도 고생스럽지만 네가 있었던 이스라엘에 내려가서 그들을 정말 의로 선한 사람, 하나님의 사람으로 만들어야 된다는 것입니다. 그런데 나오미는 자기의 생각과 자기의 사랑, 인간적인 어떤 삶을 생각해서 너희들은 아직 젊으니까 젊은 남자 만나서 행복하게 살아야 된다고 말한 거죠. 그중에 한 사람은 나오미를 쫓아가서 다윗의 외조모가 됐고, 또 한 사람은 어떻게 되는지 모르죠. 이방 사람이니까 아마 예수를 믿지 않았을 거예요.

그래서 좋은 사람과 사귀는 것이 정말 의이고, 좋은 사람과 사귀는 것이 내 인생에 복이라고 이야기하고 있습니다.

10 혹시 그들이 넘어지면 하나가 그 동무를 붙들어 일으키려니와 홀로 있어 넘어지고 붙들어 일으킬 자가 없는 자에게는 화가 있으리라

세상에는 정말 좋은 친구가 있습니다. 내가 힘들고 어려울 때 정말 목숨까지 내어 줄 만한 좋은 친구가 있다면, 이 세상 살아가는 데 외롭지만은 않겠죠. 요즘은 이런 친구가 동화 속 이야기 같겠지만, 제가 젊었을 때는 그런 이야기들이 많았습니다.

친구가 어느 나라에 있다가 거기에 잡혀 있는데, 아버지가 상을 치르게 되자 다른 한 친구가 대신 볼모로 잡혀야 되는 상황이었어요. 그러자 자신이 대신 볼모로 잡혀 있겠다는 친구가 있었어요. 지금 세대는 그럴까요? 아마 '내가 너 대신 네 아버지 장례 치르고 올게. 네가 여기 잡혀 있어.'라 하겠죠.

세상이 정말로 많이 변했어요. 제가 어렸을 때만 해도 우리나라는 참 아름다웠거든요. 먹을 것은 없었지만, 이사만 가면 동네방네 사람들 모아 놓고 있는 거 없는 거 끌어다가 나눠 먹고 나 이사 왔노라고 신고하고 잔치했거든요. 그런데 지금은 남의 음식 갖다 주면 독을 탄 줄 알고 안 먹으려 해요. 음식 주는 것은 오히려 실례죠. 이렇게 무서운 세상이 돼 버렸단 말입

니다.

정말 사랑하고 믿을 만한 친구가 있다면 내가 잘못된 길로 갔을 때 지적해 주고, 그 길을 가지 못하게 막아 주고, 내가 배고플 때 먹을 것을 주고, 내가 힘들고 외로울 때 동무 삼아 같이 이야기해 주는 것이죠.

'50살이 넘어서 네 인생을 같이 이야기 나눌 수 있는 친구 한 사람 있다면 성공한 것이다.'라는 말이 있습니다. 여러분, 한 사람이라도 내 인생에 대해서, 내 속에 있는 거 다 끄집어낼 수 있는 사람이 있습니까? 그러면 여러분들 인생은 행복하게 잘 사는 것입니다. 우리들에게는 그런 친구가 필요하다는 거예요.

11 또 두 사람이 함께 누우면 따뜻하거니와 한 사람이면 어찌 따뜻하랴 **12** 한 사람이면 패하겠거니와 두 사람이면 맞설 수 있나니 세 겹줄은 쉽게 끊어지지 아니하느니라

우리 교회라는 공동체는 이렇게 따뜻한 거예요. 우리가 서로 은혜를 받고 은혜를 나누고 서로 필요한 것을 제공해 주면서 삶의 질을 높여 갈 때, 우리 마음에 평안을 줄 때, 우리는 하나님 안에서 따듯해질 수 있다고 이야기하고 있습니다.

한 줄은 잡아당기면 끊어져요. 그런데 2줄, 3줄을 엮어 버리면 안 끊어지죠. 이에 대해 우리가 흔히 연합이라고 합니다. 주님과 연합한다고 그러죠. 이렇듯 교회 공동체가 여러분하고 저하고 엮이고, 우리 예수님과 같이 이렇게 공동체 안에서 엮인다면 우리가 끊어지지 않는 줄이니까 절대로 무너지지 않을 것입니다. 내 인생이 참혹한 길로 들어서지 않을 것입니다.

그래서 각자가 가진 경험과 좋은 정보, 좋은 소식, 좋은 말을 주 안에서 공유하면서 '그 방법은 안 되고 이 방법은 되고'라 조언하면서 그 사람을 좋은 길로 인도하려고 하려는 것이죠. 그런데 혼자 나가 버리는 사람이 있어요. 그런 사람은 오래가지 못합니다.

지금은 내가 곧 무너질 것 같고, 곧 내가 굶어 죽을 것 같고, 내 가정이 파괴될 것 같고, 난 완전히 노숙자가 될 것 같고, 나한테 상처가 될지도 모릅니다. 하지만 그 사람이 해 주는 '그거 하지 마!'라는 말을 받아들여서 과감하게 청산하면서, 자기 것을 내려놓고 사람들과 연합할 때 그 사람은 소생되는 것입니다.

인간은 그렇습니다. 우리가 노력하고 우리가 지혜를 내고 그래서 모든 것이 이루어질 것 같지만 그렇지 않습니다. 나는 노력도 안 했는데 어느 날 누군가가 도와줘서 내게 도움이 되고, 어느 날은 세계 최고의 좋은 아이템을 가지고 특허를 내서 열심히 했는데 돈만 몇 십 억 쫄딱 날리는 경우가 세상에는 많습니다.

그래서 주변 사람들의 조언을 듣고 연합체가 뭉쳐서 협력해 나갈 때, 그 사람이 받은 복의 문이 활짝 열리는 것이죠. 그래서 우리는 항상 서로에 대한 존중과 배려 그리고 이해가 필요한 것입니다. 교회는 이것이 없으면 세상과 똑같죠. 아니, 오히려 세상보다 더 못해요.

우리는 예수를 믿고 구원받는다는 그 정체성 하나 가지고 이 세상을 멸시하여 들고 사람들을 자꾸만 정죄하려 드는 경향이 있습니다. 맨날 나와서 좋은 말씀 듣고 윤리적이고 도덕적인 이야기를 나누니까 자신이 깨끗한 줄 착각해요. 정작 자신은 깨끗하지 못하고 잘 지키지 못하는데, 자기는 나가서 세상 사람보다 더 못한 짓을 하면서 말이죠. 교인들이 다 착각하는 것이죠.

정말 우리가 여기에서 열 가지 배웠다고 한다면 하나라도 세상에서 실천하도록 노력해야 합니다. 만약 실천하지 못했을 때 내 가슴을 치면서 잘못된 인생에 대해서 후회하는 마음을 품을 때, 그 인생이 얼마나 아름답겠습니까? 그 인생이 얼마나 행복하겠습니까?

사람들이 그러지 않으니까 솔로몬이 자신이 경험한 이야기를 들려주면서 '인생은 헛되고 헛되도다.'라고 말하는 거예요. 지금 이 교회가 세상으로부터 손가락질을 받고 있어요. 거기에다가 사이비, 이단들까지 더해져서 이 바이러스 시대에 교회는 가면 안 되는 거예요. '교회 때문에 나라가 망한다'라는 소리를 듣거든요. 남을 착취하며 이용해 먹고 내가 장로 목사, 권사, 집사라고 할 수 있나요? 그러니까 '이 세상에서 교회는 없어져도 돼.'라는 소리를 듣는 거예요. 교회 본질은 그게 아닌데, 우리가 본질을 다 흐려 놓는 것이죠.

우리도 대한민국 국민이고 대한민국 헌법을 존중하고 따라야 합니다. 우리가 하나님을 섬기고, 예배를 보지만 세상에 나가서 그들과 같이 어울리면서 보다 더 윤리적이고 도덕적이고 사랑하고 배려하고, 인내하고 참고 기다리는 것이 있어야, 진정한 크리스천이라고 할 수 있죠. 그래서 우리가 교회연합체의 공동체로서 세상의 빛과 소금의 역할을 감당하기 바랍니다. 여러분은 정말 힘들고 어렵더라도 하나님을 섬기는 자로서 하나님의 자녀다운 삶을 살기를 간절히 기원합니다. 기도하겠습니다.

전도서 5장 • • •

코로나 때문에 고통스럽고 답답하고 경제적인 어려움이 있고 그러다 보니, 내 삶의 질이 떨어지고 여러 가지 어려운 문제들이 생기죠. 그런데 사실 젊은이들은 모르겠지만, 연세가 드신 분들에게는 지금 우리가 너무나 부유한 삶과 분에 넘치는 삶을 살고 있습니다.

제가 어렸을 적에 수유리 이태원 사당동에 살았어요. 아마 고등학교 때까지 그쪽에 산 것 같아요. 그 뒤로 한남동을 거쳐서 서초동을 통해서 계속 부자 동네에서 살았는데, 전에는 이태원이 이북에서 피난 온 사람들이 모여서 살던 동네니까 가난했죠. 무당도 많고 미군도 있으니까 양공주라는 사람들도 있었고, 또 사당동엔 판자촌이 되게 많았어요. 그때도 교회는 꽉 찼고 정말 뜨거운 찬양과 열기, 하나님을 사모하는 마음으로 가득했죠. 그래서 세상에서 지친 육신과 마음을 이렇게 치유받곤 했거든요?

치유는 성령을 통해서 현실로 일어나야 되는데, 지금은 굉장히 부유하고 넉넉하고 넘치는 삶을 살고 있는데도 여러분이 치유되지 않는 거 같아서 안타깝습니다. 제가 그렇게 힘들고 어려웠던 시절에 그 치유를 잘하는 유명한 분 두 분이 계셨어요. 한 분은 현신애, 한 분은 현신애 권사님이 인도한 분인데 벙어리였다가 말문이 열려서 집회를 다니면서 치유를 하던 고용순 권사라는 사람이었어요.

그 당시에 그분들은 어떻게 목사님들보다 더 훌륭한 사역을 이끌었는가 하고 간증문을 들어 보면, 고영순 권사님은 욕을 잘하기로 유명합니다. 차마 입에 담지 못할 욕을 하면서 간증을 하더라고요. 그런데 그분한테 치유의 능력이 나타나는 거예요. 간증은 설교와 마찬가지거든요. '그런데 어떻게 욕을 이렇게 할까? 그런데 어떻게 하나님이 역사할까?' 우리가 어떤 면으로 보면 되게 유치한 것 같고, 또 어떤 면으로 보면 그분들이 너무 순진한 거예요.

예를 들면 욕을 하나 소개할게요. 옛날에 남편들이 못 살고 힘드니까 교회 가는 걸 방해했잖아요? 교회 가면 때려죽이니 살리니 했거든요. 그분이 그때까지는 벙어리였나 봐요. 고영순 권사한테 남편이 그러는 거예요. "이 씨부랄 년, 교회 가면 너 때려죽일 거야." 그러니까 고영순 권사가 벙어리니까 속으로 '이 씨부랄 놈아, 네가 다 때려죽이면 하나님이 너부터 때려죽일 거다.'라고 욕을 했다는 거예요.

그런데 저녁 되는데 남편이 안 들어오더래요. 하도 구박을 하니까 들어오든지 말든지 그냥 내버려 뒀는데, 동네 사람이

업고 왔대요. 어떻게 된 건가 물어보니까 시골에 사니까 남자들이 지게 지고 나무하잖아요? 여름방학 때 저도 가끔 시골 가서 나무를 하면 그것도 요령이에요. 그런데 뒤에 나무를 지고 오다가 돌부리에 걸려서 넘어진 거죠.

남편은 지게가 너무 무거운 나머지 못 일어났고, 지나가던 동네 주민이 저녁때 발견해서 그 집으로 왔는데 갈비뼈도 몇 개 부러진 거예요. 그래서 병원 가자, 차를 불러라 했는데 고영순 권사가 차는 내가 치유하는데 무슨 차냐, 누우라고 해서 치유한 것이죠. 요즘에 어떤 목사님이나 어떤 훌륭한 간증가처럼 아름다운 말이나 사람을 현혹시키는 웅변을 토해 내면서 하는 것이 아니라, 자기의 가진 목소리 그대로 훈련받지 않은 언변으로 이야기를 하는데, 지금 보면 유치하고 그래도 있는 사실 그대로 미사구어를 쓰지 않아서 어느 순간 그런 기쁨에 웃음도 나오기도 합니다. 사람이 이렇게 살면 얼마나 행복할까요?

여러분도 그 옛날 것, 감동적인 것들 좀 자주 보시고 소설, 문학, 문학적인 정서적인 것도 좀 자주 보세요. 여러분들이 성경 보는 것도 중요하지만, 이 책들을 접하는 것들이 여러분 마음뿐 아니라 육신적인 것도 치료됩니다.

그런데 현대인들은 책을 읽지 않죠. 얼마나 많이 읽느냐에 따라서 그 사람이 성공하느냐 못하느냐가 달려 있다는 걸 아십니까? 통계적으로 나와 있죠. 책을 많이 읽는 사람은 성공하게 되어 있어요. 물론 유튜브나 인터넷은 지식과 지혜만 머리에 쌓이죠. 사람 마음은 책을 통해서 열리게 되어 있어요. 그래서 책을 많이 보도록 권면하고 있습니다.

이번에 말씀드릴 것은 전도서 5장 '예배'입니다. 솔로몬이 1장에서부터 4장까지 자기가 아버지 다윗으로 받은 권력, 부를 가지고 세상의 모든 것을 경험해 본 거죠. 지혜도 한번 경험해 보고, 지식도 경험해 보고, 그리고 권력도 경험해 보고 여러 가지 놀이도 다 경험해 보고, 거기에 대해서 토론도 하고, 연구도 하다 보니까 느끼게 된 겁니다.

"이 모든 것이 다 헛되고 헛된 것이다."

이렇게 4장까지 세상이 주는 권력, 세상이 주는 기쁨, 세상이 주는 그 지혜, 세상에 주는 제물을 연구하고 실제로 적용해 보니까 이런 것들이 모두 다 헛되다는 얘기를 해요. 그러면서 5장에 '그래서 사람은 병들 수밖에 없다. 그래서 우리가 우울증도 걸리고 육신적인 질병도 걸리는데 교회에 나옴으로써 우리가 예배를 통해서 치료를 받고 교회에 나옴으로써 우리가 기

도 말씀, 하나님의 은혜를 통해서 우리가 행복해질 수 있다.'
고 설명하고 있습니다.

1 너는 하나님의 집에 들어갈 때에 네 발을 삼갈지어다 가
까이하여 말씀을 듣는 것이 우매한 자들이 제물 드리는 것
보다 나으니 그들은 악을 행하면서도 깨닫지 못함이니라

"너는 하나님의 집에 들어갈 때에 네 발을 삼갈지어다"에서
먼저 하나님 집은 교회를 얘기하는 것입니다. 솔로몬이 성전
을 지은 거예요. 그 전에 성막이었는데 솔로몬 때 와서 정상적
인 건축물로 교회가 생긴 거죠. 그런데 솔로몬이 깊은 깨달음
이 오고 난 다음에 교만이 들어갈까 봐 자기가 지었다고 얘기
하지 않고 '하나님의 집'이라고 이야기하고 있어요.

"네 발을 삼갈지어다", 그러니까 내가 예배드리러 교회에
올 때 내 마음의 태도를 이야기하는 거죠. 내 마음이 가난한
지, 내 마음이 부유한지를 이야기하는 것입니다. 그냥 교회를
왔다 갔다 한다는 사실이 중요한 것은 아니죠. 우리가 어떤 마
음으로 교회를 오느냐? 이게 중요한 겁니다.

우리가 교회를 정의한다고 하면 교회란 어떤 것인가요? 우
리 개인이 교회이자 성전이죠. 그런데 우리 개인이 예배드릴

수는 없습니다. 왜냐하면 예수님께서 하나님께서 교회에 대한 정의를 내리시기를 교회는 세 가지 규례, 하나님이 정해 놓은 법을 반드시 지키게 되어 있기 때문입니다. 첫 번째로 예배, 두 번째로 세례, 세 번째로 성찬, 이 세 가지 중에 한 가지만 빠져도 교회가 아니라는 겁니다. 기도원이나 무슨 선교센터는 교회가 아닙니다. 착각하시면 안 됩니다. 교회는 성찬이 있어야 합니다. 예수님이 명령하신 거예요.

"나를 기념하라. 내 피와 내 몸을 기념하라."

그런데 코로나 때문에 우리가 성찬식을 지금 못 하고 있죠. 주님을 기념해야 되는데 기념하지 못하니 안타까운 일이지요. 교회라는 개념은 그 세 가지가 규례로 정해져 있는 곳을 말하는 겁니다.

결국 우리들은 교회에 와서 세상에서 받은 상처와 고통과 근심을 씻어 내고 여기서 하나님 은혜 가운데 풍성한 기쁨을 가지고 다시 세상으로 돌아가야 되지 않겠습니까? 여러분들도 와서 그 상처를 씻어 내고 그 상한 마음을 치유받아야 되지만, 여러분들이 치유받고 신실한 믿음의 하나님의 자녀가 되어 또 세상의 다른 사람들이 이 교회를 통해서 치유받도록 하는 게 저와 여러분의 역할이라는 것이죠.

우리가 공부도 하고 기도도 하고, 교회 가는 목적이 올바른 신앙생활을 위함이니, 교회 가는 태도에 대해서 올바른 마음가짐을 가져야 되겠죠. 그래서 전도서 5장은 교회 갈 때는 마음이 중요하다고 기록한 것입니다. 그럼 교회에 갈 때 어떤 마음으로, 어떤 방법으로 어떻게 해야 될까요?

"가까이하여 말씀을 듣는 것이 우매한 자들이 제물 드리는 것보다 나으니 그들은 악을 행하면서도 깨닫지 못함이니라"

첫 번째 말씀과 제물, 헌금에 대해서 나와 있습니다. 그런데 여기에 나와 있는 우매한 자들의 제물, 우매한 자들의 헌금이 나와 있죠. 우리가 하나님께 나올 때는 헌금이 꼭 필요해요. 돈 많은 것이 아니라, 단돈 천 원이라도 하나님께 드려야 합니다. 왜냐하면 내 마음에 물질이 가 있으니까요!

그래서 예배를 드리는데 우매한 자들의 예물은 이런 것이죠. '목사니까, 장로니까, 집사니까 체면이 있으니까 이만큼 해야 돼.', '내가 사업을 해서 큰 사업체를 하니까 적어도 이정도 해야 돼.' 그러나 헌금은 내 믿음대로, 정말 내 마음속에 있는 그만큼만 드리면 됩니다. 남의 눈치, 목사님 눈치를 볼 필요가 없어요. 그러니까 내 믿음이 적으면 '하나님, 죄송해요. 내가 돈은 많은데 믿음이 적어서 이만큼밖에 못 드려요.'라는 그 마음이 정말 중요하다는 거예요.

그런데 가난한 사람이 '내가 드릴 것이 없지만 내가 오늘 가지고 있는 거 모두 다 드릴 테니까 하나님이 책임져 주세요.'이런 헌금이 필요한 것이죠. 이게 믿음이거든요. '내가 직책이 높으니까, 내가 돈이 많으니까 이 정도는 드려야 돼.'라는 건 하나님하고 상관없어요. 그 돈은 목사만 좋게 만드는 물질이 되는 거죠.

여러분들, 항상 물질을 드릴 때 마음속으로 정말 감사와 기쁨이 넘쳐서 드리는 물질이 되어야지, 그냥 의미 없이 형식적으로 '그냥 교회 가면 당연히 그냥 남들이 헌금하니까 나도 헌금해야지.' 하는 건 아무런 의미가 없는 겁니다. 여러분이 정말 기쁘고 감사하는 마음으로 드릴 때 여러분의 마음에 변화가 생기고, 여러분 생활에 변화가 생긴다는 것입니다.

그래서 그 우매한 자들이 드리는 재물을 악을 행하는 것으로 보는 거예요. 그런 마음으로 제물을 드리는 것이 헌금을 하는 것이 죄라는 거죠. 자기 자신을 높이거나 자기 체면을 세우려고 육신적인 마음속의 죄를 품는다는 거예요. 그런데 사람들은 깨닫지를 못합니다.

2 너는 하나님 앞에서 함부로 입을 열지 말며 급한 마음으로 말을 내지 말라 하나님은 하늘에 계시고 너는 땅에 있음이니라 그런즉 마땅히 말을 적게 할 것이라 **3** 걱정이 많으면 꿈이 생기고 말이 많으면 우매한 자의 소리가 나타나느니라

2절에서부터 3절까지는 '기도'에 대해서 나와 있습니다. 우리가 기도를 시키면 말을 많이 하죠. 말을 많이 하다 보면 중언부언하기 마련입니다. 저도 새벽예배를 굉장히 오랫동안 드렸는데, 옛날 젊을 적에는 영적인 깨달음을 얻지 못했으니 그냥 최고로 오래 한번 기도해 보고 싶은 거예요. 그래서 새벽에 가서 기도를 3시간씩 할 때도 있었거든요. 하다 보면 뭐에 대해서 기도를 해야 될지 몰라서 했던 말 또 하고 했던 말 또 하곤 했습니다. 그런데 이렇게 기도하지 말라는 거예요.

왜냐하면 하나님은 우리의 마음을 다 아시기 때문입니다. 우리가 무슨 기도를 할지에 대한 것도 다 알아요. 그런데 하나님께서는 우리가 기도하기를 원하십니다. 우리가 부족한 것, 우리가 필요한 것을 하나님께 기도하길 원하신단 말이에요.

그리고 하나님께서 하라고 하셨습니다. 그래서 하는 거지, 하나님이 우리의 생각과 마음을 몰라서 우리에게 기도하라는 것이 아닙니다. 하나님이 무능력해서 우리가 막 입술을 열어서 소리 지르고 기도하는 것이 아닙니다.

말을 많이 하는 것보다 정말 자기가 오랫동안 묵상하면서 '정말 내가 인생을 어떻게 살았는지, 또 내 주변을 살피면서 내 주변에 기도할 대상이 있는지, 그다음에 내게 필요한 것이 있는지, 정말 이것이 내 이웃과 나와 교회와 하나님을 위해 꼭 필요한 건지 아니면 이 필요한 것이 나에게 저주가 될지' 등을 묵상하면서 기도를 해야 되겠죠.

우리가 금요일에 하는 침묵기도가 있습니다. 우리가 생각이 너무 많잖아요? 욕심이 많고 눈에 보이는 것이 많으니까 생각이 많고, 그러다 보면 내가 똑똑한 것 같으니까 오판을 하게 됩니다. 그러면 우리 인생에 문제가 생기죠. 그래서 침묵기도를 시키고 하루에 1시간씩 침묵하라고 하는 겁니다.

이는 첫 번째로 감각을 제어하라는 것입니다. 직관을 사용하라는 거죠. 여러분의 감각은 거의 틀려요. 왜냐하면 환경에 맞춰져 있고, 어떤 논리에 맞춰져 있기 때문에 영적인 것과는 전혀 반대일 수 있죠. 만약에 감각이 맞다, 논리가 맞다 그러면 대학교 교수들이 검사, 기업체 사장 해서 대한민국이 세계

최고의 나라가 되었겠네요. 그렇지 않잖아요?

교수는 가르치는 것이지만, 오너들은 감각과 직관을 사용합니다. 판단하고 결정하는 데 논리와 이론이 들어가면 계속 걱정만 하다가 죽는다니까요. 어떤 판단과 결정을 해야 되는 그런 중요한 시기가 있을 땐 바로 직관으로 판단을 해야 하는 거죠.

오너가 되어 보세요. 그게 굉장히 두려운 순간이에요. 그 결정이 내 인생을 뒤바꿀지도 모르는 중요한 순간순간들이 계속해서 들이닥칩니다. 여러분도 오너가 되기를 좋아하지 마세요. 오너는 외롭습니다. 말할 사람이 없죠. 어느 정도는 이야기할 수 있겠지만 가장 중요한 것은 나만 알죠. 상대방이 알면 안 되거든요.

여러분들이 세상적인 감각과 같은 것들을 사용했을 때 문제가 생긴다는 것이죠. 그래서 침묵하라, 계속 침묵하고 침묵해서 직관을 계속 키우는 거예요. 직관은 영적인 거예요. 직관은 어떤 정보나, 어떤 생각이나 어떤 논리가 아니라 순간적으로 나한테 감동이 오는, 어떤 결정할 수 있는 것들을 말합니다.

우리가 믿는 종교인들만 직관이란 단어를 사용하는 것은 아닙니다. 사전을 찾아보면 '직관'에 대한 뜻이 나와 있습니다. 그래서 여러분들이 조용히 무릎 꿇고 침묵하는 기도도 필요한 것이죠.

그런데 결국 기도도 우매한 자의 기도가 많다는 거예요. 그냥 형식적으로, 습관적으로 와서 무릎 꿇고 자기의 어떤 고민이나 생각만 중얼거리다가 또 어떤 사람이 생각나면 깜짝 놀라서 그 기도를 하다가 아까운 시간을 다 보내는 거죠. 말이 많으면 우매합니다. 하나님은 모든 것을 다 아시고, 기도는 꼭 필요한 것이니 꼭 필요한 기도만 해야 한다는 겁니다.

4 네가 하나님께 서원하였거든 갚기를 더디게 하지 말라 하나님은 우매한 자들을 기뻐하지 아니하시나니 서원한 것을 갚으라 5 서원하고 갚지 아니하는 것보다 서원하지 아니하는 것이 더 나으니

4절에서부터 6절까지는 '서원' 약속에 대한 이야기입니다. 여러분, 부흥 목사들을 조심하세요. 여러분의 감성을 건드리는 사역자들을 조심하셔야 합니다. 그리고 주변에 여러분들의 감정을 건드리는 사람들을 조심하셔야 합니다.

옛날엔 부흥 목사들이 교회를 건축하려고 하면 부흥 목사를 모셔 와요. 무당 푸닥거리하는 것처럼 난리가 나서 성도들이 들썩들썩하고 찬양하면 자기가 하나님으로부터 계시를 받지 않고 자기 감정적으로 '나 오늘 우리 집 바치겠습니다, 난 천만 원 바치겠습니다.' 서원하고 난 다음에 나중에 약속을 못 지키는 일이 많지요. 여러분, 정말 하나님께 서원할 때는 깊이 기도하고 정말 이게 하나님의 뜻인지 아닌지 잘 분별해야 합니다. 하나님과의 약속은 여러분의 인생이 걸린 문제입니다.

요즘 세상은 신용 사회죠. 신용을 안 지키면 그 사람은 사업은 못 해요. 장사도 보통 3년은 지나야 단골이 생깁니다. 밑에 구멍가게 하나 내도 3년이 지나야 단골이 생기거든요. 단골이 곧 신용이에요. 내가 얼마만큼 품질 좋은 제품을 저 사람 기분 안 나쁘게 팔았느냐에 의해서 저 사람과 내가 친해지는 거죠. 기업은 이 사람이 정말 신용을 지키는 사람인지, 아니면 이 사람이 겉으로는 사탕발림하다가 딱 자기 챙길 것만 챙기면 안면 몰수하는 사람인지를 본단 말이에요.

마케팅도 마찬가지죠. 정말 좋은 제품을 값싸게 파는 사람이 있고, 아니면 포장은 커다란데 속에는 조그마한 거 들어서 비싸게 팔아먹고 도망가는 사기꾼들이 있죠. 세상에서도 그런 사기꾼들은 오래가지 못합니다.

한국에 잘못 정착된 마케팅 방식이 있죠. 방문판매라고 얘기하기도 하고 다단계라고도 말하는데, 사실은 정상적인 영업 방법이거든요. 그러니까 기업들이 홍보하고 마케팅하는 비용을 줄여서 사람과 사람을 통해서 그 물건을 전달하면서 질 좋고 값싸게 물건을 판매하는 방법인데, 한국에만 그 방법이 들어오면 꼭 사기 치는 수단으로 바뀌어 가죠.

그 옛날 처음 우리나라에 다단계가 들어왔을 때는 이불, 담요 같은 것을 판매했는데, 재팬라이프라는 일본의 다단계 업체에서 한국에다가 50% 지분을 갖고 다단계회사를 세워서 거기 회장 비서가 저와 친해서 얘기해 주었는데 한국은 참 이상하다고 하더라고요. 자기네가 그렇게 팔지 말라고 해도, 10만 원짜리를 200만 원에 판다는 거예요.

그게 자석 들어간 담요인데, 일본에서 자석을 수입해 와요. 일본에서 다단계 업체에서 자석 파는 조건으로 한국에다 지분을 투자한 것이거든요. 그런데 일본에서는 판매가가 10만 원인데, 한국에선 200만 원에 파는 거예요. 그런데도 사람들이 몰려드니, 정말 지식인 논리를 다 없애 버리더라고요.

구로동에 친구 아버지가 큰 회사를 하고 있었고, 그 친구는 구매 과장인데 고려대학교를 나왔거든요. 그 당시 대학교 나왔으면 꽤 사리 분별할 수 있잖아요. 그런데 그 회사가 부도났는데, 그 친구한테서 전화가 왔어요. '내가 너한테 돈 못 준 게 몇 천만 원 되잖냐. 그런데 우리 회사가 부도나서 그런데, 내가 그 돈 다 벌 수 있게 해 줄게 가자.'는 거예요.

그래서 같이 사당동에 있는 사무실로 갔습니다. 그곳에서 설명하는 걸 들어 보니 사기꾼들 같더라고요. 그런데 대기업에 있다가도 다단계 빠지니 정신을 못 차리더라고요. 실제로 자기가 떼돈 버는 줄 알아요. 물론 한두 사람은 떼돈을 벌겠죠. 그런데 나머지 사람은 아니에요. 이런 것들이 세상을 어지럽히는 거죠.

이게 바로 약속입니다. 우리는 약속을 하고 살아야 돼요. 저와 여러분들은 약속을 해야 하고, 그 약속은 신실하고 진실되어야 합니다. 내가 다른 사람한테 피해를 주면 안 된단 말이에요.

그런데 지금 당장 급하다고 내가 우리 교회 부흥을 위해서 거짓말을 해대면, 이 사람도 한 달 두 달 세 달 다니다 보면 다 거짓말인 줄 알게 되잖아요. 그러면 그 사람의 영혼을 망치는 거죠. '교회는 아니구나. 절로 가자.' 하고 절로 가는 거예요.

있는 그대로, 사실 그대로 우리가 이야기했을 때 상대방이 그걸 중요시 여기는 겁니다. 우리가 하나님과의 관계도 마찬가지입니다. 내 형편에 맞지 않는데, 나는 지금 당장 버스비도 없는데 '내가 천만 원 헌금하겠습니다.'라 해 놓고 그 돈이 없으니 '교회를 나가야 되나 말아야 되나, 도망가야 되나….' 근심 걱정하는 사람도 많이 있다니까요.

어떤 사람은 목사님이 능력 있는 사람이에요. 그러니까 자기 집을 확 바친 겁니다. 그 집 안 바쳤으면 노후에 편히 살았을 텐데, 명동 아파트를 바쳐 버렸어요. 그래서 지금까지 전전긍긍하고 세 들어 살면서 그 남편도 대기업 다니다가 은퇴해서 70 나이에 경비 일을 하고, 권사님은 부동산 다니면서 근근이 삽니다.

이런 건 유혹에 당한 거죠. 약속이라는 건 내가 지킬 수 있을 때 하는 거예요. 우매한 자, 미련한 자는 주변이나 감정에 휘둘린 나머지 지키지도 못할 약속을 해 버리면 정말 고난스럽고 고통스러운 인생을 살 수밖에 없습니다.

정말 용기 있는 사람은 'No, 아니요' 할 수 있는 사람입니다. 특히 한국 사람들은 마음이 여려서 '예'라고 대답해 놓고 그 약속을 안 지켜요. 이건 상대방으로부터 저주받는 것이죠. 지금 '아니요' 해 놓고 내가 할 수 있는 만큼을 주었을 때, 상대가 너무 감사하고 고맙게 생각하거든요. 그게 신용이고 약속인 거죠.

우리가 사람이나 하나님 앞에서 함부로 약속을 한다면 저주가 됩니다. 함부로 약속을 하면 안 되는 것입니다. 그게 바로 내 육체를 범죄하게 하지 말라는 이야기와 같은 맥락이에요.

6 네 입으로 네 육체가 범죄하게 하지 말라 사자 앞에서 내

가 서원한 것이 실수라고 말하지 말라 어찌 하나님께서 네
목소리로 말미암아 진노하사 네 손으로 한 것을 멸하시게
하랴

마지막 구절인 "하나님께서 네 목소리로 말미암아 진노하사
네 손으로 한 것을 멸하시게 하랴"는 것은 가짜 약속으로 말미
암아 하나님의 진노, 하나님의 멸하심이 있다는 뜻입니다. 우
리가 그렇잖아요. 약속을 안 지키는 건 사기로, 법으로도 죄를
받습니다. 마찬가지로 하나님과의 관계에서도 약속을 지키지
않는다면 하나님께서 반드신 심판한다고 되어 있습니다.

그런데 우리 마음이 중요하잖아요. 우리의 마음을 뺏기지
말아야 합니다. 부하든지 가난하든지 여러분은 존귀한 분들이
에요. 부자만 존귀하고 가난한 사람은 미천한 게 아닙니다. 목
사를 비롯해서 성도까지 다 똑같은 신분인 거예요.

직책은 일하라고 주신 것이죠. 그런데 사람들은 착각합니
다. 내가 부자니까 높고, 난 가난하니까 낮고, 난 직분이 높으
니까 높고, 난 직분이 낮으니까 낮고…. 그런 것에 속으면 여
러분들이 거짓 약속을 하게 되고, 그 거짓 약속 때문에 발목이
잡히고 맙니다. 세상도 마찬가지로 대통령이나, 사장이나, 교
수나 나나, 그 사람은 그 사람이 할 일 하는 거고 나는 내가 할

일을 하는 것일 뿐입니다. 자기가 할 일을 넘어서면 그게 바로 문제가 되는 것이죠.

정치권이 시끄럽지 않습니까? 검찰총장 관련된 분들 때문에 작년 한 해부터 지금까지 계속 시끄러운데, 그런 것들이 우리들에게 혼란과 혼선을 주는 거예요. LH 공사 있죠. 얼마나 혼란스럽습니까? 그곳은 제가 젊은 시절에도 그랬습니다. 제대한 후 그곳에서 일하던 군대 선배가 밥 사 준다고 해서 대여섯 명이 몰려간 적이 있는데, 투자하려면 이렇게 하라고 그러더라고요.

이렇듯 세상은 권력이 있으면 권력에 맞는 비리가 있습니다. 그런데 우리가 그런 것을 쫓아다니면 스스로가 멍들고, 고단하고, 상처 입게 됩니다. 우리 자신이 얼마나 존귀한지 모르게 됩니다. 내가 가진 것이 없더라도 내가 얼마나 존귀한 존재인지 알았을 때, 우리가 그런 유혹으로부터 벗어날 수 있고 내 마음의 평화를 누릴 수가 있게 됩니다.

7 꿈이 많으면 헛된 일들이 많아지고 말이 많아도 그러하니 오직 너는 하나님을 경외할지니라

생각이 많고, 이상이 많고, 말이 많아지면 헛된 일들이 생깁니다. 그것이 날 고통스럽게 괴롭히고, 고난 속으로, 궁지로 몰아넣습니다. 그런 것들의 치료제는 하나님을 경외하는 것입니다. 하나님을 바라보는 것이 바로 치료제입니다. 왜냐하면 하나님은 사랑의 하나님이시거든요. 하나님은 우리 죄인들을 사랑하시고, 우리가 상처 입었을 때나 고통당했을 때 주님께서 찾아오셔서 우리의 상처를 만져 주십니다.

그 옛날 우리가 힘들었던 시절의 어머니들의 모습은 아침마다 전쟁이었습니다. 남편은 주먹으로 마누라 때리고 마누라는 '죽여라, 죽여' 이런 모습이 즐비했거든요. 그런데 그 어머니들이 어떻게 견뎌 왔나요? 교회 가서 울고불고 목사님과 상담하고, 그래도 남편을 사랑해서 가정이 이루어지고 여러분들이 있는 것이죠.

그러니 남자들은 반성을 많이 해야 해요. 우리는 남편 역할을 잘 못했잖아요. 우리 아버지는 해 준 건 하나도 없으면서 마음에 안 들면 욕부터 하고, 어머니들이 그 가정을 지켜 내지 않았습니까? 요즘에는 남편이 그러면 당장 이혼하죠. 조강지처라는 말이 왜 나왔습니까? 남편은 가서 바람피우고 마누라가 벌어다 준 돈으로 나가서 살고, 집에 오면 마누라 구박하고…. 이런 데서도 우리 어머니들이 계속 가정을 지킨 덕분에 지금 가정이 굳건해지고, 사회가 굳건해지고, 국가가 굳건해

졌잖아요.

제가 사업하러 중국에 갔을 때의 이야기입니다. 그 당시 중국은 너무 가난해서 처음에는 화장실을 못 가겠더라고요. 화장실 문이 다 열려 있는데 앞에서 여자가 일을 보고 있는데 나도 같이 쳐다보고 일을 봐야 하는 상태일 정도로 가난했어요.

그런데도 중국 여자들이 말하기를, 한국 여자가 불쌍하다는 거예요. 중국에는 남존여비가 없어요. 여자들이 오히려 직장 다니고 일을 많이 하니까 그 시절에 남자들이 매를 맞고 살더라고요. 그런데 한국에선 애 낳고 일하고 구박당하니 한국 여자 불쌍하다는 게 중국에까지 소문이 났더라고요.

우리나라는 어머니들의 손으로 이 정도까지 왔죠. 교회도 마찬가지예요. 저와 우리 성도들이 그 어머니의 마음을 품지 않으면, 우리는 와해되고 무너지는 거죠. 하나님께서 우리에게 요구하시는 게 이것입니다. 이것이 하나님을 경외하는 마음이며, 이렇게 했을 때에 치유가 된다는 것이죠.

8 너는 어느 지방에서든지 빈민을 학대하는 것과 정의와 공의를 짓밟는 것을 볼지라도 그것을 이상히 여기지 말라 높은 자는 더 높은 자가 감찰하고 또 그들보다 더 높은 자들도 있음이니라

이 얘기는 딱 잘라 말하면 '하나님을 바라보라는 것'을 말합니다. 이 세상의 권력자들을 보면 나라를 다스리기 위해서, 정의를 행하기 위해서, 공의를 행하기 위해서 그 자리에 있지만 그들도 다 부패하고 썩었다는 것이죠. 왜냐하면 인간이기 때문에 어쩔 수 없다는 거예요. 인간은 그게 당연하기 때문에 우리들이 그것을 이상하게 여겨서는 안 됩니다. 그 자리에 가면 당신도 그럴 거라는 의미입니다.

우리는 사람을 바라보면 안 됩니다. 여기 다 우리 형제자매이지 않습니까? 그들도 죄인이기 때문에 어떤 상황에 부딪히면 본인부터 그럴 수도 있다는 거예요. 그래서 오직 진실하시고 변하지 않는 약속을 어기지 않는 하나님을 바라보라는 것이죠. 인간은 그 누구도 하나님처럼 약속을 지키지 못한다는 것입니다.

인간은 상황에 따라서 아무리 친한 친구가 대통령이라도 네가 필요치 않고 자신이 조금이라도 불리하다면 너에게 불공정한 잣대를 들이댈 것입니다. 반면 내가 필요하면 사람들이 나를 환대하죠. 내가 필요 없으면 내치는 게 세상 아닙니까? 그러니 사람을 의지하지 말고 하나님을 의지하라고 말씀하고 있는 겁니다.

9 땅의 소산물은 모든 사람을 위하여 있나니 왕도 밭의 소산을 받느니라 **10** 은을 사랑하는 자는 은으로 만족하지 못하고 풍요를 사랑하는 자는 소득으로 만족하지 아니하나니 이것도 헛되도다

"땅의 소산물은 모든 사람을 위하여 있나니 왕도 밭의 소산을 받느니라."는 것은 삶의 기본을 이야기하는 겁니다. 우리가 먹을 것이 없으면 죽잖아요? 그런데 먹는 것은 왕이나 부자나 가난한 사람이나 다 똑같습니다. 삼성에 있는 가장 높으신 분이 한 10kg 먹나요? 그렇지 않잖아요? 우리랑 똑같이 먹잖아요. 물론 음식의 질은 좀 다를 수가 있겠죠. 하지만 먹는 것은 인간이 다 똑같습니다.

그 누구나 먹는 것은 아무 문제가 되지 않는 것이죠. 그런데 돈을 사랑하는 것, 돈의 노예가 되는 것, 돈의 욕심 부리는 것은 그 사람을 만족시키지 못하고 파멸로 이끄는 경우가 많다는 겁니다. 벌어도 벌어도 끝이 없어요. 한계가 없어요.

예전에 돈을 벌어 보니 욕심은 끝이 없더라고요. 그렇게 쌓이고 쌓여서 어느 정도 쌓이니까 돈의 가치가 없어지더라고요. 백화점에 가도 가격이 얼마인지 관심이 없어요. 내게 좋은 것이 있으면 가격을 물어보지도 않고 그냥 카드를 내요. 물질

에 대한 욕심은 한도 없습니다.

돈이라는 것은 없으면 쓰지 않아요. 옛날에 못살 때는 돈이
없어도 다 살았거든요. 그런데 지금은 다 돈들이 어느 정도 있
으니까 돈이 없으면 못 사는 세상이 되어 버린 거예요. 그래서
악착같이 돈을 벌려고 하는데, 그게 자기 죽는 것, 죄라는 걸
모르는 것이죠. 그래서 자기 고달프고, 남을 속이고, 고난이
오고 그러다가 파산하고…. 이 세상에 돈 없으면 못 사는 세상
으로 바뀌어 버린 것입니다. 그런 것 때문에 고통과 근심, 상
처가 생기는 겁니다. 이런 것들을 하나님 앞에 가지고 와서 치
유를 받아야 된다는 것이지요.

11 재산이 많아지면 먹는 자들도 많아지나니 그 소유주들은
눈으로 보는 것 외에 무엇이 유익하랴 **12** 노동자는 먹는 것
이 많든지 적든지 잠을 달게 자거니와 부자는 그 부요함 때
문에 자지 못하느니라

11절은 돈 벌어 본 사람은 아는데, 돈이 많으면 오너들은 더
힘들어집니다. 왜냐하면 그만큼 써야 되거든요. 직원들 봉급
을 줘야 되고 책임이 그만큼 늘어납니다. 너무 높은 데 올라가
려 하고 너무 많은 돈을 소유하려 하다 보면 결국 자기 무덤을

파는 거죠. 그래서 육신적으로 땀 흘리면서 삽질하는 것이 가장 행복한 인생입니다.

호주 같은 선진국은 보통 노동을 하잖아요? 한 500만 원 이상 나오니까 혼자서 벌어먹어요. 그런데 은행 다니면 혼자서는 힘들고 부부가 같이 돈 벌어야 합니다. 아마 용접하면 한 달에 천만 원 이상 버나 봐요. 그런데 우리나라는 아니죠. 사무실에 앉아 있으면 돈이 왕창 들어오고, 직접 노동하면 그렇게 안 들어오죠.

물론 요즘은 많이 변했습니다. 우리 교회에 치유받으러 오는 분이, 요새는 노동자도 골프 치러 다닌대요. 그분 나이가 67세 정도인데 용접하거든요. 자기 기계 들고 나가면 하루 일당 50만 원이고, 그곳에 기계가 준비되어 있으면 30만 원이래요. 한 10일만 일해도 한 달 먹고 살잖아요. 우리나라도 점점 그런 시대로 접어들고 있습니다.

왜냐하면 경제논리에 의해서 국민소득이 높아지면 행정직은 머리 쓰고 고달프고 그렇게 받지도 않아요. 사람들이 땀을 흘려야 되는 노동은 하기 싫어하는 게 문제지요. 그래서 그 직업에 대한 가치가 높아지는데, 아직까지는 밸런스가 맞지 않고 있습니다. 현실적인 부분에 있어서 열심히 일하는 노동자들이 돈을 좀 많이 버는 부분을 선진국에서는 이미 도입하고 있고, 균형을 맞춰 가는 것이 좋은 것이죠.

다시 말하자면, 노동자는 먹을 것이 없어도 마음이 편하다는 겁니다. 돈이 많고 욕심이 많은 사람들의 특징은 잘 사 주고 잘해 주고 돈도 잘 쓴다는 점입니다. 어떨 때는 200만 원어치 술도 사 줘요. 그런데 조금만 불편하게 하면 딱 인연을 끊어 버리죠. 내가 힘들다거나 사업이 안 되는 거 같다고 하면 인연을 끊어 버리는 거예요.

자기 기분이나 사회적 관리를 위해서는 돈을 많이 쓰지만, 자기한테 1원이라도 부담을 주면 그냥 그 자리에서 냉정하게 끊는 것이 돈 많은 사람들의 특징인 거죠. 보편적인가요? 아니면 특별한가요? 그것은 여러분들의 판단에 맡기겠습니다.

13 내가 해 아래에서 큰 폐단 되는 일이 있는 것을 보았나니 곧 소유주가 재물을 자기에게 해가 되도록 소유하는 것이라

재물이 나한테 해가 되도록 소유하는 것이 보편적이라는 의미입니다. 꼭 재물이 많다고 해서 나에게 해가 되지는 않아요. 그 재물을 불쌍한 이웃이나 건전한 사회를 위해서 사용한다면 나에게 문제가 되지 않겠죠. 정말 이름도 없이 남을 도와주고,

좋은 요양 병원을 만들어서 힘들고 어려운 노인들을 모시는 사람도 이 세상에 많거든요.

그런데 내 욕심을 차리고 내 인생을 좀 더 행복하게 만들기 위해 솔로몬처럼 정원도 짓고, 정원이 좀 빈약하다 싶으니까 산채, 운하까지 만드는 데 재물을 쓰는 사람은 불행한 거죠. 그 많은 물질을 잘못 쓸 때, 즉 자기 욕심을 위해서 쓸 때는 자기 자신한테 해가 된다는 겁니다.

14 그 재물이 재난을 당할 때 없어지나니 비록 아들은 낳았으나 그 손에 아무것도 없느니라 **15** 그가 모태에서 벌거벗고 나왔은즉 그가 나온 대로 돌아가고 수고하여 얻은 것을 아무것도 자기 손에 가지고 가지 못하리니

14절은 '물질은 있다가도 없어진다'는 의미입니다. 영원히 내가 죽을 때까지 물질이 내 손에 있는 건 아니죠. 내가 억만장자였지만 어느 날 문제가 발생해서 내 자녀에게도 일 원 하나 물려줄 수 없는 빈털터리가 될 수도 있다는 거예요.

일단 없던 사람은 그냥 없는 대로 즐깁니다. 그런데 억만장자가 갑자기 빈털터리가 되면 세상 사는 게 힘들고 고통스럽죠. 그래서 15절의 내용은 동양철학과도 비슷합니다. '공수래

공수거(空手來空手去)', 내가 빈 몸으로 왔으니 빈 몸으로 돌아가는 것이 바로 인생의 이치라고 지금 설명하고 있습니다.

16 이것도 큰 불행이라 어떻게 왔든지 그대로 가리니 바람을 잡는 수고가 그에게 무엇이 유익하랴 **17** 일평생을 어두운 데에서 먹으며 많은 근심과 질병과 분노가 그에게 있느니라

16절은 빈손으로 왔다가 빈손으로 가면 된다는 내용입니다. 내가 죽어라 고생해서 내 인생에 욕심을 차려 세상을 좀 멋있게 살려고 권력도 쥐고, 돈 많아서 하인도 부리고, 남들 앞에서 폼도 잡는 이런 것들이 사실은 고통이라는 것이죠.

우리는 이런 것을 원하잖아요? 사람은 중독이 되면 또 이런 길로 가고 싶어 합니다. 모든 걸 내려놓는다는 것이 되게 쉬운 일은 아니죠. 이렇게 우리의 삶의 방향에 지침이 되는 말들은 오직 길을 걸어 봤던 자만 할 수 있어요. 솔로몬은 이 길을 걸어 봤기 때문에 아는 것이죠. 그래서 17절은 곧 본문의 핵심입니다. 욕심과 탐욕 때문에 근심과 질병과 분노, 이 모든 것들이 벌어진다는 것입니다.

18 사람이 하나님께서 그에게 주신 바 그 일평생에 먹고 마시며 해 아래에서 하는 모든 수고 중에서 낙을 보는 것이 선하고 아름다움을 내가 보았나니 그것이 그의 몫이로다

이 세상에 살면서 내가 열심히 돈을 벌고, 탐욕으로 물질에 집착하는 것이 선이 아니라 하나님을 사모하고, 하나님을 경외하고, 하나님 은혜로 사는 것이 가장 행복하고 가장 선한 것이라고 선을 딱 긋습니다.

신앙이 오래된 분, 하나님을 은혜를 경험한 분들은 제가 이렇게 말하는 것을 이해합니다. 논리적이나 이론적으로 설명할 방법이 없어요. 왜냐하면 이런 것은 체험해야 깨달을 수 있거든요. 이 체험은 내가 정말 나락으로 빠졌을 때, 다시는 재기할 수 없을 때 얻을 수 있는 가르침이거든요.

가끔 자살하려고 교회에 오는 사람들이 있습니다. 사업하다가 실패하면 갈 데가 없잖아요. 어디 가서 자살하려 하는데 '가기 전에 절이나 한번 갈까? 교회나 한번 갈까?' 해서 온 사람들이 있어요. 정말 그 절망과 좌절 속에서 죽기 전에 한번 쉬었다 가려고 들렀는데, 거기서 확 모든 것이 깨어져서 하나님의 은혜를 받고 일평생 하나님 은혜 가운데서 평강을 누리면서 행복해하면서 즐거워서 인생을 살다 간 사람들이 많습니다. 특

히 목사님들은 그런 경험들을 많이 가지고 있어요.

우리가 하나님의 은혜로 사는 것이 얼마나 행복한지, 여러분들이 하나님의 은혜를, 하나님과의 관계를 한번 체험해 보았으면 합니다. 그 관계를 체험하면 여러분에게는 좌절이나 절망이나 고난을 인내할 수 있는 능력이 생깁니다.

19 또한 어떤 사람에게든지 하나님이 재물과 부요를 그에게 주사 능히 누리게 하시며 제 몫을 받아 수고함으로 즐거워하게 하신 것은 하나님의 선물이라 **20** 그는 자기의 생명의 날을 깊이 생각하지 아니하리니 이는 하나님이 그의 마음에 기뻐하는 것으로 응답하심이니라

하나님을 믿는다고 해서 다 연약하고 불쌍한 사람만 있는 것이 아니라, 부유한 사람도 있다는 것이죠. 그런데 그 사람은 이웃에 대한 사랑, 하나님에 대한 사랑 그 많은 것들을 공동체와 세상을 위해서 살면서 수고함으로 즐겁다는 거예요. 이것이 바로 하나님의 은혜라는 것이죠.

이런 사람의 특징은 20절에 나와 있듯, 사람이 가장 두려워하는 것이 '죽음'이잖아요? 그런데 정말 하나님을 경외하고, 하나님을 믿고 내 모든 것은 다 하나님께서 주신 것이니 감사

하고, 이 모든 것을 사람들에게 나누어 주는 진리를 아는 사람들은 죽음을 결코 두려워하지 않는다는 겁니다.

인간적으로 보면 불행하고 세상 사람들이 볼 때도 정말로 하찮은 삶을 살고 있는 것 같지만 이 세상의 어떤 고통조차도, 어떤 근심조차도 세상에서 가장 큰 기쁨이 될 수 있다는 거예요. 하나님의 은혜를 받은 사람이라면, 하나님의 선물을 받은 사람이라면, 우리에겐 이 세상은 나그네 길이고 우리가 정작 살아야 될 것은 죽음 이후의 천국 생활임을 알기 때문입니다. 기독교인은 천국의 삶을 살기 위해 예배를 드리고 봉사하고 헌신합니다.

이 세상에 미련을 가지면 우리도 세상 사람처럼 똑같이 욕심 부리고, 권력과 돈을 탐내고, 사기 치고, 거짓말하고, 불안해하고 초조해할 뿐입니다. 그러나 이 세상이 우리가 잠깐 살다 가는 세상임을 안다면, 그것이 바로 천국이고 기쁨이라는 것을 알겠죠. 그래서 하나님 나라를 확장하고, 나에게 맡겨진 영혼들을 사랑하고, 이웃을 사랑하고, 내가 가진 소중한 것들을 나누는 삶을 살겠죠.

우리에게 고통과 근심과 걱정이 있을 때, 예배와 교회를 통해서 우리는 치유받을 수 있습니다. 하나님의 은혜를 통해서 우리는 기쁨을 나눌 수 있다는 것입니다. 세상에 힘들고 지쳐

마음이 상한 자들이 교회를 통해서 여러분을 통해서 치유받을
수 있도록 그들에게 행복을 주는 저와 여러분들이 되기를 간절
히 기원합니다. 기도하겠습니다.

전도서 7장 • • •

교회가 이 땅에 세워진 목적이 분명히 있습니다. 그 기능을 상실할 때, 교회가 지탄을 받고 세상으로부터 욕을 먹게 되는 거죠. 교회의 목적은 첫 번째가 예수를 믿으면서 구원받는 것이고, 그다음에 두 번째가 이 세상을 행복하고 평화롭게 내 자신을 헌신하면서 살아가는 것이죠.

구약성경을 보면 이스라엘 백성들은 하나님의 선택하심을 오해해서 자기들만 선하고 깨끗하다고 생각했어요. 그래서 세상은 더럽고 추하니까 완전히 분리를 시켜 놓았죠. 그 결과, 하나님으로부터 많은 고난을 받게 됩니다.

현재 오늘날 우리 교회들의 모습은 어떠한가요? 그와 비슷하지 않나요? 이 세상의 빛과 소금의 역할을 감당해야 되는데, 오히려 교회가 세상보다 더 못한 인식이 쌓여서 매스컴을 통해서 지탄받는 모습을 보고 참 마음이 아플 때가 많죠. 그것은 교회의 교육과 하나님 말씀을 통해서 교회의 본질을 회복하지 못했기 때문인 것으로 생각됩니다.

6장의 내용을 요약한다면, 내가 가지고 있는 것 외에 세상에 다른 관심을 갖지 말아야 하며 다른 관심을 가질 때 그것이 좋아 보일지 모르고 마음속에 욕심을 불러일으킬지 모르지만 오히려 너한테 해가 될 수 있다는 것입니다.

그리고 전도서 7장은 '지혜자와 우매한 자', 그러니까 쉽게 얘기하면 '똑똑한 사람과 미련한 사람'에 대해서 이야기합니다. 똑똑하다는 것, 지혜롭다는 것은 일정 부분 분명한 유익이 있는 건 사실이지만 모든 유익을 다 가져다줄 수는 없다는 거예요.

"미련한 자보다, 우매한 자보다는 지혜로운 자가 낫다."

한겨울 동안에는 차를 타고 다니다가 이제 날이 따뜻해져서 왼쪽 산을 넘으면 남현동, 사당동이 나와서 그 산을 넘어서 집을 가거든요. 산을 넘어가는데 어느 날 그 산길에 패널들이 쌓여 있더라고요. 그리고 며칠 있다가 가니까 관악구에서 아름답게 나무로 도로도 만들어 놨는데, 그걸 다 용접해서 막아 버린 거죠. 가는 길이 없어진 데다 거기에 화단도 만들어 놓고 꽃도 심었는데, 인공구조물로 다 막아 버리니까 동네 사람들도 나와서 웅성웅성 이야기하더라고요.

그것을 막은 이유가 개인 땅이지만 자연녹지니까 건축허가를 안 내주니 개인의 권리행사를 전혀 할 수 없잖아요. 그래서 사실상 법적으로 집을 못 짓게 되어 있는데, 땅을 소유하고 있는 분이 구청에다가 집을 짓게 해 달라고 했나 봐요. 그런데 안 되니까 심술이 나서 이곳이 여러 사람들이 왕래하는 등산로 인데도 다 막아 버린 거죠.

그래서 제가 그날 저 꼭대기 산을 넘어서 사당동으로 오랜만에 등산을 했거든요. 사람들이 참 미련하죠. 그런다고 해결되는 것도 아닌데, 한 사람의 욕심이 많은 사람들에게 피해를 줍니다. 이 일을 겪으면서 우리들의 모습이 어쩌다가 이 지경까지 왔는지, 우리 교회가 혹시 그러지는 않는지 하는 생각을 갖게 되더라고요.

대한민국은 헌법에 의해서 돌아가기 때문에 대통령도 헌법 아래 있습니다. 아무리 내가 억울하다고 할지라도 법으로 정해져 있으면 재판을 통해서 승소해야 하고, 그렇지 못하면 우리가 불법을 저질러서는 안 되는 것이죠.

그런데 우리 인간이 만드는 법은 수시로 바뀌어요. 그래서 그 법을 이용해서 사람들에게 또 불편을 주는 사람들이 있죠. 이런 사람들은 지혜자라고 할 수 없습니다. 미련한 것이고 우매한 것이죠. 왜냐하면 언젠가는 누구나 다 죽게 되어 있어요. 현재 내가 얼마나 많은 옳은 일을 하고 사느냐가 중요한 것이지, 내가 생명이 붙어 있다고 해서 그것이 중요한 건 아니라는 이야기입니다.

1 좋은 이름이 좋은 기름보다 낫고 죽는 날이 출생하는 날 보다 나으며

'좋은 이름'이라는 것은 훌륭한 사람들을 얘기합니다. 우리나라로 말한다면 유관순처럼 3·1운동으로 일제하의 갖은 고문을 받다 돌아가신 분, 김좌진 장군처럼 독립운동하다가 돌아가신 분들, 사람들을 위해서 자기 목숨까지 내어 주는 선한 이름을 좋은 이름이라고 합니다.

사람을 죽이는 사람들을 좋은 이름이라고 하나요? 우리 주변에 그런 사람들 많이 있잖아요. 일가족을 몰살시킨 사람도 있고, 잔혹하게 살인 사건을 일으킨 사람도 있는데, 그런 사람들은 좋은 이름이라고 할 수 없죠.

이런 좋은 이름이 '좋은 기름', 그러니까 세상의 권세나 재물보다 낫다는 거예요. 젊은 사람들은 어떻게든 권세를 잡으려고 뛰어들고, 어떻게든지 돈을 벌려고 악착같이 노력하지만 어느 정도 나이가 들어서 인생을 살 만큼 산 분들은 그냥 먹을 것이 있으면 만족하죠. 지나가 보니까 모든 것이 지나간 거예요.

그리고 내가 많은 것과 많은 권력을 가지고 있으면 거기에 뒤따르는 것이 타락이죠. 우리나라 권력자들, 재벌들 중에서 교도소 안 갔다 온 사람 있나요? 재벌들 지금 교도소가 있죠.

실적을 관리하기 위해서는 자기 혼자 안 되니까 누군가와 결탁하고 일을 꾸미는 거예요. 법을 위반하고 질서를 깨뜨리는 거죠.

그러나 '좋은 이름', 그 사람들은 자기 자신을 희생합니다. 내 이익을 취하는 것보다, 남의 이익을 위해서 일을 할 때 우리에게는 악한 행동이 나오지 않는다는 것입니다. 그런데 내가 자꾸 부를 축적하기 위해서, 권력을 축적하기 위해서 노력을 하다 보면 어쩔 수 없이 우리는 악한 행위를 할 수밖에 없습니다.

기업을 운영하다 보면 회사가 어려울 때가 있습니다. 그러면 직원들 월급은 줘야 되잖아요. 그런데 월급을 줄 돈마저 없게 되면, 세금을 어떻게든지 적게 내는 방법을 연구하는 것이죠. 세금을 적게 내서 그 세금으로 직원들 월급을 주는 거예요. 그게 실질적으로는 범법행위거든요. 그래서 '내가 좋은 이름을 남기는 게, 내게 좋은 권력과 많은 물질을 갖는 것보다 낫다.'라고 솔로몬은 이야기합니다.

"죽는 날이 출생하는 날보다 나으며"

우리가 이 말을 가슴에 새길 때 저와 여러분이 의미 있는 인생을 살 수 있습니다. 우리 언젠가 죽는다는 거예요. 태어나면 서부터 지금까지 세상 살면서 기쁨이 많습니까, 아니면 고통이 많습니까? 정말 마지못해 사는 사람들도 많고, 젊은 날에는 철이 없고 아무것도 몰랐으니까 힘들고 어려워도 친구들과 노는 그 기쁨으로 살았는데, 지금에 와서 생각해 보면 정말 고통과 고난의 연속이었던 것이죠.

우리나라가 과거엔 가난하니까 하루에 세끼도 못 먹었고 겨울에 지금같이 포근하고 몸을 따뜻하게 해 주는 옷도 없었고, 신발도 고무신이 전부였거든요. 눈이 무릎까지 오는데 고무신 신고 걸어 다녀도 우린 즐거웠어요. 장성해서, 여러분들이 처자식 먹여 살리기 위해서 허리가 부러지게 죽을 고생을 했고 그렇게 인생과 삶이 고통 속에 시작됐다는 거예요.

그런데 우리 기독교인이 죽으면 천국에 가는 거니까 거기에는 슬픔도 없고, 아픔도 없고, 돈도 없고 기쁨과 희락만 있는 곳이지 않습니까? 그래서 사는 것보다 죽는 것이 낫다는 겁니다.

2 초상집에 가는 것이 잔칫집에 가는 것보다 나으니 모든 사람의 끝이 이와 같이 됨이라 산 자는 이것을 그의 마음에 둘지어다

2절에서 하는 말은 기독교 말고 다른 종교, 올바른 종교에서도 하는 이야기입니다. 초상집과 잔칫집은 도를 닦는 데 굉장히 중요한 얘기죠.

초상집에 가게 되면 사람이 죽어 있는 모습을 보게 되죠. 저는 굉장히 많이 죽은 사람을 봤어요. 특히 온몸에 암이 퍼져서 먹지도 못하는 암 환자들의 고통은 정말 이루 말할 수가 없죠. 어떤 사람은 암에 걸렸는데 편히 죽는 사람이 있는가 하면, 또 어떤 사람은 그 고통이 너무 심해서 마약을 집어넣어도 그 고통을 감당하기 힘든 사람이 있죠.

도 닦는 사람들은 꼭 죽어 가는 모습을 보라고 합니다. 그리고 죽은 사람 옆에서 도를 닦으라고 하죠. 그 이유가 뭐냐면, 사람이 죽으면 나도 언젠가 저렇게 죽겠지 하면서 내 인생을 돌아본단 말이에요. 어차피 죽을 건데 그동안 나는 어떻게 살아왔느냐, 아름답게 살아왔느냐 아니면 내 욕심만 차리고 다른 사람의 마음에 칼을 꽂아 놓진 않았느냐 하는 걸 생각한다는 겁니다.

그런데 반대로 잔칫집에 간다면 춤추고 술 마시고 노래하고 쾌락을 즐기게 됩니다. 즉, 이 세상에 자신이 무슨 의미로 사는지 그런 것을 다 잊어버리고 오직 그 순간의 쾌락을 위해서 즐긴다는 것입니다.

그렇기 때문에 초상집이 중요한 이유는 남은 인생 동안 죽음을 자각하면서 어차피 죽을 인생인데 내가 사회를 위해서 이웃을 위해서 헌신하면서 봉사하면서 사는 아름다운 이름을 가진 사람이 될 것인가, 아니면 남에게 사기 치고 파산시켜서 그 사람을 우울증에 걸리게 하고 자살하게 만들고 벌레만도 못한 인생으로 살아갈 것인가를 생각하게 만들기 때문이라는 것입니다.

만약 우리가 길거리를 가다가 문득 어느 곳에 딱 멈췄는데 거기에 누군가가 정말 고통받고 있다면, 우리는 그 사람에 대해서 깊이 생각해 보게 되겠죠. 반면에 여러분이 간 곳에 돈 많은 사람들이 모여서 풍악을 즐기고 있는 모습을 본다면, 내 마음의 변화는 별로 달라지는 게 없겠죠. '나도 돈 벌어서 저 사람처럼 즐겨야지.'라는 생각만 들겠죠.

세상에는 이상주의자, 그리고 너무 멋있고 화려한 환상에 빠지게 하는 것들이 많더라고요. 요새는 차박도 유행하죠. 아름다운 차를 구해서 남편과 애는 그냥 집에 있으라 하고 아내 혼자 차 끌고 경치 좋은 곳에 가서 하룻밤을 지내다 오는 거예요. 그렇게 차박을 떠나서 그냥 밥 해먹으면서 소주 한 잔 따라서 마시는 모습을 유튜브를 통해서 보여 줍니다. 그 조회 수가 십만이 넘는 거예요. 사람들이 그걸 보고 '아름답다. 나도 해 보고 싶다.'라고 생각하죠. 우리 인생은 그런 것을 좇게 됩니다. 그러면 너무나도 고통스럽고 힘들지 않겠습니까?

우리 관악구만 하더라도 제가 종종 관악산에 올라가는데, 노인분들이 이 동네에서 살게 된 이유를 설명하며 시골에서 올라왔는데 여기 길이 없어서 노량진에서부터 지게에다 짐을 짊어지고 와서 집을 짓고 살았다는 얘기를 하시더라고요. 노량진에서부터 지게를 지고 와야 되니 정말 힘들었겠죠. 우리가 이 세상의 소금과 빛의 역할을 하여 우리가 도와주고 사랑해 줘야 되고 감싸 줘야 할 환경이 아직도 많습니다.

그런데 하나님이 우리를 만드신 목적, 우리를 구원한 그 목적은 우리의 몸을 촛불처럼 세워서라도 세상에 어떤 밝은 빛을 주라고 우리에게 구원의 빛을 허락하신 것인데, 우리는 우매한 사람이 되어서 세상 사람들이 죽든 말든 나만 잘 먹고 잘 살자고 생각해선 안 된다고 이야기하는 것이죠.

그래서 항상 내가 어떤 생각을 가지고 있는지 돌아봐야 합니다. 살아 있는 사람들은 항상 사람은 반드시 죽는다는 걸 마음속에 두어야 합니다. 여러분들이 즐기면 즐길수록 욕심과 탐욕에 젖으면 젖을수록 인생이 저주스럽다는 것을 마음에 두라는 것이죠.

3 슬픔이 웃음보다 나음은 얼굴에 근심하는 것이 마음에 유익하기 때문이니라

웃음보다 슬픔과 근심이 그 사람 마음에는 유익하다는 겁니다. 저에게도 한때는 감당하기 어려운 고난이 있었습니다.

한번 제 회사를 파산하니까 법인의 부채가 백억 정도 돼요. 그런데 제가 대표이자 보증인이니까 개인적인 채무가 몇 십억 되는 것은 다 갚고, 은행이나 정부 쪽에 부채들이 남아 있었는데 한 달에 독촉장이 한 백 통씩 오더군요. 이게 몇 년간 계속 되니까 제 정신세계가 파괴될 것 같더라고요. 지금 당장 1원도 없는데 그걸 어떻게 갚겠습니까? 그런데 그들은 그런 걸 조금도 이해하려 들지 않아요. 사람이 죽든 말든 계속해서 보내죠.

그런 슬픔과 근심의 세월이 15년 정도 지나가니, 판사가 갚을 의무가 없다고 해방시켜 주더라고요. 그런 눈물과 슬픔의 고난이 지나고 나니까, 이제 다시는 그런 어리석은 짓을 하면 안 되겠다는 생각이 들더군요. 이상과 꿈을 좇아서 넓게 크게 방대하게 벌여 놓다가 감당하지 못하면 살아 있으면서 지옥을 경험하게 되는 거예요.

한번 그런 쓴 것을 경험한 사람들은 다시는 그 길에 빠져들지 않잖아요? 그런데 사람들은 그냥 웃고 즐기는 사이에 언제

든 그 길로 갈 수 있습니다. 사람을 잘못 만나서 그 길로 갈 수도 있고, 오직 자신의 탐욕 때문에 또 그 길을 갈 수도 있는 것이죠. 그런 것들이 사람을 유익하게 해 주지 않습니다.

우리나라에 삼시 세끼 밥 먹으면 가장 행복하다는 오래된 말이 있습니다. 그런데 그 세끼 밥 먹는 것이 가장 어렵죠. 좋은 친구, 좋은 가족, 그리고 세끼 밥을 먹을 수 있다는 것보다 더 행복한 조건은 없습니다. 이 조건은 어떻게 보면 갖기 쉬워요. 하지만 내 탐욕, 욕심 때문에 뭔가 일을 벌여 놓고 감당하지 못하면 모든 것이 그 순간 깨지는 것이죠. 이를 조심하라는 것입니다.

4 지혜자의 마음은 초상집에 있으되 우매한 자의 마음은 혼인집에 있느니라

이는 지혜로운 사람은 항상 인생을 제대로 본다는 것을 말합니다. 사람은 반드시 죽게 마련인데 내가 이 세상에서 가장 아름다운 보배를 가지고 있든, 무엇을 가지고 있든 무슨 소용이 있겠습니까? 그런데 미련한 사람은 항상 축제나 탐욕에 마음이 쏠려 있습니다. 그 사람의 인생은 고난과 고통이 끊임없이 있죠.

여러분, 주위를 살펴보세요. 탐욕과 욕심에 젖어 있는 사람은 고난과 근심이 끊이지 않습니다. 사업을 해 본 사람들은 잘 알 거예요. 그런데 봉사하고 헌신한 사람들은 그 기쁨을 알죠. 힘들어하는 사람, 고통스러워하는 사람을 내가 조금이라도 도와줬을 때 나오는 그 기쁨을 말이죠. 그게 지혜자와 미련한 자의 차이라는 겁니다.

5 지혜로운 사람의 책망을 듣는 것이 우매한 자들의 노래를 듣는 것보다 나으니라 **6** 우매한 자들의 웃음소리는 솥 밑에서 가시나무가 타는 소리 같으니 이것도 헛되니라

우리가 어느 정도 장성을 하면 상담을 하죠. 가족 관계도 상담할 수 있고, 진로에 대해서 상담할 수도 있고, 여러 가지 상담을 하게 됩니다. 지혜로운 사람은 그 사람의 앞길에 어떤 크고 거대한 그림을 그려 주는 것이 아니라, 그 사람이 감당할 만한, 그 사람이 정말 행복하고 즐거워할 만한 작은 것이라도 그런 그림을 그려 줍니다.

미련한 자들은 현실을 인정하지 못하고 파악하지 못해요. 그 사람이 가지고 있는 지혜나 능력을 파악하지 못하고, 그 사람을 기분 좋게 해 주려고 계속 꿈만 그려 대요. 그래서 그 사

람을 점점 나락으로 떨어뜨리는 거죠. 그래서 6절에서는 미련한 사람들의 말에 귀를 기울여서는 안 된다고 말합니다.

옛날엔 서울도 그랬는데, 농촌에서 사신 분은 다 알 거예요. 이쯤 되면 논두렁을 태워 버리잖아요. 그러다 잘못하면 산까지 확 태워 버리죠. 그 불이 지금 미련한 자의 소리와 같다는 겁니다. 그 불에 어떤 유익이 있습니까? 불이라는 것은 방을 따뜻하게 하거나 음식을 끓이는 용도가 있잖아요. 그런데 가시떨기 같은 것, 이런 풀 같은 건 확 타 버리고 나면 남는 건 재뿐이잖아요.

미련한 사람들의 소리도 이와 같다는 것입니다. 아무것도 할 수 없는 쓸모없는 것이라는 거죠. 그래서 미련한 사람의 소리에는 귀를 기울이면 안 됩니다.

7 탐욕이 지혜자를 우매하게 하고 뇌물이 사람의 명철을 망하게 하느니라

아무리 지혜가 있다고 하더라도 그 사람 마음에 욕심이 드는 순간, 그 지혜가 사기로 변합니다. 사기꾼들이요? 머리 나쁜 사람 거의 없습니다. 몸은 약한데 머리가 똑똑한 사람은 사기꾼 될 확률이 굉장히 커요. 몸이 약하니까 일을 못 하거든

요. 사업도 밤새서 연구하고 노력해야 되는 거고, 무슨 일을 하든지 간에 아무리 똑똑해도 마음과 몸을 써야 하는데 몸이 약하면 그럴 수가 없잖아요. 그러니까 자기는 일 안 하고 남들을 시켜서 물건을 모으려고 하죠. 그래서 몸이 약하고 머리가 똑똑하면 사기꾼이 될 확률이 높습니다.

그리고 미련한데 건강한 사람들이 있잖아요? 그 사람들은 남을 괴롭히는 쪽으로 가기 쉬워요. 지혜가 없고 양심이 없고 윤리와 도덕도 없어요. 그런데 힘이 세고 기운이 흘러넘친다면 주먹질을 하게 됩니다. 남을 협박하게 되고 자기 마음대로 이 세상을 살려고 하죠. 솔로몬은 자기 경험담을 전도서를 통해서 들려주는 거예요.

"뇌물은 사람의 명철을 망하게 하는도다"

우리가 서로 교제하기 위해서 밥도 사 주고, 적당한 선물을 하는 건 정말 아름다운 일이죠. 그런데 자기는 능력이 없는데 어떤 일을 따내기 위해서 가방에 돈을 들고 가서 전하는 것은 스스로 그 모든 것을 파괴하는 행위가 됩니다. 둘 다 처음은 좋겠지만 나중엔 차디찬 교도소에 앉아 있게 되는 거죠.

이것이 세상의 진리입니다. 사람의 힘으로 되지 않아요. 자기 행한 대로 꼭 대가를 받게 되어 있습니다. 뉴스를 보면, 선한 사람은 근심과 걱정 없이 힘들고 어렵지만 선하게 살지만 탐욕스럽고 뇌물로 모든 것을 꾸미고 높은 권력과 많은 재화를 소유한 사람들은 끝내 법의 심판을 받게 되어 있어요. 우리 신앙인은 세상의 법에 의해 심판도 받지만 하나님의 심판도 받는 거죠.

8 일의 끝이 시작보다 낫고 참는 마음이 교만한 마음보다 나으니

일의 끝이 아름다울 때, 얼마나 행복합니까? 시작은 거창하게 했는데 끝이 없으면 계속 굴리고 둘러막고 이것저것 갖다가 둘러막고 안 되면 이 사람 저 사람 데려다 피해를 입히다가 온 집안이 폭삭 망하는 경우가 있죠. 그래서 시작보다 끝이 정말 아름다울 때 그것이 낫다는 거예요.

시작은 누구나 다 할 수 있죠. 그러나 끝은 누구나 아름답게 맺지 못합니다. 또 여러분들은 일을 하는 과정 중에 공격도 받고 멸시도 당할 것입니다. 그런 모든 것을 참아 냈을 때 여러분 끝이 아름다울 수 있습니다. 그래서 참는 마음이 교만한 마음보다 낫다는 거예요.

일은 서로 협력해서 하는 건데 만약 마음이 교만해져서 '네가 뭔데?' 그러면 그 교만한 마음 때문에 주변 사람들 하나하나 떨어져 나가겠죠. 결국 자기 혼자 남게 될 텐데, 벌여 놓은 게 많으니 그 감당을 어떻게 하겠습니까? 그래서 참는 것이 교만한 마음보다 낫다고 솔로몬이 이야기하는 것입니다.

9 급한 마음으로 노를 발하지 말라 노는 우매한 자들의 품에 머무름이니라

솔로몬은 미련한 자들이 급한 마음을 품고 화를 낸다고 말합니다. 급한 사람이 화를 버럭버럭 내죠. 솔로몬은 이 정도만 얘기했는데, 예수님은 분노가 심한 사람과 사귀지 말라고 했습니다. 분노가 심한 사람은 우발적인 살인도 저지를 수 있다는 얘기입니다. 그래서 우리에게 미련하고 부인하는 사람한테는 좋은 소리, 좋은 충고도 하지 말라고 했어요.

주변에 무슨 말만 하면 화를 내며 말도 못하게 하고, 자기 의견만 이야기하고, 자기 의견을 꼭 들어야 되는 사람이 혹시 있습니까? 그 사람한테 아무리 좋은 충고를 하고 아무리 좋은 이야기를 해 줘도 욕을 먹거나 언어터지거나 잘못하면 목숨까지도 빼앗길 수 있다는 거죠. 화가 많은 사람을 가까이해서는

안 된다고 예수님이 말씀하였습니다.

로마 교황청에서는 회의를 해요. 그런데 일부러 무조건 반대하는 사람을 딱 한 사람 지정합니다. 인간은 아무리 의견이 좋다 하더라도 실수가 있게 마련이니까 반대하는 사람이 있어서 다시 한 번 되짚어 보기 위함이죠. 그래서 반대하는 사람을 꼭 둔다고 해요.

그런데 우리들은 그렇지 않죠. 자기 일에 반대하면 분노하죠. 일을 망치기 쉬운 거예요. 그래서 분노하는 사람과 같이 동업하거나 같이 손을 잡을 때 여러분의 앞길이 고난과 고통이 될 수도 있다고 솔로몬은 이야기하고 있습니다.

10 옛날이 오늘보다 나은 것이 어찜이냐 하지 말라 이렇게 묻는 것은 지혜가 아니니라

현실을 보고, 현실을 파악하고, 현실적인 삶을 살아야 되는데 '내가 옛날에 그랬는데….'라고 말하는 것은 정말 미련한 것입니다. 인간은 존귀한 존재입니다. 내가 권력을 가졌든 못 가지고 있든, 물질이 많든 없든, 내가 초라하든 초라하지 않든, 내가 어떠한 삶을 살고 있든 나란 존재는 세상에서 가장 존귀합니다.

나한테 주어진 현실에 만족하고 내가 아름답게 살기 위해서 현실과 씨름을 해야겠죠. 하지만 지난날 속에 웅장하고 거대했던 자신의 모습을 바라보고만 있는 것은 미련하다는 거예요. 우매하다는 겁니다. 그렇다고 해서 그 지난날이 다시 돌아오지 않잖아요. 현실을 직시하지 못하면 마음만 상하고 좀 더 나은 삶을 살아갈 수가 없기 때문입니다.

11 지혜는 유산같이 아름답고 햇빛을 보는 자에게 유익이 되도다 **12** 지혜의 그늘 아래에 있음은 돈의 그늘 아래에 있음과 같으나, 지혜에 관한 지식이 더 유익함은 지혜가 그 지혜 있는 자를 살리기 때문이니라 **13** 하나님께서 행하시는 일을 보라 하나님께서 굽게 하신 것을 누가 능히 곧게 하겠느냐

지혜가 있으면 남한테 사기당하지 않죠. 그러나 지식이 있으면 사기를 당합니다. 아무리 좋은 대학교를 나와도 지혜가 없으니까 사기꾼한테 사기를 당하는데, 자기만 사기당하는 게 아니라 자기 주변 사람까지 끌고 들어가더라고요.

지식보다는 지혜가 나은 거예요. 그런데 지혜는 경험을 해야 합니다. 그래서 젊은이들이 보기에는 나이 많은 분들이 무

식한 것 같지만, 그분들이 가지고 있는 지혜는 그 세상 어디에서도 배울 수 없는 거랍니다.

요즘에 초등학교 교과서를 보더라도, 어려워서 풀지 못하겠어요. 우리는 공부를 그렇게 고급스럽게 안 해서 정말 어려워요. 그런데 이 젊은이들이 노인을 무시하는 거예요. 나이가 들면 돈을 못 벌잖아요. 그런데 나이 들어서 어떻게 돈을 벌어요? 체력이 없고 세상에서 써 주지 않는데…. 나이 들면 열심히 봉사해야 합니다. 그런데 젊은이들이 지식을 가지고 노인네들을 무시하는 거예요. 그러면 젊은이들이 인생이 꼬일 대로 꼬이는 거죠.

왜냐하면 지식과 지혜가 결합이 되어야 올바른 길을 갈 수 있거든요. 이 세상이 지식대로 된다면, 대학 교수들이 나와서 사업을 하고 모든 것이 잘되겠죠? 그런데 아니에요. 지혜가 없고 지식만 있거든요. 경험이 없거든요. 젊은이들이 어른들을 공경하고 그들을 꼰대라고 하지 말고, 그 어르신들이 경험한 지혜를 젊은이들이 가져올 때 젊은이들에게 앞길이 생기는 거죠.

교회에서도 가끔씩 젊은이들과 저 같은 꼰대들이 대화를 할 필요가 있어요. 젊은이들 생각이 어떤지 들어 보고, 우리들의 생각을 또 젊은이들에게 이야기해 주고 서로 의견을 교차하면서 '아, 그렇구나!' 깨달아 서로 공통된 걸 찾아 나가는 것이 굉장히 좋은 거지요.

14 형통한 날에는 기뻐하고 곤고한 날에는 되돌아보아라 이 두 가지를 하나님이 병행하게 하사 사람이 그의 장래 일을 능히 헤아려 알지 못하게 하셨느니라 **15** 내 허무한 날을 사는 동안 내가 그 모든 일을 살펴보았더니 자기의 의로움에도 불구하고 멸망하는 의인이 있고 자기의 악행에도 불구하고 장수하는 악인이 있으니

14절은 이게 사실 인생이거든요. 형통하기도 하고 곤고하기도 하잖아요. 일반 직장인들은 그 인생의 굴곡이 얇기 때문에 잘 못 느껴요. 그런데 사업을 오래한 분들은 알아요. 회사가 잘됐다가 망했다가 굴곡이 굉장히 심하거든요. 자기가 아무리 노력을 해도 정말 밑으로 한없이 들어갈 때가 있고, 별로 노력하지 않았는데 회사가 승승장구하면서 올라가기도 해요. 그런 것들을 많이 경험했다면 지혜나 지식을 가지고 내가 하는 모든 일이 다 온전해지지 않는다는 거죠.

이는 하나님의 섭리 때문입니다. 우리들은 아는 것이 없습니다. 그럼에도 우리들은 정말 많이 아는 것처럼 교만에 빠지

기 쉽고, 상대방을 무시하게 쉽고, 그래서 상대방과 멀어지고 점점 고립되어 가죠. 예를 들어 그리스도인 중에 '예수 믿는 사람들은 다 건강해야 되고, 예수 믿는 사람들은 다 부자가 된다'는 잘못된 생각을 하는 사람도 있습니다. 하지만 유명 대기업 같은 데는 절에 다니잖아요. 이에 대해 뭐라고 설명할 겁니까?

하나님께서는 우리들로 하여금 미래의 우리 삶에 대해서 알지 못하게 하였습니다. 한때는 잘나가기도 하지만 한때는 정말 곤고하게도 하신다고 말씀하시는 거예요.

15절도 같은 맥락이죠. 우리들은 보통 착한 일을 하면 오래 살고 나쁜 일을 하면 금방 멸망한다고 생각하는데, 하나님의 섭리는 그렇지 않다는 겁니다. 즉, 사람이 선해서 잘 살고, 그 사람이 악해서 못 산다는 기준점을 두지 말라는 거예요.

16 지나치게 의인이 되지도 말며 지나치게 지혜자도 되지 말라 어찌하여 스스로 패망하게 하겠느냐

지나치게 의인이 되지 말라는 것은 신비주의자가 되지 말라는 뜻입니다. 종교를 갖고 있는데 지나치게 신비주의자인 사람들이 많아요. 물론 목사나 직분자들은 어쩔 수 없어요. 성도들을 위해서 많이 공부해야 하고, 하나님한테 기도해야 되니

어쩔 수 없지만, 성도들은 하루 종일 교회에서 살지 말라는 이야깁니다. 나가서 열심히 일하라는 것이죠. 그게 하나님의 섭리란 거예요. 그렇지 않을 경우에는 패망한다는 겁니다.

내가 사업체를 운영하고 직장을 다니고 있는데 직장도 돌보지 않고 그냥 교회에 와서 모든 걸 다 쏟아 버리면 결국은 망한다는 거예요. 하나님이 원하시는 건 그런 게 아닙니다. 평일에도 회사 일 다 젖혀 놓고 교회 오지 말고, 여러분 마음속에 하나님의 마음을 품으라 하는 거예요. 열심히 살다가 주일날 나와서 예배드리라는 것이죠.

17 지나치게 악인이 되지도 말며 지나치게 우매한 자도 되지 말라 어찌하여 기한 전에 죽으려고 하느냐

지나치게 악인이 되지 말라, 이 사람은 오래 못 산다고 여기에 기록되어 있습니다. 나쁜 일을 많이 하고, 정말로 미련해서 세상에 나 아니면 안 되는 줄 알고 이 사람 저 사람과 부딪치면 자연히 근심거리나 고민거리 늘어나고, 사람들로부터 불협화음이 생기고 고민이 깊어져서 우울하고 자살한다는 거예요. 너무 악해도 그렇게 병에 걸려서 일찍 죽을 수 있다고 경고하는 거죠.

18 너는 이것도 잡으며 저것에서도 네 손을 놓지 아니하는 것이 좋으니 하나님을 경외하는 자는 이 모든 일에서 벗어날 것임이니라 **19** 지혜가 지혜자를 성읍 가운데에 있는 열 명의 권력자들보다 더 능력이 있게 하느니라

18~19절은 '권력을 가진 자보다 지혜로운 자들이 낫다'고 말합니다. 여러분들은 지혜의 기준을 어디다 두십니까? 지혜에는 여러 가지 종류가 있지요. 일을 잘 해결하고 얽힌 실타래를 잘 풀어 가는 지혜도 있고, 지금 성경에서 이야기하고 있는 것처럼 '내가 언젠가 죽을 날이 있을 텐데 그 죽을 때 내가 이 세상에 무엇을 남길까? 내가 가족에게 무엇을 남길까? 내가 정말 이 사회에 무엇을 남길까?' 고민하면서 남는 지혜들이 있겠죠. 그런 것들이 입법, 사법, 권력기관 등의 권력자들보다 낫다는 거예요.

20 선을 행하고 전혀 죄를 범하지 아니하는 의인은 세상에 없기 때문이로다 **21** 또한 사람들이 하는 모든 말에 네 마음을 두지 말라 그리하면 네 종이 너를 저주하는 것을 듣지 아니하리라 **22** 너도 가끔 사람을 저주하였다는 것을 네 마음도 알고 있느니라 **23** 내가 이 모든 것을 지혜로 시험하며

스스로 이르기를 내가 지혜자가 되리라 하였으나 지혜가
나를 멀리하였도다

권력자들은 고민이 많을 거예요. 5천만 대한민국 국민 먹여
살려야 되고, 그 사람들의 행복을 위해서 존재하는 것이 정부
니까 말이죠. 그런데 그 5천만 국민의 목소리를 다 수용할 수
있을까요? 아니요. 절대 수용할 수 없습니다. 한쪽에선 좋다
고 할 수도 있지만 한쪽에서는 반대할 수 있거든요. 이렇게 보
면 권력자들은 불행한 사람이죠.

그런 사람보다 지혜자, 봉사하고 헌신하고 이름 모르게 살
아가는 사람들이 우리 주변에 많지요. 그런 사람들을 지혜자
로 일컫는 거죠. 제갈공명처럼 뛰어난 전략을 가진 사람도 지
혜자라고 할 수 있지만, 그보다 이 세상을 아름답게 사는 사
람, 이웃을 위해서, 영혼을 위해서 사는 사람들을 지혜자라고
하죠. 그런 지혜자들이야말로 사람을 관리하고 다스리는 자보
다 낫다고 이야기하는 것입니다.

24 이미 있는 것은 멀고 또 깊고 깊도다 누가 능히 통달하
랴 25 내가 돌이켜 전심으로 지혜와 명철을 살피고 연구하
여 악한 것이 얼마나 어리석은 것이요 어리석은 것이 얼마

나 미친 것인 줄을 알고자 하였더니 **26** 마음은 올무와 그물 같고 손은 포승 같은 여인은 사망보다 더 쓰다는 사실을 내가 알아내었도다 그러므로 하나님을 기쁘게 하는 자는 그 여인을 피하려니와 죄인은 그 여인에게 붙잡히리로다

24절은 지혜라는 것은 끝이 없다고 말합니다. 인간이 아무리 지혜가 많다 하더라도 한계가 있다는 거예요. 그 한계를 가지고 우리가 교만하고 자랑하면 우리 인생이 그리 녹록지 않다는 걸 이야기하는 거지요.

26절엔 여기선 여인인데, 이는 남자와 여자 모두를 가리키죠. 이 세상에 어떠한 사람도 죄가 없는 사람이 없다는 거예요. 우리가 서로 원망하고 미워하고 질투하는 것은 어리석은 자의 길이라는 거죠. 서로 배려하고 용서하고 화합하고 평화를 이룰 때, 내 자신의 기쁨과 희락과 무엇인가 얻을 수 있다는 겁니다.

27 전도자가 이르되 보라 내가 낱낱이 살펴 그 이치를 연구하여 이것을 깨달았노라 **28** 내 마음이 계속 찾아보았으나 아직도 찾지 못한 것이 이것이라 천 사람 가운데서 한 사람을 내가 찾았으나 이 모든 사람들 중에서 여자는 한 사람도

찾지 못하였느니라 **29** 내가 깨달은 것은 오직 이것이라 곧 하나님은 사람을 정직하게 지으셨으나 사람이 많은 꾀들을 낸 것이니라

29절은 하나님은 원래 사람의 본성을 하나님의 품성과 똑같이 사랑으로 가득 차게 만들었는데, 사람들이 선악과를 따 먹고 죄를 지으면서 사람들이 이렇게 변해 버렸다는 것이죠. 즉, 인간을 원래 아름답고 사랑할 수 있게 만들어 놓았는데 사람들이 꾀를 내어서 사람들이 죄 속으로 욕심과 탐욕으로 빠져든 거라고 결론 내리고 있습니다.

여러분은 신앙생활을 하는 데 목적이 있어서 예수 믿고 구원을 받았지만, 하나님이 원래 만들어 놓은 그 품성대로 사람들을 사랑하고 배려하고 이해하면서 공존할 수 있는 길을 찾아갈 수 있기를 간절히 기원합니다. 기도하겠습니다.

전도서 8장 • • •

전도서는 우리 삶에 있어서 굉장히 중요한 내용들을 담고 있어요. 삶에 있어서 개념이란 것이 매우 중요하죠. 그 개념이 우리의 마음을 좌로 우로 기울게 하기도 하고, 그 개념 때문에 이 세상이 천국이 될 수도 있고 지옥이 될 수도 있습니다.

중국이나 한국, 일본의 문화들을 여러 가지로 연구해 보았더니, 중국은 판타지 같은 세상에 살고 있어요. 그들의 소설이나 무협을 보면, 하늘을 날아다니고 장풍을 쓰는 것들로 채워져 있죠. 그런데 이제 매스컴을 통해서 그런 중국무술의 전통 무예가들이 격투기 선수한테 한 방에 나가떨어지는 허무가 드러나고 있죠. 한국은 중간 단계를 가지고 있고, 일본은 현실적이죠. 현실 그대로의 모습을 보기 때문에 그들은 잔인하고 음욕적인 것들이 많죠.

우리가 개념이 생기는 것은 물론 부모로부터 물려받은 기질도 있지만, 세상을 살아가며 답습하면서 형성됩니다. 부모님과 친구, 학교 등을 통해 우리가 보고 배우고 듣는 것들이 우리 안에 개념으로 자리 잡고 있는데, 예를 들어 설명해 보겠습니다.

흥부전에 보면 착한 흥부는 계속 놀부한테 핍박받지만 착하게 살아왔기 때문에 어느 날 제비가 박씨 하나 물어다 주어 흥하게 되고, 악한 놀부는 계속 부유했지만 악하게 살았기 때문에 제비가 물어다 주는 박으로 인해서 망한다는 거죠.

우리가 '선한 사람은 반드시 잘 살아야 되고 선한 사람은 반드시 흥해야 한다는 개념'을 가지고 있다면 우리 인생은 지옥으로 변하고 맙니다. 이런 개념 때문에 힘들어지는 겁니다. 이 세상을 살아가면서 우리는 선한 사람과 악한 사람을 만나게 되는데, 어떨 땐 선한 사람이 잘되기도 하지만 또 어떨 땐 악한 사람이 잘되거든요. 또 악한 사람이 나를 쓰러뜨리고 내 재산을 다 빼앗아가는 바람에 내가 정말 고통받는 상황에 처하기도 하죠.

그런데 우리의 개념이 '흥부와 놀부' 같은 개념으로 서 있다면 그 사람을 저주하게 되고, 이 세상이 무언가 잘못되어 있다는 생각에 가슴속에 부정적인 생각들이 가득 차게 돼서 인생을 완전히 망가뜨리게 되죠. 심지어는 그 사람을 살인하는 짓까지 저지르죠.

솔로몬이 이러한 것들을 연구한 겁니다.

"세상은 악인이 잘될 수도 있고 못될 수도 있고, 의인이 잘될 수도 있고 못될 수도 있는데 그런 것들은 다 헛되고 헛

된 것이다. 오직 하나님이 주시는 은혜 안에서 살 때 우리
는 기쁨과 행복함과 편안함을 누릴 수 있다."

전도서 8장은 이 얘기를 하는 것입니다. 우리가 환경의 영향
을 받기 시작하면, 그때부터 지옥이 되는 것이에요. 경제적으
로 육신적으로 환경의 영향을 받으면, 그때부턴 고민과 근심이
드러나게 되죠. 내가 잠시 동안 고통받는 것, 물질 때문에 힘
들어하는 것보다 내 인생, 내 영혼에 대해서 소중함을 느끼고
하나님이 나에게 새로운 영을 불어넣어 주신 것에 대해서 감사
하며 기뻐함을 누릴 때 우리는 환경에 영향받지 않습니다.

여러분이 예배를 드리기 전에 찬양을 할 때, 그 가사를 자세
히 들여다보세요. 그 가사 내용이 정말로 은혜롭다는 걸 알게
될 겁니다. 그 가사 그대로 나의 개념을 확 바꿔 놓는 건 어떨
까요?

우리의 개념이 권선징악에 서 있다면, 우리는 망합니다. 세
상은 그렇지 않거든요. 가진 자가, 권력을 누린 자가 더 많은
걸 갖게 되어 있죠. 물론 결국 그들도 비참한 최후를 맞이하게
되지만, 내가 선하다고 해서 잘되어야 된다는 개념이 서 있으
면 반드시 우리 인생에 문제가 생길 것입니다.

1 누가 지혜자와 같으며 누가 사물의 이치를 아는 자이냐
사람의 지혜는 그의 얼굴에 광채가 나게 하나니 그의 얼굴
의 사나운 것이 변하느니라

1절에 "누가 지혜자와 같으며 누가 사물의 이치를 아는 자
이냐?"라고 물어봅니다. 이는 지혜의 가치에 대해 이야기하는
것입니다. 그리고 "사람의 지혜는 그의 얼굴에 광채가 나게 하
나니 그의 얼굴의 사나운 것도 변하느니라."라는 것은, 지혜
로운 사람은 분노하지 않는다는 뜻이죠. 얼굴이 찌그러지지
않고 인상을 쓰지 않는다는 거예요.

내가 일을 당했을 때 내가 화를 낸다고 해서 문제가 해결되
는 건 아닙니다. 이 세상이 내 마음 먹은 대로 돌아가는 건 아
니잖아요. 그런데 순간적으로 감정에 얽매이고, 순간적으로
화난 감정을 내 얼굴에 그대로 드러낸다면 그것은 지혜자가 아
닙니다.

그보다는 조용히 내 마음속으로 현재 내 주변에 흘러가는
상황을 지켜보면서 이 세상의 이치를 이해하고 천천히 그 문제
를 해결하는 게 제일입니다. 지혜자는 어떤 상황에서든지 얼
굴에 평안함을 유지할 수 있어야 합니다. 지혜의 가치를 솔로
몬은 이렇게 가르치고 있습니다.

2 내가 권하노라 왕의 명령을 지키라 이미 하나님을 가리켜 맹세하였음이니라

이는 권세에 복종하라는 이야기입니다. 이 세상에는 교회에도 제도적인 조직을 통한 질서가 있고, 가정에도 위계질서라는 것이 있고, 회사도 사규라는 것이 있고, 우리나라에는 헌법이라는 게 있죠. 그 질서에 복종했을 때 질서가 지켜진다는 겁니다. 권력자가 아무리 악한 사람이라 할지라도 그 질서를 지키지 않으면 파탄 날 수밖에 없는 거죠.

회사가 파탄 나는 데는 두 가지 이유가 있어요. 먼저는 회사의 대표가 "나는 무조건 할 수 있어, 하면 된다."면서 일을 막 벌이는 경우이고, 두 번째는 질서가 깨지는 것입니다. R&D 파트, 마케팅 파트, 회계 파트, 기획 파트 등 자기가 맡아서 일해야 할 부서들이 있는데 기획부서가 R&D 하겠다고 하면 질서가 깨져서 망하겠죠.

우리가 아무리 윗사람이 부당하다 할지라도 질서나 조직을 지켜야 되는 이유입니다. 너만 깨지고 너만 억울한 것이 아니라 모든 게 다 깨져 버리기 때문이죠. 그곳에 모여 있는 그 한 공간 한 그 테두리 있는 모든 사람들이 피해를 입게 된다는 것입니다.

3 왕 앞에서 물러가기를 급하게 하지 말며 악한 것을 일삼
지 말라 왕은 자기가 하고자 하는 것을 다 행함이니라

내가 보기에 권력자가 좀 잘못됐다고 해서 다투지 말고, 성
급하게 화를 내면서 뛰쳐나오지 말라는 의미입니다. 예전엔
안 그랬는데, 요즘은 더욱 그런 것 같아요. 회사나 단체, 조직
이나 정부의 질서가 그런 것 같아요. 마음에 들지 않는다고 해
서 확 팽개쳐 버리고 나가 버리는 경향이 있잖아요. 내가 어떻
게 행동을 해야 이익이 올지 정말 신중하게 생각해 봐야 하는
데, 그렇지 않죠.

이에 대해 솔로몬이 자기가 경험한 것을 토대로 "참을 때는
참아야 된다. 권력자와는 다투지 말라." 하는 것을 얘기해 주
는 거예요.

솔로몬이 왕이니까 부하들을 부리고 지시를 했겠죠? 그러
면 부하들 중에 자기 의중을 잘 파악하지 못하고 자기에게 손
해가 난다거나 자기와 의견이 맞지 않는다 해서 왕에게 대들
고 나가 버린 신하들이 많았나 봐요. 솔로몬은 그 신하를 사랑
해서 그렇게 했던 건데, 그 신하는 오해를 해서 질서가 깨지는
사건들이 발생했던 것 같아요. 우리가 권력자 앞에 하는 행동
은 신중히 생각하고 행하는 것이 옳습니다.

4 왕의 말은 권능이 있나니 누가 그에게 이르기를 왕께서 무엇을 하시나이까 할 수 있으랴

헌법, 규례, 정관은 권능입니다. 이것은 반드시 지켜야 되는 것이죠. 예를 들어서 지금 대통령도 자신의 생각을 행사하는 것이 아니라 헌법을 행사하는 것이잖아요.

물론 그분이 정책을 수립해서 국회승인을 받아야 되는 건 사실이지만, 자기 맘대로 할 수 있는 건 아니란 말이죠. 대한민국은 법치국가이기 때문에 법 안에서 대통령의 권한을 행사는 겁니다. 결국은 누가 되었든 대한민국 헌법을 벗어날 수 없다는 겁니다.

사업도 마찬가지잖아요. 부하 직원들이 자기 멋대로 행동을 하고 움직인다면 그 회사는 곧 문 닫아야 되겠죠. 장로교에도 장로교 헌법이 있습니다. 장로교 목사들도 그 헌법 아래 있는 것이죠. 이렇듯 모든 조직 기관에는 법과 규칙이 있다는 것이에요.

그래서 헌법은, 그런 규칙은 능력이에요. 대한민국 사람이라면 아무도 대한민국 헌법을 벗어날 수 없지요. 이러한 능력을 인정했을 때, 그 조직이 커져 갈 수 있습니다.

5 명령을 지키는 자는 불행을 알지 못하리라 지혜자의 마음
은 때와 판단을 분별하나니

'헌법이나 그 위계질서를 지키는 자', 그 사람이 '지혜자'와
'지혜자의 마음'이라고 나와 있는 겁니다. 그러니까 명령을 지
키지 않으면 그 사람은 바로 그 순간 그 조직에서 나가야 하
죠. 그게 조직의 법이잖아요. 지혜로운 사람은 그 법에 순종하
고 규정을 지킨다는 겁니다.

정부도 그렇고, 회사도 그렇고, 교회도 그렇고, 가정도 마
찬가지입니다. 가정에서는 법을 써 놓은 것은 없지만 그래도
전통적인 것들이 있어서 살림하는 사람, 돈 버는 사람 등 여러
가지 역할 분담도 되어 있고 자녀와 아버지와의 관계 등 복잡
한 것들이 있지요.

그런데 그런 것을 가정에서 빼 버린다면 그 가정은 이미 파
탄 난 가정이라고 할 수 있겠죠. 그리고 그런 법을 지키지 않
는 사람은 아무리 가장이라 하더라도 그 가정에서 이탈될 수밖
에 없죠. 그러니 가정의 평화를 지키기 위해서 지켜야 하는 것
입니다.

교회에서는 교인들이 가지고 있는 개념의 문제가 있기도 합
니다. '나는 교회를 다니니까 병원도 안 간다. 내가 왜 가냐.

모든 질병이, 모든 문제가 하나님께 기도하면 모든 걸 해결할 수 있다.'라는 잘못된 신앙관을 가진 사람은 결국 20년 살 것을 10년밖에 못 살게 되는 경우가 많습니다. 우리가 하나님을 올바로 믿고 올바로 아는 게 정말 중요한 이유입니다.

6 **무슨 일에든지 때와 판단이 있으므로 사람에게 임하는 화가 심함이니라**

이 세상에는 '때'와 '시간'이 있다는 것입니다. 그런데 그걸 우리는 알지 못하기 때문에 우리에게 화가 올 수도 있다는 거예요.

나한테 어떤 것이 적용되면 해를 입을 수 있다, 많은 물질을 가지려면 무언가 있어야만 한다는 것은 틀린 말은 아닙니다. 그런데 100% 맞는 것도 아닙니다. 우리가 어떤 논리와 어떤 이론보다는 하나님의 섭리란 게 있고 영적 흐름이라는 게 있는 것이죠.

기업하는 사람들은 잘 알잖아요. 내가 열심히 노력을 해서 성공의 확신을 300% 갖고 있었음에도 쫄딱 망하는 경우도 있죠. 그래서 인생이 완전 바닥에 나앉아서 노숙자가 되어야 되는데, 또 갑자기 부흥하기 시작하는 때도 있습니다.

7 사람이 장래 일을 알지 못하나니 장래 일을 가르칠 자가 누구이랴 **8** 바람을 주장하여 바람을 움직이게 할 사람도 없고 죽는 날을 주장할 사람도 없으며 전쟁할 때를 모면할 사람도 없으니 악이 그의 주민들을 건져낼 수는 없느니라

여러분들은 경험을 안 해 보셨나요? 논리적인 것과 사회에서 답습된 개념으로만 살아간다면 우리 인생이 고달파질 것입니다. 우리 인생은 우리가 알지 못하는 하나님의 섭리 아래에 있습니다. 사람의 장래 일은 그 누구도 가르쳐 줄 사람이 없다는 겁니다. 내 미래에 대해서, 성도님의 미래에 대해서 그 누구도 '앞으로 어떻게 될 거예요.'라고 가르쳐 줄 수 있는 사람이 없습니다.

그러나 우리들은 세상을 잘못 살아가고 있습니다. 하다 하다 안 되면 점쟁이 찾아가서 내 미래가 어떤지 점치는 사람도 있죠. 그런데 그게 그대로 되나요? 교회에도 가끔씩 이상한 사람들이 보입니다. 그분들은 기도하면서 미래를 예언해 주지요. '목사님, 조금 있으면 이 교회가 사람들로 북적거려요. 지금 하나님이 그걸 보여 주셨어요.' 그래놓고 1년 후에 자기가 먼저 나가요.

분명한 건 성경을 통해서 하나님은 인간에게 그런 능력을

부여하지 않았다는 겁니다. 예언은 말씀이에요. 예언은 하나님의 일에 대해서 이야기하는 거지, 사람이 마치 점쟁이처럼 복받고 사업이 잘되는 것을 예언하는 건 아니에요.

물론 그 사람이 가지고 있는 기술이나 은사, 인격을 보면 지금 힘들지만 미래가 있다 정도는 지혜로운 사람이라면 알 수 있겠죠. 그렇지만 눈 감으면 하나님이 이렇게 다 보여 준다거나 하는 것은 없습니다. 안 믿는 사람들도 무당을 찾아가 굿을 하면 천만 원 한다는데, 그냥 돈만 날리는 것이죠. 여러분은 그런 것을 믿어서는 안 됩니다. 그런 것은 세상에 없다고, 성경은 이야기합니다.

9 내가 이 모든 것들을 보고 해 아래에서 행하는 모든 일을 마음에 두고 살핀즉 사람이 사람을 주장하여 해롭게 하는 때가 있도다

법과 규례, 정관 이런 것을 주관하는 사람들이 권력자이죠. 세상일은 대통령이 주관하고, 교회 일은 담임목사가 주관하고, 회사는 대표이사가 그 회사를 주관하죠.

솔로몬은 그런 권력을 가진 자들은 권력을 이용해서 다른 사람들에게 해를 입힌다고 말합니다. 당연하지 않나요? 제가

권력을 가지고 있으면 남보다 저를 먼저 생각하게 되어 있어요. 그러면 자신도 모르는 사이에 남한테 해를 입힌다는 것입니다. 하지만 그 해가 결국은 나에게 돌아옵니다.

솔로몬이 이렇게 말했다고 해서 여러분들이 "나는 그러지 말아야지."라고 다짐한다고 해서 그게 고쳐질까요? 그것은 불가능합니다. 권력이 크면 클수록 절대 권력일수록 절대 부정을 낳습니다. 아무리 선을 베풀려고 해도 우리가 선악과를 따먹은 이후로 사람의 마음은 자기 안위를 위하기 때문에 사람의 힘으로는 어쩔 수 없단 말이에요. 나한테 물질이 많아지고 권력이 많이 생기면 자기 자신도 모르게 다른 사람을 괴롭히는 일이 생길 수 있습니다.

10 그런 후에 내가 본즉 악인들은 장사지낸 바 되어 거룩한 곳을 떠나 그들이 그렇게 행한 성읍 안에서 잊어버린 바 되었으니 이것도 헛되도다

그렇게 권력자들이 자신의 욕심을 채우기 위해서 권력을 휘둘러서 범죄를 일으키기도 하죠. 대한민국 사람이면 알잖아요? 경제인이나 대통령 중에도 그렇게 자신의 욕심을 채웠던 사람이 있지만, 그럼에도 불구하고 그 사람들은 지금도 잘 먹

고 잘 살잖아요? 또 수천억 원이나 사기 쳤는데도 불구하고 몇 년 후에 감옥에서 나와서 잘 사는 사람도 있고요.

솔로몬은 악인들은 그렇게 살다가 결국은 죽어 거룩한 곳을 떠난다고 말합니다. 여기에서 '거룩한 곳'은 솔로몬이 살던 곳이 예루살렘이니까 예루살렘을 의미할 것입니다. 솔로몬이 그런 사람들 보니까 결국은 모두 다 세상을 떠났다는 거죠.

"그렇게 성 안에서 잊어버린 바 되었으니 이것도 헛되도다"

결국은 시간이 가면 그 사람들의 악행도 잊히는 거예요. 한때 우리 가슴에 살을 도려내는 듯한 아픔을 겪은 적이 몇 번 있잖아요. 국민들에게 큰 상처를 준 사건들이 있는데, 아직 치유되지 않고 있죠. 그런데 거기에 관련된 사람들과 사건들은 점점 잊혀 가고 있잖아요. 이 세상은 솔로몬이 봤을 때, 그렇게 잊혀 버린다는 것이에요. 그래서 이런 모든 것들이 헛되다는 겁니다.

그러니 우리가 생업이고 뭐고 다 포기하고 거기에 매달리는 것은 하지 말라는 거예요. 물론 내 현실에 충실하고 다시는 그런 일이 벌어지지 않도록 법을 고치고, 사람들을 교육시키고, 제도를 바꾸는 데에는 충실해야겠죠. 하지만 그런 것에 대해서 죽이니 살리니 해 봤자 악한 사람들은 결국 시간이 지나면 죽어서 잊히게 되고 결국은 헛된 것이 된다는 것입니다. 결국 그것들은 모두 우리 손을 떠난 것이니 그러지 말 것을 이야기하고 있습니다.

11 악한 일에 관한 징벌이 속히 실행되지 아니하므로 인생들이 악을 행하는 데에 마음이 담대하도다

우리나라는 실질적으로 사형제도 폐지 국가가 됐잖아요? 이렇게 법은 바뀌어 갑니다. 옛날에는 결혼하다가 바람을 피우면 유치장에 갔지만, 지금은 가지 않습니다. 그리고 옛날에는 어르신들이나 남자들이 여자들에게 잘했다고 토닥거려 주고 쓰다듬어 주었는데, 요새 그러면 유치장 가죠.

그러니까 세상이 이렇게 흘러가고 법이 바뀌지만, 악한 사람들에 대한 징계는 잘 이루어지지 않는다는 겁니다. 지금 아무리 어떻게 해 보려고 해도 죄에 대한 대가가 지불되지가 않잖아요? 광주민주화 운동의 대가는 누가 지불하나요? 세월호 사건의 대가는 누가 지불하나요? 이런 것 때문에 세상의 악이 더 강해진다는 겁니다.

인간은 저지른 죄에 대한 대가를 지불하게 하는 데 한계가 있습니다. 만일 성경의 구약시대처럼 눈은 눈으로 갚아야 되고, 팔은 팔로 갚아야 되고, 목숨은 목숨으로 갚아야 된다면 좀 덜하겠죠.

예전에 중국에 가 보니 공개적으로 사형을 시키더라고요. 한 30년 전쯤 중국에 갔는데, 제가 갈 때마다 죄인을 광장에 무릎 꿇게 한 다음 총살해 버리더라고요. 그렇게 형을 시키는 것을 보고 너무 잔혹해서 공산당 간부들한테 물어봤지요. "이건 너무 심한 것 아닙니까?" 그랬더니, 중국은 인구가 너무 많아서 돈 몇 백만 원만 줘도 살인한다면서 이렇게 공개 사형을 해도 통제가 안 된다고 이야기하는 게 아니겠어요? 이렇게 인명 경시가 이루어지는 거죠.

인간이 만드는 법은 제한적입니다. 그 법만 벗어나면 얼마든지 나가서 또 나쁜 짓을 할 수 있습니다. 그래서 솔로몬이 이를 지적한 겁니다. 인간들이 만들어 놓은 법의 한계 때문에 악인들에 대한 징벌이 속히 이루어지지 않아 그들이 더 담대해지고 더 나쁜 짓을 벌인다는 거예요.

코로나19 사태 때문에 이제 이단들에 대해서도 알게 되고 다단계같이 사람들이 모이는 곳에 대해서도 알게 되었습니다. 그런 단체에 속해 있는 사람들은 자신들의 생계가 여기에 달려 있고, 또 그동안 정당한 방법으로 돈을 벌어 보지 못해서 돈을 어떻게 버는지 모르니까 계속애서 남한테 해를 끼치고 계속 사회에 피해를 끼치면서 돈을 버는 것이죠.

그것을 정부에서는 막을 방법이 없고, 또 정부가 제재하는 규제가 약하니까 그들은 계속해서 끊임없이 그런 악행을 실행하고 있는 것이죠. 우리 인간 사회는 이런 모든 것들의 허점을 다 끌어안고 있다는 거예요.

그런 문제들에 내 마음을 빼앗기고 내 개념이 그런 악한 곳에 있으면 내 자신마저도 상처를 입고 문제가 생긴다고 전도서는 이야기합니다.

12 죄인은 백 번이나 악을 행하고도 장수하거니와 또한 내가 아노니 하나님을 경외하여 그를 경외하는 자들은 잘될 것이요 **13** 악인은 잘되지 못하며 장수하지 못하고 그 날이 그림자와 같으리니 이는 하나님을 경외하지 아니함이니라

솔로몬은 12절에서 선한 사람들한테 약간의 위로를 주고 있습니다. 죄인들은 이러한 세상의 허점을 이용해서 백번이고 천 번이고 계속해서 악을 행하고 잘 살고 있지만 하나님을 경외하는 사람, 선한 사람들은 하나님을 경외하기 때문에 잘될 것이라고 위로하고 있습니다.

악인들이 수천 번, 수만 번 잘되고 돈을 몇 십 조, 몇 백 조를 벌고 모든 권력을 다 쥐고 있으면서도 세상의 징계를 받지 않아도, 결국은 언젠가 목숨을 잃어버릴 것이라는 거죠. 그들은 하나님을 경외하지 않았기 때문에 반드시 하나님의 심판이 있다는 이야기입니다.

기독교는 예수를 믿지 않으면 지옥에 간다고 하죠. 교회에 나오면 여러분들의 개념이 조금씩 바뀌어요. 죄에 대한 개념도 바뀌고, 삶에 대한 개념도 바뀌어서 진정한 자유를 누릴 수 있습니다. 여태까지는 물질이나, 권력, 자녀가 잘되는 것, 타인으로부터 칭찬받는 것에서 기쁨을 얻었다면, 이제는 교회에 나와서 훈련받고 공부하고 배우다 보면 내 인생과 내 영혼의 대해서 감사하고, 교회 나와서 봉사하고 헌신하는 것에 대해서 감사하게 생각하게 되죠.

이 세상에서 주는 그 고마움, 감사함은 없어질 수도 있는 것들입니다. 물질은 없어지잖아요. 칭찬하던 친구가 갑자기 원수로 바뀔 수도 있습니다. 그런데 여러분이 교회를 사랑하고 이웃을 사랑하고 성도를 사랑하고 세상의 모든 사람들을 사랑하는 마음을 품는다면 그것은 누가 뺏어 갈 수 없습니다. 누가 뺏어 갈 수 없는 기쁨을 여러분들은 소유하는 거예요. 그게 바로 하나님을 경외하는 자들의 기쁨입니다. 우리가 육신적인 기쁨보다 하나님이 주시는 내적인 기쁨을 소중히 생각해야 하는 이유입니다.

14 세상에서 행해지는 헛된 일이 있나니 곧 악인들의 행위에 따라 벌을 받는 의인들도 있고 의인들의 행위에 따라 상을 받는 악인들도 있다는 것이라 내가 이르노니 이것도 헛되도다

이것이 우리들한테는 해결할 수 없는 문젯거리죠. 이 세상에서는 악인이 마치 의인인 것처럼 잘되잖아요. 분명 우리는 도덕, 윤리, 종교를 통해서 사람이 도를 닦고 선을 행해야지 잘되고 복을 받는다고 배웠지 않습니까? 심지어 이러한 기복신앙을 가르치는 교회도 있어요. 그런데 세상은 막상 그렇지 않잖아요?

성경에서는 악인들이 돈도 많이 벌고, 재물도 많이 쌓고, 권력도 갖는다고 말합니다. 물론 그들의 기쁨의 기준은 세상의 물질이니까 그렇죠.

그런데 또 반대로 의인들이 악인들처럼 고통과 고난 속에 살고 있는 것이 세상의 현실입니다. 정말 선하고 착하게 사는데 결국은 육신이 병들어서 여기저기 아프고 암에 걸려 죽는

성인도 있고, 또 세상을 위해서 봉사하고 헌신한 성도님들도 어느 날 병원에 갔더니 병원에서도 손쓰기 힘들게 된 경우도 있고, 또 착하게 살았는데도 쌀을 살 돈마저도 떨어져서 입에 풀칠할 것도 없는 사람이 있습니다.

이런 고난은 악인들한테만 오는 것이 아닙니다. 우리들이 그동안 답습해 왔던 그 개념은 틀렸다는 것을 이야기합니다. 착하게 살아서 복을 받는 경우도 있지만 괴로움을 당하는 것도 있고, 악하게 살면 죄와 벌을 받아야 되는데 죄도 안 받고 벌도 안 받고 떳떳하게 벤츠 몰고 예쁜 여자 옆에 끼고 신나게 사는 사람도 있습니다. 이렇듯 세상은 요지경이지요.

15 이에 내가 희락을 찬양하노니 이는 사람이 먹고 마시고 즐거워하는 것보다 더 나은 것이 해 아래에는 없음이라 하나님이 사람을 해 아래에서 살게 하신 날 동안 수고하는 일 중에 그러한 일이 그와 함께 있을 것이니라

가장 중요한 게 바로 15절입니다. '내가 희락을 찬양하노니'라는 구절은 여러분들이 하나님을 믿음으로 하나님이 여러분들한테 주는 평강, 하나님이 주시는 은혜를 찬양한다는 걸 의미합니다.

세상은 벌인 것만큼 고난이 올 때가 있어요. 그러나 내가 감당할 만큼의 큰 고난이 닥쳐요. 그건 누구와도 상의할 수 없고 스스로 해결해야 하죠. 어느 날 금융기관에서 빌린 돈을 당장 상환하라고 하면 어디 가서 돈을 갈취할 수도 없는데, 상환이 안 되면 신용불량이 되기 때문에 다니던 직장마저도 쫓겨나게 돼요. 우리나라는 신용 사회이기 때문에 신용을 잃어버리면 아무것도 할 수 없죠. 그런 이야기를 들으면 목사인 제 가슴이 아파요.

그러나 믿는 사람들은 그런 심각한 상황 속에서도 혼자 끙끙 앓다가 해결되면 고백하게 되죠. '하나님이 해결해 주시려면 일찍 해결해 주시지, 왜 당일이 되니까 해결해 주시는지….' 이런 말이 나오기도 해요.

하지만 "하나님께 참으로 감사하다."라고 말하는 것이 믿는 사람의 특징입니다. 여러분들이 신앙생활을 하면서 하나님의 은혜 속에 사는 감사함을 느낄 때, 어떤 일이 일어나더라도 조금은 두렵겠지만 죽을 만큼 두렵진 않게 됩니다. "내가 열심히 하면 하나님이 해결해 주실 거야. 내가 해 봤자 죽기뿐이 더하겠냐. 죽으면 내가 천국에 가는데!"

그러나 우리가 분명히 해결된다는 기쁨의 확신이 없으면 우울증이 오고, 다음에 조울증이 오고, 그다음에 심각한 육신적인 질병이 따라오게 되죠. 그래서 솔로몬이 이렇게 고백하는 겁니다.

"세상에 이런 고통도 있고, 저런 고통도 있다. 선하게 살아도 고통이 있고, 악하게 살아도 고통이 있고, 선하게 살아도 부할 때가 있고, 악하게 살아도 부할 때가 있다. 우리가 이해할 수 없는 이 세상은 하나님 섭리로 돌아간다. 그래서 연구하고 사람들을 지켜본 결과, 물질과 사랑과 권력의 소유 여부와 관계없이 가장 좋은 것이 바로 하나님께로부터 은혜를 받는 것이다. 그로 인해 내 안에 기쁨이 있고 하나님의 은혜 때문에 내 안에 감사가 있을 때야말로 세상에서 가장 행복한 것이다."

세상이 주는 기쁨은 바로 내일 아침에 사라질 수 있어요. 세상이 여러분에게 돈을 준다면, 그 돈이 내일 당장 사라질 수도 있습니다. 세상이 여러분에게 건강을 준다 하더라도 그 건강이 내일 사라질 수도 있습니다. 이 세상은 내일 당장 어떻게 될지 모릅니다. 그런데 왜 천년만년 살 것처럼 행동하시나요? 우리가 세상에서 답습된 개념을 가지고 살 때는 고통과 근심이 끊이지가 않습니다.

우리는 죽은 자의 모습을 바라보면서 나도 역시 죽을 수밖에 없다는 것을 깨닫고, 힘들고 어렵지만 기쁨과 감사함으로 살아야 합니다. 나보다 힘든 이웃을 위해서 봉사하고 헌신하는 삶, 그게 바로 크리스천의 삶인 것이죠. 그것 외에는 이 세상에서 우리가 진정으로 누릴 수 있는 기쁨은 없다고 솔로몬은 이야기합니다. 여러분 모두가 이러한 기쁨을 누릴 수 있기를 원합니다.

16 내가 마음을 다하여 지혜를 알고자 하며 세상에서 행해지는 일을 보았는데 밤낮으로 자지 못하는 자도 있도다

이는 철학자들과 심리학자들에 대해서 이야기하는 것입니다. '인간이 어떻게 하면 죄를 짓지 않고 행복하게 살 수 있을까?'를 연구하는 사람들이 철학자, 심리학자예요. 잠도 자지 않으면서 이 세상의 문제들을 해결하기 위해서 노력하는 사람들이 있다는 것이죠.

솔로몬이 자기 옆의 신하들, 국민들을 보니까 하나님을 믿는 사람도 있지만, 반대로 세상을 어떻게든 자신의 지혜와 능력으로 범죄 없는 세상, 행복한 세상을 만들려고, 세상의 이치를 깨닫기 위해 밤낮 가리지 않고 노력하는 사람들이 있다는

것입니다.

이렇듯 이상주의자, 철학자들이 시대에 따라 등장하지만 사실상 해결되는 문제는 하나도 없습니다.

17 또 내가 하나님의 모든 행사를 살펴보니 해 아래에서 행해지는 일을 사람이 능히 알아낼 수 없도다 사람이 아무리 애써 알아보려고 할지라도 능히 알지 못하나니 비록 지혜자가 아노라 할지라도 능히 알아내지 못하리로다

솔로몬이 내린 결론입니다. 이 세상의 모든 일들과 하나님의 모든 행사를 살펴보니, 이 세상은 하나님의 섭리로 다 돌아간다는 것이에요. 그래서 앞으로 일어날 일에 대해서는 그 어떤 사람이 노력해도 알 수 없다는 거죠.

물론 과학이 발달되다 보니, 어느 정도 예측은 할 수 있겠죠. 그렇지만 그것이 그렇게 맞아떨어지진 않잖아요. 호주에서 대형 산불 문제가 일어나고, 미국에서 얼마 전에 영상 10도여야 하는데 영하 20도로 떨어지는 등 지구상에 온갖 기후 변화가 일어나고 있죠. 결국 과학이 아무리 발달되고 사람이 온갖 노력을 해도 이런 모든 일들을 알 방법이 없다는 거예요.

그래서 솔로몬은 이 세상은 하나님의 섭리대로 돌아가기 때

문에 우리가 그런 데에 신경 쓰는 것보다는 하나님을 경외하고 믿고, 하나님과 기도하고 교제하면서 내 마음의 중심을 잡고, 이웃에게 사랑을 베풀고, 세상에 소외된 자들을 위해서 봉사하고 헌신하는 것이 참된 인생의 길이라고 이야기하고 있습니다.

우리가 이 말씀대로 이 세상을 살아갈 수 있기를 기원합니다. 기도하겠습니다.

전도서 9장 • • •

전도서의 본론

슬슬 전도서 9장에 와서 결론을 내기 시작합니다. 전도서가 '이 세상이 헛되고 헛되도다. 이 세상에 있는 것은 모든 것이 헛되고 헛되도다.'라고 하니까 사람들이 오해하기 쉽죠. 세세상의 모든 것이 헛되다면 허무주의 아닐까 오해하기 쉬워요. 그러나 전도서의 뜻은 정반대입니다. 전도서는 우리들에게 소망을 주는 책입니다.

솔로몬이 8장에서부터 슬슬 그 뜻을 드러내기 시작합니다. 이 세상에 악인은 반드시 멸망해야 되고 선한 사람은 반드시 잘돼야 되는데 그렇지 못한 경우가 있다는 거예요. 저 역시도 어렸을 적에 항상 배웠던 것이 권선징악이었기 때문에 선한 사람은 무조건 잘되어야 한다고 배웠는데, 세상을 돌아보면 악한 사람이 오히려 더 잘되고 기독교인보다는 불교인이 더 부자가 많더라고요. '이거 뭔가 잘못된 거 아닌가?' 하는 생각을 한 적도 있어요.

솔로몬이 이런 고뇌에 있다가 깨닫게 됩니다. 모든 것들은 있다가도 없어지고, 없다가도 생겨나는데, 이런 일을 사람의 능력으로는 감히 알 수도 없고 판단할 수도 없다는 것을 말이죠. 그래서 이 세상의 모든 것이 다 헛되고 헛되지만, 하나님의 은혜 안에서 우리가 감사하고 기뻐하는 것은 없어지지 않고 그것은 헛된 것이 아니라면서 9장에 솔로몬이 결론으로 들어가기 시작하는 거예요.

우리 믿는 사람들에게는 소망이 있고, 세상 것을 너무 좋아하지 말며, 세상 것을 너무 그렇게 심각하게 받아들이지 말라면서 다시 한 번 지혜에 대해서 이야기하고 있습니다.

1이 모든 것을 내가 마음에 두고 이 모든 것을 살펴본즉 의인들이나 지혜자들이나 그들의 행위나 모두 다 하나님의 손안에 있으니 사랑을 받을는지 미움을 받을지 사람이 알지 못하는 것은 모두 그들의 미래의 일들임이니라

9장 1절에 제목을 붙인다면 '모두 다 하나님의 손 안에 있다'는 것입니다. 하나님의 신학적인 용어로 표현한다면 '하나님의 주권'을 이야기하는 거죠.

국가가 있으려면 세 가지 조건이 필요합니다. 가장 먼저 땅, 영토가 있어야죠. 그다음 국민이 있어야겠죠. 그리고 주권이 있어야 합니다. 이 셋 중에 하나만 없어도 나라가 아닌 거예요.

교회도 마찬가지로 세 가지 조건이 필요합니다. 성찬이 있고, 예배가 있고, 세례가 있어야 합니다. 셋 중에 하나만 없어도 교회라고 인정받을 수 없습니다.

여기서 가장 중요한 게 '주권'입니다. 대한민국의 주권을 빼앗기면, 대한민국이라는 나라의 이름이 있어도 대한민국이라고 할 수 없죠. 우리나라는 한때 일제강점기를 겪었습니다. 그때 우리나라에 주권이 없었지 않습니까? 그래서 일본 사람들이 한국 사람들을 마음대로 유린했죠. 주권이 없어지면 그렇게 되는 것입니다.

그 주권은 어디에서 나옵니까? 바로 힘이죠. 원칙이고 법입니다. 대한민국에는 헌법이 있고, 그 헌법에 의해서 외교도 있는 것이죠. 그렇듯이 우리 교회도 하나님 나라예요. 교회에 있는 모든 성도들은 다 하나님 나라의, 하나님의 백성이죠. 그래서 하나님의 주권이 있는 것입니다. 우리가 그 하나님의 주권 아래 있을 때 우리는 하나님의 백성이라고 할 수 있죠.

"이 모든 것을 내가 마음에 두고"

'이 모든 것'은 1장부터 8장까지 솔로몬이 연구하고, 이 세상 돌아가는 이치를 살펴보고 마음에 두다 보니 의인이나 지혜자들이나 지혜자들의 행위나, 그들의 삶도 다 하나님의 손안에 있더라는 것입니다. 우리는 '우연'이나 '행운'이란 말을 가끔 써요. 기독교인들도 무의식중에 이렇게 툭 튀어나오죠. 학교 다닐 때 답습되고, 세상을 살면서 답습되기 때문에 그렇습니다.

그러나 이 세상에는 절대 우연이나 행운이 없습니다. 다 하나님의 섭리 아래 있는 거예요. 제가 관악구에서 교회를 개척했으니 우연히 여러분을 만났다? 그런 것은 없습니다. 하나님의 섭리 아래 하나님께서 저와 여러분을 만나게 해 주신 것이죠.

"사랑을 받을는지 미움을 받을는지 사람이 알지 못하는 것
은 모두 그들의 미래의 일들임이니라"

아무리 이 세상에서 똑똑하고, 지혜로운 사람이라도 미래는 알 수 없습니다. 전부 다 하나님께서 계획하신 섭리대로 이루어져 가는 거죠.

살다 보면 어느 날 나와 가까운 사람이 뒤통수를 세게 후려치고 원수가 되기도 하고, 반면에 내가 절대로 사랑할 수 없는 사람이라고 단정했던 사람과 어느 날 깊은 교제에 빠지는 경험을 하지 않습니까? 이런 것을 우리가 알 수 있을까요?

우리는 감각적이기 때문에 알 수 없습니다. 우리는 하나님의 주권 아래에서 육신을 입은 연약한 자라서, 우리의 미래에 대해서 알지 못합니다. 여러분이 미래에 대해서 잘 알지 못하니까 사람을 소홀히 하면 안 돼요.

우리 눈에는 보잘것없어 보이는 사람에게도, 하나님께서는 바다와 같이 넓고 산과 같이 흔들림이 없는 믿음을 주시기도 하거든요. 사람의 생각과 하나님의 생각은 다릅니다. 사람의 능력은 감각에 의존해서 잘 모르는 것입니다. 그러니까 우리들은 외적인 것을 보아서는 안 되는 것이죠. 우리는 미래를 알 수 없기 때문입니다.

한 30년 전, 제가 사업을 하고 완전히 빚더미에 올라앉아 몇 억의 큰 빚을 졌죠. 회사는 도저히 앞날이 보이지 않아서 영동 아파트 5층에 월세로 들어갔는데, 그 5층 아파트에서 연탄을 때느라 연탄가스를 두 번인가 마신 적이 있어요. 그래도 신앙생활을 열심히 했습니다. 하지만 하나님이 복 주신다는 것에 대해선 생각해 본 적도 없고, 사업을 하다 보니까 교만해서 목사님 말도 잘 안 듣고 그냥 내 멋대로 신앙생활을 열심히 했던 것이죠.

그런데 어느 날 절뚝거리는 사람이 사무실로 들어오는 거예요. '가뜩이나 회사가 안 돼서 죽겠는데 왜 또 구걸하러 오나?'

라고 생각했죠. 그런데 지하 다방에 가서 얘기 좀 하자 그러더라고요. 그래서 지하에 내려갔는데, 그분이 금성사에 국제전자라고 코드를 납품하는 거예요.

TV에 들어가는 코드를 납품하는 회사인데, 금성사가 유럽으로 월 몇 십만 대 TV 계약을 해서 수출하기로 되어 있는데 물건을 지금 만들어 놓고 수출이 안 된대요. 각국에 EMIT 제도가 있어서 전자파 규제를 하는데, 딱 하나 코드 안에 노이즈 필터를 못 만드는 바람에 납품을 못 한다는 거예요.

그런데 제품을 주면서 우리에게 그것을 만들 수 있냐고 물어보더라고요. 그 필터는 전자제품에 들어가는 거의 산화철이거든요. 산화철을 잘 배합하고 가공해서 전자업체에 납품하는 거지요. 그 전자제품에 들어가는 니켈, 구리, 망간들이 다 산화된 철의 불순물을 제거하고 용광로에 부어서 제품을 만드는 건데, 그런 배합은 한 번도 본 적이 없었어요.

그렇지만 제가 어떻게 하다가 그것을 만들게 되었어요. 그렇게 일이 풀리는 바람에 몇 억이나 되는 빚도 다 탕감하고, 갑자기 회사가 부흥하기 시작했거든요. 우리의 눈으로 볼 때는 그 사람이 정말 보잘것없어 보이는데도 우리 회사를 구원할 수 있는 열쇠를 주더라는 거예요.

그러니 여러분은 그 누구도 소홀히 하지 마세요! 주변에 있는 그 남루하고 허름하고, 심지어는 지나가는 노숙자를 할지라도 여러분들이 소홀히 해서는 안 돼요. 그 사람들 안에는 하나님이 창조한 영혼이 있기 때문이죠. 영혼을 불쌍히 여기고 사랑하는 마음을 품어야 합니다. 그때 여러분들에게는 하나님의 축복이 임할 것입니다.

전도서에는 놀라운 비밀들이 많이 담겨 있습니다. 전도서가 여러분들에게 하나님을 신뢰하고 경외하면서 세상에서 사람들을 끌어안을 수 있는 지혜서가 됐으면 합니다. 이것이 바로 하나님께서 솔로몬을 통해서 전도서를 만든 목적입니다.

2 모든 사람에게 임하는 그 모든 것이 일반이라 의인과 악인, 선한 자와 깨끗한 자와 깨끗하지 아니한 자, 제사를 드리는 자와 제사를 드리지 아니하는 자에게 일어나는 일들이 모두 일반이니 선인과 죄인, 맹세하는 자와 맹세하기를 무서워하는 자가 일반이로다

'모든 사람에게 임하는 그 모든 것이 일반이라'는 것은 선한 사람이나 악한 사람이나, 교회를 다니나 안 다니나 하나님께서 우리에게 주시는 모든 혜택은 다 똑같음을 의미합니다. 하나님의 섭리는 믿든 안 믿든 감옥에 있는 죄수나 여기 있는 사

람이나 다 똑같은 혜택을 하나님은 주신다고 해요. 그래서 이걸 '일반 은총'이라고 합니다.

자연적으로 일어나는 모든 섭리, 예를 들어 내가 열심히 노력하면 얻어지는 것, 열심히 공부하면 등수가 올라가는 것을 '일반 섭리'라고 합니다. 이것은 믿든 안 믿든 그렇게 되도록 하나님이 세상과 사람을 만든 것입니다. 세상에는 이러한 일반적인 하나님의 섭리가 작동한다는 거예요.

신약성경에도 모든 사람에게 비를 주신다 하지요. 그러나 기독교인들이나 목사들도 가끔 실수를 합니다. 예를 들어서, 내일 교회에서 체육대회를 여는데 오늘 비가 많이 오는 거예요. 그래서 자신들이 밤새 기도했더니, 그다음 날 비가 그쳤다는 것이죠.

이런 것은 성경에 100% 위배되는 것입니다. 하나님이 비를 주시는 것은 오로지 믿는 사람을 위해서 주는 것이 아니거든요. 죄인이건, 착한 사람이건 이 세상 사람 모두를 가리지 않고 주시는 것이지, 믿는 사람에게만 비를 내려 준다고 착각하시면 신앙이 대단히 잘못된 것입니다.

이 세상은 기독교인들이 오해하는 것처럼 믿는 사람만을 위해서 만들었다거나 오직 믿는 사람에게만 혜택을 주지 않는다는 거예요. 다만 여러분들과 저에게는 '특별 은총'이라는 것이 있어요. 예수를 믿는 마음, 이웃을 사랑하는 마음은 특별히 우리들한테 주신 마음이에요. 만약 여러분들이 예수를 믿지 않고 사랑하지 않으면 그 은총을 거부하는 거죠.

　모든 것이 다 하나님의 섭리 아래 있고, 모든 것이 다 똑같습니다. 하지만 분명한 건 '나쁜 놈과 착한 놈'이라는 경계가 있다는 거예요.

　"의인과 악인, 선한 자와 깨끗한 자와 깨끗하지 아니한 자,
　제사를 드리는 자와 제사를 드리지 아니하는 자에게 일어
　나는 일들이 모두 일반이니 선인과 죄인, 맹세하는 자와
　맹세하기를 무서워하는 자가 일반이로다"

　예수를 믿으면 기독교인, 믿지 않으면 기독교인이 아닌 것처럼 선과 악에 대한 경계는 있습니다. 다만 경계가 있을 뿐이지 하나님이 그 경계 너머 착한 사람에겐 복을 주시고 악인에게는 벌을 주시는 건 없다는 것이죠.

　그리고 맨 마지막에 '맹세하는 자와 맹세하기를 무서워하는 자'라는 구절도 여러분 가슴에 새겨야 합니다. 하나님은 절대 여러분들 보고 맹세하지 말라고 하셨어요. 하나님을 두고서나, 땅을 두거나, 하늘을 두고서 맹세하지 말라고 하셨지요.

약속은 정말 중요한 것입니다.

특히, 하나님과 우리의 약속은 매우 중요합니다. 그리고 우리 교회 안에서의 약속이나 사람끼리 한 약속도 하나님 앞에 맹세하는 것과 똑같다는 거예요.

약속을 남발하는 사람은 그 사람은 가벼운 사람입니다. 생각을 깊게 안 하는 것이죠. 하나님 말씀에 대해서, 진리에 대해서, 그리고 세상의 이치에 대해서 잘 모르는 사람은 그냥 말이 나오는 대로 내뱉어 버린다는 것입니다. 그래서 여러분들은 절대 가능한 한 약속은 하지 마세요. 약속을 하시려면 문서로 만들어 주세요. 책임을 반드시 져야 하는 거죠.

결국 솔로몬은 약속을 잘하는 사람과 맹세하는 사람은 죄인으로 표현하고, 맹세를 무서워하는 자, 약속을 무서워하는 자를 선한 사람, 즉 믿는 사람으로 표현합니다. 그만큼 하나님께서는 우리에게 약속의 중요성에 대해서 항상 말씀하고 계십니다.

3 모든 사람의 결국은 일반이라 이것은 해 아래에서 행해지는 모든 일 중의 악한 것이니 곧 인생의 마음에는 악이 가득하여 그들의 평생에 미친 마음을 품고 있다가 후에는 죽은 자들에게로 돌아가는 것이라

사람은 악을 품고 악을 간직한 채 죽는다는 것입니다. 우리는 내일 죽을지 오늘 죽을지 몰라요. 그런데 우리가 두려워해야하는 것은 계속 악을 쌓고 있다는 거예요. 죽을 때 가족이나 재산은 갖고 갈 수 없지만 마음속으로 쌓은, 내 행실로 쌓은 죄는 죽을 때 갖고 들어가야 됩니다. 여러분은 그것이 무섭지 않나요?

이런 것을 깨닫는다면 우리는 자신의 행실을 가다듬겠죠. 어떤 악한 행동을 할 수가 없는 것이죠. 그런데 솔로몬이 살펴보니 '악인들이 계속해서 악행을 저지르고, 세상이 악행에 대해서 너무 관대하다 보니까 사람들이 더 심한 악행을 저지르더라. 결국은 죄를 끝까지 가지고 죽더라.'는 것입니다.

우리가 살아 있을 동안에 저지르는 것들을 결국은 죽을 때 가지고 올라간다는 것을 모르니까 매일같이 큰 범죄가 매스컴에 등장하는 것이겠죠.

4 모든 산 자들 중에 들어 있는 자에게는 누구나 소망이 있음은 산 개가 죽은 사자보다 낫기 때문이니라

4절에 '산 개와 죽은 사자'는 비유를 한 것입니다. 보통 유대인들은 세상에서 가장 쓰레기 같은 인간들을 '개'라고 합니다.

그래서 사마리아인들을 개 취급했지요. 반면에 사자는 용맹스러움의 상징이기 때문에 유럽의 왕들은 깃발에 사자를 그려 넣었죠.

4절은 정말 비참하고 쓰레기 같은 인간이라도 살아 있는 것이 죽은 자보다 낫다고 이야기합니다. 이는 죽은 사람은 많은 죄를 짓고 무덤 속에 갇혀 있으면서 그 죄를 해결할 수 없기 때문입니다.

그런데 살아 있는 자들에게는 소망이 있습니다. 본인이 지은 죄를 회개할 수 있고, 내가 지은 죄를 씻기 위해서 남의 이웃을 도와주고, 고행을 하고, 맨날 눈물로 회개하고 사죄하며 살아갈 수 있기 때문입니다.

권력이나 돈에 취해서 자신만을 위해서 사는 것에만 목적을 두면 죄악이 늘어나지만, 살아 있는 것 자체는 자기 자신을 돌아보면서 이웃에게 어떤 마음을 품고 있는지 생각해 보고, 자신의 죄에 대해 회개하는 마음을 가질 때 산 자가 죽은 대통령보다, 죽은 어떤 위대한 왕보다 나을 수 있다는 것이죠.

저와 여러분은 지금 눈을 뜨고 숨을 쉬고 있지 않습니까? 이렇게 우리가 살아 있을 때, 천천히 조용하게 묵상하며 우리가 제대로 된 삶을 살아왔는지 뒤돌아보면서 소망을 가져야 합니다.

5 산 자들은 죽을 줄을 알되 죽은 자들은 아무것도 모르며 그들이 다시는 상을 받지 못하는 것은 그들의 이름이 잊어 버린 바 됨이니라

5절도 같은 의미입니다. 죽으면 아무것도 할 수 없어요. 살아 있으면 내가 예수님을 믿을 수도 있고, 해결할 수 있고, 봉사할 수도 있습니다.

신약성경에 '부자와 나사로' 이야기가 나와요. 부잣집 문 앞에 나사로라는 거지가 살고 있었는데, 그가 밥을 얻어먹으려 합니다. 그러자 부자가 밥도 안 주고 쫓아내는 거예요. 그때 부잣집 개가 와서 나사로의 상처를 핥아 줍니다. 그 부자는 개만도 못한 인간이죠.

그러다가 부자와 나사로가 죽어서 천당과 지옥을 갔습니다. 나사로는 천국에 가서 아브라함 품에서 행복하게 살고, 그 부자는 고통스럽게 지옥에서 살게 되니까 그 부자가 아브라함한 테 이렇게 말합니다. "날 나사로와 어떻게 좀 구원할 끈을 찾게 해 주세요." 그러자 아브라함이 "여기는 칸이 막혀 있어서 천국과 지옥은 왔다 갔다 못한다."고 하죠.

이에 부자가 "그러면 내 아들이라도 지옥으로 오지 않게 나사로를 내려보내서 구원해 주세요." 하자, 아브라함은 "이 세

상에 너희들한테 전할 수 있는 방법과 수단이 있었고 이미 다 사용했지만 너희들이 그것을 듣지 않고 수용하지 않았다. 그러니 나사로가 간다 해도 들을 사람은 듣고 안 들을 사람은 안 듣는다."고 답합니다.

솔로몬에게는 정말 지혜가 있었던 것 같아요. 신약에 나오는 예수님이 한 그 말을 이해하고 있었던 거죠. 예수님이 이것을 예화로 들어서 사람이 죽으면 이런 식으로 된다고 비유하여 설명한 것이죠. 죽으면 여러분들의 영혼은 살아 있지만, 내가 다시 세상에 내려가서 착한 일을 하고 살다가 다시 올 수는 없다는 겁니다.

6 그들의 사랑과 미움과 시기도 없어진 지 오래이니 해 아래에서 행하는 모든 일 중에서 그들에게 돌아갈 몫은 영원히 없느니라 **9**네 헛된 평생의 모든 날 곧 하나님이 해 아래에서 네게 주신 모든 헛된 날에 네가 사랑하는 아내와 함께 즐겁게 살지어다 그것이 네가 평생에 해 아래에서 수고하고 얻은 네 몫이니라

6절은 죽으면 이미 끝난다는 거죠. 우리 인생이 죽으면 셈, 즉 계산만 남아 있는 겁니다. 우리가 죽으면 하나님 앞에 나가

서 그동안 살아왔던 삶에 대해서 계산해야만 하는 것이죠. 다시 인간으로 되돌아갈 순 없잖아요.

9절에 "네가 평생에 해 아래에서 수고하고 얻은 네 몫이니라"는 것은 우리의 몫이 있다는 것을 의미합니다. 사람들이 솔로몬이 '헛되고, 헛되다'라고 말한 이야기를 듣다 보면 '그럼 난 평생 즐기지도 못하고 그냥 계속 봉사만 해야 되고, 계속 내가 남을 도와야 되고 그러다가 지쳐서 죽어야 되는 거 아냐?'라고 오해할 수 있어요.

하지만 그렇지 않습니다. 전부 하나님께서 허락하신 여러분이 수고해서 얻은 여러분의 몫이 있다는 거예요.

7 너는 가서 기쁨으로 네 음식물을 먹고 즐거운 마음으로 네 포도주를 마실지어다 이는 하나님이 네가 하는 일들을 벌써 기쁘게 받으셨음이니라

이는 음식도 먹고 술도 조금은 마셔도 된다는 이야기입니다. 술에 취해 주정부리는 것은 안 되지만, 반주를 마시는 건 상관이 없다는 얘기죠. 여기에서 음식과 술에 대한 얘기는 자신이 열심히 노력해서 번 돈에 대한 대가를 말하는 겁니다. 여러분이 일하고 번 돈에 대한 대가로 맛있는 음식을 사 먹고,

약간의 유흥을 즐기는 것, 여행을 다니는 것 등은 다 하나님이
허락한 거라는 이야기입니다.

그러니까 여러분이 사기 치고 남을 갈취하고, 도둑질해서
뺏은 물질은 사용하면 사용할수록 죄가 되는 것이지만 여러분
이 땀 흘리고 노력해서 얻은 물질을 가지고 먹고 마시는 거에
대해선 하나님이 허락하셨다는 거예요.

8 네 의복을 항상 희게 하며 네 머리에 향 기름을 그치지 아
   니하도록 할지니라

첫 번째는 하나님이 음식을 주셨다고 얘기했는데, 두 번째
는 우리의 의복에 대해서 이야기합니다. 그러니까 우리가 옷
에 너무 많은 돈을 투자해서 경제가 무너질 정도가 아니라면
괜찮다는 것이죠.

흰옷이라고 표현한 것은 순결을 나타냅니다. 냄새 배든 뭐
가 묻든 상관없이 막 돌아다니는 것이 아니라, 깨끗하게 세탁
도 하고 옷의 가격에 가치를 두지 않고 열심히 번 돈으로 옷을
사 입는 것에 대해서 하나님이 허락하셨다는 것입니다.

9 네 헛된 평생의 모든 날 곧 하나님이 해 아래에서 네게 주신 모든 헛된 날에 네가 사랑하는 아내와 함께 즐겁게 살지어다 그것이 네가 평생에 해 아래에서 수고하고 얻은 네 몫이니라

이는 가족 관계를 의미합니다. 아내와 함께 행복하고 즐겁게 사는 것이 헛된 것이 아니라, 하나님이 우리에게 허락한 것이라는 거죠. 기독교의 가정관은 어떤 걸까요? 우리는 서로를 영혼으로 봅니다. 하나님이 나에게 붙여 준 소중한 파트너가 아내인 것이죠. 여자들에게는 남편일 수도 있고, 자녀들도 영혼인 것입니다. 내 것이 아닌 것이죠.

'내 와이프니까 내 것이야. 내 남편이니까 내 거예요.'라는 생각을 하면서부터 죄를 짓기 시작합니다. 회사 갔다 와서 피곤하니까 내 아내는 내 마음대로 해도 된다는 생각으로 누워서 "야, 담배!", "야, 재떨이!"라고 말하고 요구하면 당장 쫓겨나죠. 하나님이 주신 소중한 파트너가 아니라 내 것이라고 생각하니까 이렇게 행동하는 겁니다.

자녀들도 마찬가지예요. 자녀는 하나님이 나에게 맡기신 소중한 영혼입니다. 그래서 부모에게는 자녀가 장성할 때까지만 자녀를 양육할 의무가 있는 거고, 자녀가 장성해서 곁을 떠날

때부터는 자녀와 하나님이 일대일 관계가 되죠. 이게 바로 기독교 가정관입니다.

자녀가 장성한 이후에 부모님을 떠나면 하나님과 둘이서 알아서 이 세상을 살아가야지, 부모님과 상의하면 가정이 깨져요. 자녀가 결혼했는데도 부모가 간섭하면 그 가정은 깨집니다. 그래서 자녀 가정이 죽이 되든 밥이 되든 하나님과 교제하면서 서로 싸우거나 양보하며 살아야지, 부모가 '네가 잘했니, 못했니' 말하는 순간에 그 가정이 깨진다는 거예요.

이게 기독교의 가정관입니다. 그래서 전도서 말씀에는 부부 관계만 나와 있지, 자녀 관계에 대해서는 이야기하고 있지 않습니다.

10 네 손이 일을 얻는 대로 힘을 다하여 할지어다 네가 장차 들어갈 스올에는 일도 없고 계획도 없고 지식도 없고 지혜도 없음이니라

솔로몬이 이야기하는 것은 '우리의 모든 게 허무한 것이 아니라, 이 세상에는 하나님이 우리에게 주신 몫이 있다'는 것입니다. 즉 부부지간에 사랑스런 관계를 유지하고, 먹고, 자고, 입고, 여행도 가고 약간의 음주도 즐기라는 것이죠. 이런 보편

적인 것이 하나님께서 우리에게 주신 권리라는 것입니다. 이를 오해하는 바람에 '난 가정이고 나발이고 몰라, 교회에 와서 살 거야.'라고 해서 진짜 풍비박산 난 가정들이 있어요. 잘못된 믿음이죠.

하나님은 가정을 굉장히 존중합니다. 가정을 주신 목적이 있는 거예요. 그러니 여러분들이 가정을 소중히 할 줄 알아야 합니다.

그리고 예수님께서 성경에 굉장히 무섭게 한 말들이 있는데, 그중 하나가 교회를 핑계 삼아서 부모한테 드릴 용돈을 안 주면 아주 나쁜 XX라고 했습니다. 옛날에 유대인들이 그랬나 봐요. 신본주의이니까 모든 걸 하나님께 다 드렸거든요. 그런데 부모가 밉고 싫으니까 모든 것을 하나님께만 드리고 부모는 굶어 죽든 말든 내버려 두었던 거예요.

하나님은 분명히 부모를 공경하라고 말씀하셨습니다. 부모를 공경하라는 말이 십계명에도 나와 있죠. 부모를 공경하지 않으면 하나님을 공경하지 않는 거예요. 하나님 말씀을 거역하는 거죠.

11 내가 다시 해 아래에서 보니 빠른 경주자들이라고 선착하는 것이 아니며 용사들이라고 전쟁에 승리하는 것이 아

니며 지혜자들이라고 음식물을 얻는 것도 아니며 명철자들이라고 재물을 얻는 것도 아니며 지식인들이라고 은총을 입는 것이 아니니 이는 시기와 기회는 그들 모두에게 임함이니라

이것은 100미터를 11초에 달리는 빠른 경주자가 100미터를 13초에 달리는 사람한테 질 수 있다는 이야기입니다. 사실 그렇습니다. 가다가 자빠지면 지는 것이죠.

미국이 꼭 한국한테 전쟁에서 이기라는 법은 없어요. 한국이 미국을 이길 수도 있습니다. 2차 세계대전 때도 그런 사건들이 많았잖아요? 인구가 800만 정도밖에 안 되는 이스라엘이 중동 전체를 상대로 전쟁에서 이겼죠.

그러니 우리가 갖고 있는 그 감각적인 사고를 다 깨뜨려야 한다고 이야기하는 겁니다. 우리는 논리와 이론을 중요시잖아요. 그런데 이 세상의 일은 논리와 이론대로만 이루어지지 않습니다.

오히려 오랜 세월을 풍랑과 고통을 겪은 지혜자들이 이 세상을 더 잘 살죠. 그래서 빠른 경주자들이라고 이기는 게 아니고, 명철자들이라고 모두 부자가 되는 것이 아니고, 용사라고 해서 전쟁에 이기는 게 아니라는 의미입니다.

12 분명히 사람은 자기의 시기도 알지 못하나니 물고기들이 재난의 그물에 걸리고 새들이 올무에 걸림같이 인생들도 재앙의 날이 그들에게 홀연히 임하면 거기에 걸리느니라

모든 것이 다 때가 있습니다. 망할 때가 있는가 하면 흥할 때도 있죠. 그런데 노력하다가 망하면 자살을 선택하는 사람도 있지 않습니까? 하지만 사람이 쫄딱 망하더라도 열심히 노력하다 보면 편해질 날이 옵니다.

흥하는 것도 망하는 것도 모든 것이 때가 있습니다. 내가 게으르지 않아서, 욕심을 내지 않아서 그때가 왔을 때, 그때를 잘 수용할 수 있을 때에 하나님이 주신 특권을 누리며 살 수 있는 것이죠.

13 내가 또 해 아래에서 지혜를 보고 내가 크게 여긴 것이 이러하니 **14** 곧 작고 인구가 많지 아니한 어떤 성읍에 큰 왕이 와서 그것을 에워싸고 큰 흉벽을 쌓고 치고자 할 때에 **15** 그 성읍 가운데에 가난한 지혜자가 있어서 그의 지혜로 그 성읍을 건진 그것이라 그러나 그 가난한 자를 기억하는 사람이 없었도다 **16** 그러므로 내가 이르기를 지혜가 힘보다 나으나 가난한 자의 지혜가 멸시를 받고 그의 말들을

사람들이 듣지 아니한다 하였노라

13~18절까지는 지혜가 괜찮다는 거예요. 14~15절의 내용은 큰 나라가 와서 조그만 어떤 나라의 성을 공격하는 바람에 조그만 나라가 무너질 것 같은데, 다행히 그중에 가난한 지혜자가 한 명 있어서 그 큰 나라를 물리쳤다는 겁니다. 지혜란 이렇듯 유용한 점도 있다는 것이죠.

삼국지 보면 제갈공명 나오지 않습니까? 우유부단한 유비를 만나 평생 동안 고생하다가 결국은 조조에게 깨지다가 끝납니다. 사람들이 조조는 역적 간신으로 알고 있고 제갈공명이나 유비는 대단히 존경스럽고 위대한 사람으로 보지만, 사실은 패자예요. 세상에 내 목숨이 붙어 있는 이상, 이겨야 살아갈 수 있습니다. 만일 하나님이 100살에 죽으라고 했는데 80살에 어떤 사람한테 맞아 죽는다면, 20년 동안 할 일은 못 한 거죠. 그러니 사람은 일단 승리를 하고 봐야죠.

그래서 승리를 위해서는 지혜가 힘보단 낫다는 겁니다. 우리들은 힘과 군사력, 신체적인 건강 등을 자랑하는데 머리 좋은 사람이 머리 한번 잘 굴려서 올무에 씌우면 평생 동안 나오지 못하는 길을 갈 수 있습니다. 그러니 지혜가 다 허무한 건 아닙니다. 이런 좋은 점도 있다는 것이죠.

17 조용히 들리는 지혜자들의 말들이 우매한 자들을 다스
리는 자의 호령보다 나으니라

미련한 자란 우리가 생각하는 지식이 부족한 자가 아닙니
다. 좋은 대학교를 나왔다고 해서 지혜 있다는 게 아니라, 옳
고 그름이나 세상의 이치에 대해서 판단하지 못하는 사람이
우매자라는 것입니다. 지식적으로만 판단하는 것은 우매한 자
에요.

반대로 내가 지금은 흥하지만 나중에 망할 수도 있다는 것
을 알고 대비하는 자, 지금은 망했지만 실망하지 않고 소망을
가지고 열심히 하면 언젠가 성공할 수 있을 거라고 생각하는
사람들을 지혜자라 합니다. 이러한 지혜자가 우매한 자보다
낫습니다.

18 지혜가 무기보다 나으니라 그러나 죄인 한 사람이 많은
선을 무너지게 하느니라

솔로몬이 마지막으로 결론을 내린 게 이것입니다. 사람들
이 성경을 잘 모르다 보니까 동양사상을 무시하는 경향이 있습
니다. 선한 사람이 한 사람 있으면 그 선한 영향력이 많은 사

람들에게 스며들어서 사람들을 선하게 하고, 악한 사람 한 사람이 있으면 그 영향력이 많은 사람들을 악에 물들인다는 것이죠. 솔로몬이 이야기한 것과 이러한 동양사상이 같은 맥락입니다.

정치도 그렇잖아요? 지금 진보와 보수로 나뉘어 있는데, 사실 그 속에 있는 내용들은 인간의 행복을 추구하는 것일 뿐 절대로 진보와 보수의 논리 속에 누군가가 잘못되라는 것은 없습니다. 진보는 어떻게든지 모든 사람에게 혜택을 주기 위한 것이고, 보수는 어떻게든지 개인의 권리를 존중하기 위해서 있는 것이죠.

이렇게 둘 다 똑같이 인간의 행복을 추구하기 위해서 생긴 이념임에도 불구하고 원수처럼 서로를 잡아먹을 듯이 싸우지 않습니까? 어떻게 하면 상대 쪽을 죽일 수 있을까 작정하고 있죠. 그보다는 좋은 정책, 자기 잘못에 대한 뉘우침 같은 게 있으면 얼마나 좋을까요? 어떻게 하면 상대방을 헐뜯을까를 고민하는 건 '악'이거든요. 그 사람이 어떻게 하면 국민들을 위하는지 그 모습을 봐야 합니다.

그리고 상대방의 잘못을 덮어 주는 것이 리더죠. 우리가 말씀을 통해서 배워야 되는 것은 우리 안에 다 정치 성향이 있고 정치 색깔이 있습니다. 그런데 하나님의 자녀이기 때문에 그

걸 누를 수 있는 에너지가 필요하다는 것입니다. 그게 바로 전도서입니다.

우리가 가지고 있는 생각이 과연 사람을 살리는 생각인지 아니면 사람을 저주하고 비난하는 생각인지 돌아보아야 합니다. 전도서를 보면서 내 것을 내려놓고 많은 사람을 위해서 자신이 희생할 때, 바로 하나님의 은혜를 받는 자, 크리스천인 것이죠. 기도하겠습니다.

전도서 10장 • • •

전도서의 '일반은총'

좋든 어렵든 항상 성경은 말합니다. "나를 기억하라, 예수 그리스도 기억하라." 여러분이 항상 예수 그리스도와 함께 있는 한 여러분에게 고난은 없고 평강만 있을 것입니다.

전도서 10장은 인생과 이 세상에 대해서 이야기한다는 점에서 잠언과 비슷합니다. 믿든지 안 믿든지 하나님의 섭리 아래 있다는 것을 이야기하고 있습니다. 하나님께서는 이 지구상에 있는 모든 생물들에게 똑같은 은총을 베푸시는데, 우리 기독교인에게만 특별한 은총이 있다고 착각하는 사람들이 많습니다. 심지어는 사역자들도 그렇게 생각하는 분들이 있어요. 그래서 우리가 전도서를 꼭 읽어야 합니다. 왜냐하면 이것이 '일반은총'이기 때문이죠. 이 전도서는 아주 일반적인 은총을 잘 나타냅니다. 하나님을 믿든 안 믿든 이 세상은 순리대로 돌아가고 있음을 기록하고 있습니다.

그리고 로마서를 통해서는 하나님의 특별한 은총, 교회에 대한 은총, 여러분에 대한 은총을 설명합니다. 로마서를 가지고 성경을 해석할 때 오류가 없을 겁니다. 전도서와 로마서는 우리가 꼭 알아야 합니다. 로마서를 알지 못하면 성경을 해석할 수 없기 때문이죠. 이 로마서와 전도서를 배우지 않고 성경을 읽을 때, 여러분들은 하나님을 오해할 수 있습니다.

세상을 살아가는 전도서의 지혜

전도서 10절에서는 지혜에 대해서 이야기하고 있습니다. 우리 삶에 이 말씀을 적용하면 우리에게 실패가 있을 수가 없어요.

제가 젊은 날에 사업을 하기 위해서 손자병법을 15번 읽은 것 같아요. 그 당시에 손자병법을 읽지 않으면 사업을 못한다고 했거든요. 삼국지에 각종 계략과 모책이 나와 있기 때문입니다.

한 가지 예를 든다면, 회사를 만드는 데 첫 번째 조건이 지형입니다. 지형을 어떻게 선택하느냐에 따라서 이기고 지고가 갈리는 거죠. 왜냐하면 지형에 있어서 회사를 천호동 쪽에 설립하면 종업원을 많이 써야 되고 불필요한 인력 낭비가 일어나겠죠. 영업 마케팅을 하러 강서구나 강북구로도 가야 하는데 교통이 불편합니다. 하루에 세 군데 정도 일을 봐야 되는데, 하루에 한 군데 일 보면 시간을 다 뺏기는 거죠.

그런데 방배동이나, 우리 교회가 있는 관악구에 있으면 그래도 서울의 중심이 되니까 사방으로 퍼질 수 있잖아요. 고속

도로가 가까워서 지방 출장 가기도 쉽죠. 이런 지형이 회사의 위치와도 관련이 있고, 회사의 흥망성쇠가 갈릴 수 있다는 것입니다.

두 번째가 장수로, 지도자를 말합니다. 그 사람이 첫 번째로 덕이 있는지, 사람을 끌어모으는 힘의 여부이죠. 장군은 능력이 없어도 됩니다. '정말 능력 있는 사람을 내가 포용할 수 있느냐 없느냐' 하는 것이 바로 성공의 관건이 되기 때문입니다.

이런 것들이 삼국지를 통해서 배울 수 있는 건데, 사실 성경 안에 삼국지의 내용들이 다 담겨 있습니다. 제가 만약 하나님 말씀을 많이 읽고 깨달음을 얻었다면 제 인생을 좀 더 풍족하게 살 수 있었을 것입니다.

사람이 세상을 살아가는 데 신용이 있는가, 아름다운 마음과 남을 배려하는 태도가 있는가 등은 성공의 방편이 됩니다. 그런데 기만하고 거짓말하고 사기 치는 건 지금 당장은 잘되어 보일 수도 있지만 결국은 패망하게 됩니다.

경제적으로나 정치적으로 유명한 사람들을 보세요. 그 사람들도 처음에 성공하는 것 같지만, 나중에 그 사람의 잘못된 점이 드러나기 시작하면 결국은 모두 다 잃어버리고 유치장에 가서 혹독한 징계를 받게 되는 거죠.

그런가 하면, 정말로 이름 모를 곳에서 아주 그늘진 곳에서 착한 일을 하는 사람들이 있습니다. 그런 사람들은 언젠가는 드러나죠. 그런 사람들에 의해서 이 세상이 움직이는 겁니다. 우리가 지금 힘들고 어렵지만, 우리가 전도서의 내용을 이해한다면 인생을 아름답고 성공적인 방향으로 전환시킬 수 있습니다. 그게 바로 이 전도서의 이야기랍니다!

공감과 치유

저는 대학교에서 강의할 때 꼭 공감을 먼저 강의하고 시작합니다. 성경에서 이야기하는 것이 공감이에요. 공감이 얼마나 중요하냐면, 정신질환을 앓고 있는 사람들의 다수는 공감 능력의 저하를 겪습니다. 어떤 심리학자가 공감을 가지고 논문을 썼는데, 잘하면 노벨문학상을 받을 수 있다고 합니다. 어떤 내용이냐면, 사이코패스는 공감을 못 하니까 하품하는 영상을 보여 줄 때 따라 하지 못한다고 합니다. 이는 타인에게 공감하지 못한다는 뜻이죠. 사이코패스나 소시오패스는 감성적인 부분이 사라지다 보니 상대방과 공감이 안 되는 거예요.

우리가 서로에게 좋은 감정을 가져야 공감을 이룰 수 있잖아요? 사실 그러면 모든 병이 치유됩니다. 우울증, 공황장애, 여러 가지 정신질환, 그리고 그 정신질환에서 파생된 사이코패스, 소시오패스를 앓고 있는 사람들이 타인에게 '공감'하기 시작하면 모든 게 치유됩니다. 내 안에 사랑, 기쁨, 희락 이런 것이 없으면 공감할 수 없거든요.

그런데 요즘 젊은 세대들에게는 중독이 많잖아요. 중독은 정신질환 중 가장 무서운 병입니다. 그 중독을 치유할 수 있는 것도 사람과 사람이 서로 공감을 할 수 있는 데서 나와요. 사람과 사람이 만나서 재미난 얘기도 하고, 가끔은 농담도 하고, 대화도 하고 또 소망도 주면서 공감을 했을 때 질병이 치유되고 건강한 마음을 갖게 되죠. 건강한 마음은 건강한 사회와 교회를 만듭니다.

그래서 앞으로 여러분들이 공감이란 단어에 많이 주목하고, 그 공감이란 단어를 가지고 여러분들이 세상의 빛의 역할을 감당했으면 좋겠습니다.

1 죽은 파리들이 향기름을 악취가 나게 만드는 것 같이 적은 우매가 지혜와 존귀를 난처하게 만드느니라

'죽은 파리'라는 것은 썩은 내가 납니다. 파리뿐만 아니라 동물이나 사람도 죽으면 악취를 풍기지요. 그래서 아름다운 꽃의 향기도 죽은 사체들이 옆에 있으면 그 썩은 냄새에 묻히게 됩니다.

솔로몬은 시인인지라 '우매한 사람'과 '지혜자'를 이렇게 표현했습니다. 꽃과 같이 아름다운 것, 향기가 좋은 것을 '지혜자'라고 표현하고, 죽은 사체에서 나는 악취를 '미련한 자, 우매한 자'라고 표현한 것입니다. 아무리 좋고 지혜로운 사람이 있어도 악취 나는 것이 있으면 좋은 지혜를 다 가린다는 뜻이요. 그게 바로 '적은 우매가 지혜와 존귀를 난처하게 만든다'는 거예요.

이 말씀을 꼭 명심해야 합니다. 교회에도 '끼리끼리'라는 법칙이 있고 어디를 가나 이 법칙이 따라다니지요. 여러분들은 자꾸만 향기로운 지혜로운 것을 풍겨야 합니다. 악취를 자꾸 차단해야지, 그렇지 않으면 안 됩니다. 누룩이란 건 커지잖아요. 그래서 성경에 보면 누룩을 죄로 많이 묘사하는데, 악취가 누룩처럼 퍼져 버리면 걷잡을 수가 없죠.

누룩은 술을 만들기 위해서 막 부풀리잖아요? 막걸리 원액도 굉장히 많은 물에다가 그거 하나만 집어넣으면 엄청난 양의 술이 늘어나는 거죠. 그러니까 '미련하고 우매한 것, 세상에 어떤 진리의 반하는 것'들이 옆에 있으면 이렇게 커진다는 거예요. 결국은 '아름다운 것'들이 그런 것들을 감당하기 어렵다는 거죠.

이 세상은 내가 아무리 노력을 하고 잘하려고 해도 주변에 악취 나는 것들이 있으면 나도 모르게 그쪽으로 끌려가고 맙니다. 인간은 육신을 입은 욕정덩어리이기 때문이죠. 내가 아무리 선하려고 해도 계속 옆에서 꼬시면 언젠간 조금은 그쪽으로 발을 담그게 됩니다. 달콤하니까요. 솔로몬은 이런 이야기를 하고 있는 것입니다.

2 지혜자의 마음은 오른쪽에 있고 우매자의 마음은 왼쪽에 있느니라

성경은 오른손하면 '능력의 손'이고 왼손은 '힘없는 손'을 뜻합니다. 그래서 성경에는 오른손이 많이 등장합니다. 목사 안수할 때도 오른손으로 하죠. 옛날에 어떤 사모님은 능력이 목사님의 오른손에서 나간다면서, 제게 오른쪽에 앉으라고 그러더라고요. 이는 사실 상징적인 것들입니다. 오른손잡이는 오른손을 많이 사용하고 왼손잡이는 왼손을 많이 사용하는데, 보편적으로 사람들이 오른손을 주로 사용을 하기 때문에 이렇게 말하는 거죠.

'지혜자의 마음은 오른쪽에 있고'라는 것은 지혜자는 힘이 있고, 능력 있고, 지혜롭게 모든 일을 성사시킨다는 겁니다. 반면 '우매자의 마음은 왼쪽에 있느니라'라고 왼쪽으로 표현한 것은 우매자에게는 남을 도와줄 수 있는 힘이 없기 때문에 이 세상을 위해서, 조직을 위해서, 단체나 개인을 위해서 도움이 되지 못한다는 뜻입니다.

그래서 '우매자'를 쫓아다니면 안 됩니다! 그 사람들이 아무리 좋은 것을 갖고 있어도 저주덩어리예요. 만약 그 사람을 변화시킬 수 있다면 곁에 가도 되지만, 그렇게 할 수 없다면 우매자들을 아예 피하는 것이 상책입니다.

3 우매한 자는 길을 갈 때에도 지혜가 부족하여 각 사람에게 자기가 우매함을 말하느니라

여러분, '우매한 사람'은 다 드러나지 않나요? 지혜로운 사람은 별로 말이 없는데 우매한 사람들은 든 게 없으니까 가만히 있지 않고 많은 소리를 냅니다. '나는 사기꾼이다, 거짓말쟁이다, 나는 널 이용할 것이다.'라고 떠들지 않나요? 얘기를 하면서 다 드러나게 되어 있잖아요. 본인만 모르는 거죠. 본인이 알면 그렇게 하겠어요?

그런데 이게 버릇이 되어서 계속 그렇게 티 나게 말하면서 돌아다닌다니까요. 하지만 내가 똑같은 사람이면 '그래! 그렇구나.' 하고 맞장구를 치다가, 어느 날 둘 다 길거리에 깡통 하

나 놓고 나앉게 되는 거죠. 그런 사람들끼리 만나면 깡통 차요.

물론 깡통 차는 게 잘못된 건 아닙니다. 하지만 남을 도와주지 못하고 남에게서 도움만 받고 사는 삶은 슬프지 않겠습니까. 사람으로 태어났으면 누구나 다 나이 들면 죽는데 남을 도와주다 가야지, 남의 도움만 받다 가면 되겠습니까. 깡통 차면 안 돼요!

4 주권자가 네게 분을 일으키거든 너는 네 자리를 떠나지 말라 공손함이 큰 허물을 용서받게 하느니라

주권자가 분을 일으키거든 네 자리를 떠나지 말라는 것은 지극히 당연한 일인데, 사람들은 그렇게 하지 않죠. 주권자, 책임자, 회사면 대표이사, 교회면 담임목사, 정부면 대통령, 장관, 원장님 이런 사람들이 야단을 칠 수 있죠.

책임을 주었는데 그 책임을 다하지 못하면 야단을 쳐야 합니다. 그게 당연한 게 아닌가요? 그런데 사람들이 착각을 합니다. 담임목사도 사랑이 있어서 맨날 웃어야 되고 칭찬해 주고 잘해 줘야 할 줄 아는데, 사실은 그렇지 않습니다.

그 사람과 제가 충분히 교감할 때까지는 제가 사랑을 주지만, 교감이 되고 나면 "너 왜 그렇게밖에 못해?"라는 말을 할 수도 있죠. 자신이 맡은 일에 책임을 다하라는 뜻으로 말이에요. 그러면 그 말을 듣고 그 자리에서 "죄송합니다." 혹은 "예, 알겠습니다."라고 대답하는 사람은 나중에 그분으로부터 인정을 받는 것이죠. 좋은 때가 되면 그런 사람은 많은 것을 받을 수 있습니다.

그런데 반대로 가자미눈을 뜨고 인상 팍팍 쓰면서 자리를 박차고 나오면 이제 일을 받을 수 없게 되죠. 월급도 안 올려주고 결국엔 제 풀에 꺾여서 쫓겨나게 되거든요. 책임자 되는 분들은 아마 많이 공감하실 겁니다.

책임자 아닌 분들은 이 말을 명심하세요. 여러분들이 나중에는 언젠가 책임 있는 위치에 올라갈 거예요. 지금 청년들은 밑에서 일하지만, 나중에 나이가 먹으면 수장의 자리에 올라갈 때가 있습니다. 그래서 그 자리에 올라가기 전에 이런 부분에 대해서 무조건 순종하고 복종하고 참고 견디고 일했을 때, 비로소 기회가 오는 것입니다.

매사에 불평만 하는 사람은 결국 떠돌이 신세가 되고 맙니다. 여기저기를 떠돌다가 보니까 어느 날 갑자기 '나는 왜 이럴까? 내 나이 60인데 가진 것이 하나도 없네.'라고 한탄하게 될지도 모릅니다. 그런데 이는 그냥 가진 것이 하나도 없는 게 아니라, 하나님이 줬는데 자기가 갖다 다 버린 겁니다. 하나님이 성령을 통해서 세상의 이치가 이런 것이라고 이야기하고 있습니다.

5 내가 해 아래에서 한 가지 재난을 보았노니 곧 주권자에게서 나오는 허물이라 **6** 우매한 자가 크게 높은 지위들을 얻고 부자들이 낮은 지위에 앉는도다 **7** 또 내가 보았노니 종들은 말을 타고 고관들은 종들처럼 땅에 걸어 다니는도다

6~7절은 이상하죠? 우매한 자가 길바닥에서 깡통 차고 구걸한다고 했는데, 여기 보니까 높은 지위에 있어요. 그리고 지혜자가 낮은 데 있고 그다음에 종들은 말을 타고 주인은 종들처럼 걸어 다닌다는 거죠. 순서가 바뀌었잖아요?

이는 5절에 이러한 '재난'을 보았다는 겁니다. 솔로몬이 한 재난을 보았는데, 이것이 주권자에게 나온 허물이라는 거예요. 즉, 부패한 권력에서 비리 인사가 나온다는 뜻이지요.

왕이나 대표이사, 원장이 직원을 채용하잖아요. 장관도 채용하고, 수석, 주임교사도 채용하고 교회에서는 직분자를 채용하죠. 그러면 그 사람의 능력과 덕, 인성 등을 보고 검증하고 또 검증해서 채용해야 하죠.

그렇게 채용한 사람들 중에는 내 말을 잘 안 듣는 사람도 있

어요. 그런데 내 말을 잘 들을 예스맨들은 대부분 다 속에 감춰진 것이 있습니다. 빌붙어서 이용하려는 속셈 말이에요. 그래서 한번 빌붙기 시작하면 대통령 이름까지도 팔아서 자꾸 챙기죠.

우리나라 정치 역사상 지금까지 단 한 번이라도 이런 인사가 없었던 적이 있나요? 인사 때문에 줄줄이 욕먹는 겁니다. 자기가 잘못한 게 별로 없어도 부하들이 다 엉망을 만들어 놓지요. 중국의 정치, 미국의 정치, 전 세계의 정치는 다 이것 때문에 망한 거예요.

대통령이 레임덕이 오면 본인을 추종하던 인사들이 다 떠나고 나라 전체 국민들에게 문제가 생깁니다. 대통령 임기가 끝나는 날까지 파워를 가지고 끌고 나가야 되는데, 그럴 수 없는 상황이 돼 버리는 거죠. 파벌 싸움이 일어날 거고 여러 가지 문제가 발생됩니다. 이런 일이 발생되면 안 돼요. 국민은 단순합니다. 자기한테 이익이 있으면 표를 주고, 이익이 없으면 표를 주지 않습니다. 그래서 인사를 잘못하면 쫄딱 망합니다. 회사도 인사를 잘못하면 망하고요.

그래서 5절부터 7절까지는 이런 얘기를 하는 것입니다. 솔로몬이 직접적으로 자기가 실험한 것을 적어 놓은 것이죠. 정상적인 인사, 검증을 거친 인사, 도덕과 윤리의 옳고 그름이 분명한 인사를 하지 못하는 건 재난이라는 겁니다.

8 함정을 파는 자는 거기에 빠질 것이요 담을 허는 자는 뱀에게 물리리라 9 돌들을 떠내는 자는 그로 말미암아 상할 것이요 나무들을 쪼개는 자는 그로 말미암아 위험을 당하리라

8절~9절은 '음모하는 자'의 얘기입니다. 사람이 많으면 항상 음모하는 사람들이 있죠. 결국 그 음모로 말미암아 본인들이 위험에 처할 수 있다는 거예요. 이는 역사를 통해서도 우리가 배웁니다. 음모론자는 간교하고 머리가 좋기 때문에 정의로운 사람이 당해요. 안타깝죠.

그런데 시간이 흐르면 모든 것이 반드시 밝혀지게 마련입니다. 그러면 음모론자들은 모든 것을 다 잃고 죽은 다음에도 영원히 욕된 이름을 남기게 되는 거죠. 그 결과 후손들은 고개를 들지 못하는 상황이 오고 맙니다. 이러한 사실을 알고 있으면 자녀들을 위해서, 대한민국의 젊은이들을 위해서 우리가 권모술수, 정의롭지 못한 것들은 하지 못하겠죠.

지금 어렵고 힘들더라도 내가 정의롭고 공정하게 아름다운 세상을 만들기 위해 희생하고 헌신하는 삶을 살아야 합니다.

돈이 많거나 군사가 강하다고 해서 선진국이 아니죠. 돈이 많고 군사가 강한 건 중국이 세계 2위잖아요? 그런데 선진국이라는 소리를 못 듣는 것은 인권이 없기 때문입니다. 인권이 없으면 모든 게 소용없는 거예요. 인권이란 존중입니다. 공감하고 존중하고 사랑하는 게 인권을 만드는 거예요.

그런데 공감하지 않고 자기 맘대로 하는 것을 인권이라고 할 수 있나요? 상대방에 대한 배려가 빠진 건 인권이라고 할 수 없습니다. 지금 선진국이 실수하는 것이, 이것저것 전부 다 인권이라고 착각하고 만들어 내는 것이죠.

개신교에서는 동성애가 죄입니다. 성경에도 계속 동성애가 나와요. 우린 그 사람들을 죄로 인정해야 되지만, 그렇다고 해서 그들을 발로 차 버리면 안 되는 거예요. 왜냐하면 그들도 전도의 대상이거든요. 그 사람에게도 예수를 믿고 구원받고 자기 삶을 바꿀 수 있는 권한이 있습니다. 하나님은 사람한테 생명을 주었기 때문에 그 생명에는 하나님께서 어떻게 역사하실지 우리는 모르거든요.

그런데 기독교 신자 중에 동성애를 인간쓰레기 취급하고 접근도 안 하려고 하는 사람들이 있어요. 목사로서 그들을 끌어안아야 한다고 하면 '이단'이라고 말해요. 그래서는 안 됩니다. 우리의 사명은 그런 사람을 찾아가 영적 전쟁을 벌여서 동성애를 버리고 온전한 정상적인 생활로 돌아올 수 있게 만드는 것입니다. 그렇게 하기 위해서는 그 사람들을 발로 차는 것이 아니라 끌어안아야 되는 거예요.

동성애는 죄이지만 우리에게는 죄인들을 교화시킬 의무가 있습니다. 그게 성도들인 거죠. 죄인들을 분리시켜 놓을 것이 아니라, 죄인들 안에 들어가서 그들을 하나님 앞으로 끌고 와 하나님의 말씀을 가르쳐서 지키게 하는 것이 우리 의무입니다. 그 사람들을 사랑하세요. 끌어안으시고, 복음을 증거하세요. 그게 죄라는 것을 가르쳐 주세요.

한국 교회가 큰 오류를 저지르고 있기 때문에 사회로부터 배척을 받는 것입니다. 우린 그러지 말기 바랍니다.

10 철 연장이 무디어졌는데도 날을 갈지 아니하면 힘이 더 드느니라 오직 지혜는 성공하기에 유익하니라 **11** 주술을 베풀기 전에 뱀에게 물렸으면 술객은 소용이 없느니라

10절에서는 우매자는 날이 무뎌져서 아무것도 할 수 없다고 이야기합니다. 여러분들이 지혜자가 되어야지, 우매한 자가 되어서는 아무것도 할 수 없다고 솔로몬은 말합니다.

11절은 원칙적이지 않음을 이야기하는 것입니다. 주술사가

주술을 보여 주기 전, 사람들을 끌어모으기 위해 피리를 불어서 코브라가 나와 춤을 추는 마술을 보여 주잖아요? 그런데 뱀에게 물리는 순간, 그동안 사람들을 현혹하며 모았던 재산은 아무 소용없게 됩니다. 자기 꾀에 자기가 넘어간다는 이야기예요.

그래서 정상적인 원칙을 고수해야지, 잔머리 굴리고 원칙을 넘어서는 행동을 하면 결국은 이런 꼴을 당한다고 경고하고 있는 겁니다.

12 지혜자의 입의 말들은 은혜로우나 우매자의 입술들은 자기를 삼키나니

지혜자는 항상 주위를 둘러보고 내가 이 말을 해야 되는지, 하지 말아야 되는지를 생각하죠. 말을 하기 전에 우선 숨을 한 번 들이마시세요. 내가 이 말을 했을 때 저 사람이 상처 입을지, 나에게 화살이 되어 돌아올지 생각해야 하는 것입니다.

그런데 우매한 사람들은 그렇지 않죠. 이것은 그리스의 특징이기도 합니다. 그래서 그리스 고린도를 배우지 말라고 하는 거죠. 돈도 많고, 음란도 많고, 철학도 굉장히 많아요. 그래서 철학자들이 많으니까 사람들이 모이면 계속 지식을 자랑하는 거예요. 그러다가 결국은 망하는 거죠.

13 그의 입의 말들의 시작은 우매요 그의 입의 결말들은 심히 미친 것이니라 **14** 우매한 자는 말을 많이 하거니와 사람은 장래 일을 알지 못하나니 나중에 일어날 일을 누가 그에게 알리리요

말은 많이 하는데 앞으로 일어날 일은 아직 모르죠. 〈실미도〉라는 영화 보셨죠? 그게 제 국민학교 시절에 일어난 일인데, 31명의 무장공비가 청와대를 공격해서 많은 사람이 죽었잖아요. 이에 당시 대통령이었던 박정희가 열받아서 31명으로 김일성 주석궁을 치려고 실미도를 만든 겁니다. 박정희 전 대통령이 그동안 미국을 믿고 실미도로 김일성을 치려고 했던 건데, 미국에서 대통령이 바뀌면서 각자 나라는 각자 알아서 하라면서 안 도와주겠다고 하자, 이거 큰일 나겠다 싶어 취소시킨 거예요.

그래서 작전이 취소되고 지원이 중단되자, 실미도 반란 사건이 일어난 겁니다. 그중에 4명이 생존해서 기자회견을 하려는데, 군에서 그들에게 "너희들 월남으로 보내 줄 테니까 그냥 군사기밀이라고 입 닫아."라고 말한 거죠. 이에 4명이 기자들

과 경찰들 앞에서 군사기밀이라 말할 수 없다 함구했죠.

그 후 4명의 생존자는 군사법정에 들어가서 결국 월남은커녕 사형 선고를 받고 다 죽었습니다. 세상이 참 이런 거예요. 그게 30년이 지난 다음에 다 안 밝혀질 것 같았지만 밝혀졌죠.

4명의 생존자는 살기 위해서 군이 시킨 대로 했지만, 앞으로 한 달 뒤에 자기들한테 일이 닥칠지 몰랐던 겁니다. 정부가 바뀌고 정책이 바뀌니까 가족들한테 사죄를 해야 하고 보상을 해야 해서 30년 후에 자폭한 사람들 시신은 다 찾았지만, 그 4명의 시체는 아직까지 찾지 못했어요.

여러분들도 순간순간 판단을 잘하셔야 됩니다. 내일 일을 알지 못하기 때문입니다.

15 우매한 자들의 수고는 자신을 피곤하게 할 뿐이라 그들은 성읍에 들어갈 줄도 알지 못함이니라

그 당시에 성읍은 안전한 곳을 이야기하는 겁니다. 성에는 보통 담을 둘러싸고 군사들이 지키잖아요. 그래서 적들이 공격해도 안은 안전하죠. 그래서 '안전하고 순조롭다'고 얘기하는 거예요. 우매한 자들의 수고는 그런 평강과 평안함이 없고 항상 위험에 노출되어 있어 두렵고 불안에 떨어야 된다는 것입

니다.

내가 죄를 지으면 사람을 이용하고 항상 머리를 굴려야 돼요. 상대방이 많은 정보를 갖고 있으면 내 거짓말이 들통 날 수 있거든요. 그래서 내일 가서 또 다른 거짓말을 해야 하니 자꾸 피곤하고 괴롭고 인생이 고달파지는 거죠.

그런데 정직한 사람은 편안하게 자잖아요. 담대하죠. 내가 지은 죄가 없고 남한테 입힌 피해가 없으니 근심 걱정할 필요가 없어 그냥 편하게 잠을 잘 수 있는 거죠. 우리가 이 같은 사실을 깊이 깨달아서 세상을 살아간다면 항상 행복한 삶을 살아갈 수 있을 것입니다.

그런데 우리들이 사실 우매자에 속해요. 그래서 이런 말을 귀담아듣기보단 내가 원하는 대로만 가다 보면 우리는 항상 골치 아픈 사건들로 머리띠를 두르고 끙끙 앓게 되죠. 그게 바로 인간인 겁니다.

16 왕은 어리고 대신들은 아침부터 잔치하는 나라여 네게 화가 있도다

아침에 잔치하는 바보가 있을까요? 저녁 때 잔치를 벌이는 거죠. 그런데 정신 나간 사람은 아침에 눈 뜨자마자 반주를 합니다. 우매한 자들은 때와 장소와 시간을 분별하지 못하는 거죠. 지혜로운 자는 때와 장소를 분별해요.

교회 다닌다고 술 안 먹나요? 먹어야죠. 맥주 한 잔은 괜찮습니다. 스펄전 목사라고 유명한 목사님이 설교 준비할 때 시가를 물고 하기도 해요. 내 마음이 하나님 앞에 가는 것이 더 소중한 것이지요. 그런데 너무 마셔서 이성을 잃어버리면 죄가 되는 것이지, 기호식품이라고 생각하면 괜찮습니다.

16절은 때가 있음을 얘기하는 거예요. 그런데 왕과 대신이라고 나온 것은, 돈도 없고 시간도 없는 서민들은 먹고살기 바쁜 반면 돈이 많고 시간이 많고 권력이 있으면 육신의 정욕에 따라갈 수 있기 때문입니다. 그런데 여기에 왕 그리고 어린 대신들 나이든 대신들은 경험이 풍부하기 때문에 그 어리석은 짓을 안 하죠.

이런 걸 보면 하나님이 우리를 얼마나 사랑하시는지 알 수 있죠. 우리에게 이런 좋은 지혜를 선물해 주시니까요.

18 게으른즉 서까래가 내려앉고 손을 놓은즉 집이 새느니라

게으른 사람은 밥도 먹여서는 안 됩니다. 집에 자식들이 게으르면 용돈도 주면 안 돼요. 옛날에는 용돈을 줄 때 구두를 닦

는다든가 심부름을 시킨 다음 일의 대가로 지불해 주었거든요. 그게 습관이 되면 나는 일을 해야지만 돈을 번다는 게 습관이 됩니다. 그런데 요즘은 용돈을 주지 않으면 생떼를 부립니다.

또 우리 청소년들은 부모를 잘 살게 만드는 것이 목적이에요. 그런데 자기가 재벌 될 생각은 하지 않고 부모가 재벌이 되어야 한다고 생각합니다. 왜냐하면 자기들은 놀고먹어야 하거든요. 이것이 완전히 망조가 든 세상이죠.

19 잔치는 희락을 위하여 베푸는 것이요 포도주는 생명을 기쁘게 하는 것이나 돈은 범사에 이용되느니라

19절은 '돈'에 대해서 얘기합니다. 불교는 '빈 몸으로 왔으니까 빈 몸으로 가는 것'이잖아요? 그에 반해 기독교는 '돈을 벌어야 된다'고 이야기합니다. 내가 돈이 많아도 돈이 없어도 내 마음은 똑같다는 겁니다. 이는 악한 놈은 돈이 많든 적든 악하고, 선한 사람은 돈이 많든 적든 선하다는 것이 기독교 교리예요.

돈이 범사에 이용된다는 것은 돈은 악한 일에도 선한 일에도 이용된다는 뜻입니다. 세상에서 힘들고 나약하고 불쌍한 사람을 도와주려면 돈이 필요하지 않겠습니까? 일주일 동안 돈도 없이 '고생한다, 얼마나 힘드니!'라고 위로해 보세요. 그

렇게 말로만 하면 일주일 지난 후에 욕을 하죠. 그래서 돈이라는 것은 사람에게 '기쁨과 희락의 잔치'라고 표현한 것입니다.

쌀쌀한 어느 날 새벽, 동네에 있는 조그만 공원에 한 예닐곱 명이 모여 있었어요. 알고 보니, 며느리한테 눈치 보일까 봐 새벽에 추운데 마땅히 갈 데가 없으니 일찍부터 공원에 나온 것 같더라고요.

여러분들은 자녀한테 돈을 미리 다 분배해 줘서는 안 돼요. 돈을 쥐고 있어야 잘합니다. 자녀에게 '노동을 해야지만 너에게 돈을 준다'는 것을 훈련시키면 인성이 더 좋아집니다. 그렇게 습관이 들면 돈은 꼭 내가 땀 흘려 일을 해야 버는 것으로 인식하는 것이죠. 돈을 섬겨서는 안 되는 거예요.

요즘 자녀들처럼 부모를 재벌로 만들려고 하면, 그때는 그 돈을 가지고 뭐 하겠어요? 육신의 정욕을 위해서 자신을 위해 그 돈을 쓰는 거죠. 그래서는 안 됩니다. 세상을 위해서, 이웃을 위해서, 국가를 위해서, 사회를 위해서 또 교회를 위해서 돈을 써야죠. 그게 바로 지혜자입니다.

20 심중에라도 왕을 저주하지 말며 침실에서라도 부자를 저주하지 말라 공중의 새가 그 소리를 전하고 날짐승이 그 일을 전파할 것임이니라

마지막으로 '왕을 저주하지 말며 부자를 저주하지 말라'고 하죠. 그러면 공중의 새가 그 소리를 전한다는 겁니다. 이것이 의미하는 바는 음모에 가담하지 말라는 거예요. 아무리 좋은 음모라도, 그 음모에 가담해서는 안 됩니다. 한 조직을 무너뜨리고, 질서를 무너뜨리면 그 결과는 여러분에게 돌아오게 되어 있습니다.

안타까운 건 교회에도 한 2~300명 되면 사람들이 모여서 꼭 이상한 일을 하더라고요. 봉사하고 헌신하면 하나님 보시기에 얼마나 기쁘실까요? 그런데 사람들이 모이면 꼭 누구 하나를 무너뜨리려고 해요. 왜 그러는 걸까요? 그러다 자기 자신이 무너지고 말 텐데 말이죠.

이 10장은 전도서가 아니라 지혜서입니다. 좋은 일에 가담하되 음모에는 가담하지 마세요. 이 10장을 가지고 여러분과 제가 세상을 아름답게 살아간다면, 그것이 바로 하나님 앞에 영광이겠죠. 기도하겠습니다.

전도서 11~12장 • • •

전도서의 결론 : 지혜로운 삶

전도서 마지막 11~12장은 결론을 내고 있는 장입니다. 전도서의 특징은 '헛되고 헛되도다'입니다. 솔로몬이 왜 '헛되고 헛되다'라는 표현을 했습니까?

우리들의 수고는 사실 자연에 의해서 헛될 수도 있습니다. 아무리 과학이 발달하고 우주선이 화성까지 가지만 태풍 하나 막지 못하잖아요. 태풍 때문에 한 해 농사를 다 망치고 집들이 무너져 사람이 죽기도 합니다. 봄이 되면 산불이 일어나서 많은 산림이 소실되고 많은 사람이 죽기도 하지요.

하나님이 햇빛과 모든 걸 주셔서 농사를 지은 과일이 풍성하게 열렸는데, 갑자기 태풍이 닥쳐서 쓸어 가면 모든 수고가 헛되게 되는 것이죠. 사람은 이런 것들은 하나도 다스릴 수 없습니다. 그래서 인생이 헛될 수 있다는 것입니다.

사실 다른 모든 것이 다 그렇지 않습니까? 사업이 잘돼서 돈을 많이 벌었지만 사인 하나 잘못해서 신용불량자가 되기도 하고 가지고 있던 재산을 다 날리기도 하잖아요? 설령 내가 그렇게 하지 않더라도 내 직원이, 동료가 그렇게 해서 내가 어느 날 갑자기 몰락할지도 모르는 일입니다.

반대로, 한 끼 식사도 제대로 때우지 못하는 힘들고 괴로울 때가 있었는데 어느 날 갑자기 내게 많은 물질이 올 수도 있는 거죠. 이것이 바로 '세상의 이치'인 것입니다.

그리고 결국 사람은 죽습니다. 그래서 인생의 모든 것들은 헛되고 헛되다고 솔로몬이 말한 것이지요. 과학이 발달하면 사람의 수명이 1000살까지도 가능하다는 말이 있습니다. 인공 장기들이 나오고, 뇌에도 인공칩을 넣어서 앞으로 50년 후에는 수명이 무한대까지 영원한 삶을 누릴 거라는데, 정말 그럴 수 있을까요?

만일 그렇게 만들었다고 쳐도, 덤프트럭으로 확 밀어 버리면 어떻게 할 건가요? 기억력을 담고 있는 칩이 박살나서 복구가 불가능해지면 어떻게 되겠습니까? 이런 점에서 어리석다는 겁니다. 이는 인간의 존엄성의 가치를 신경 쓰지 않는 것이죠. 오로지 우리의 환경, 육신의 욕구에만 신경을 쓰다 보니 정말 중요한 것을 놓친 겁니다. 그래서 솔로몬이 '헛되다, 헛되다' 말한 것입니다.

전도서 10장은 '우매한 자'와 '지혜로운 자'에 대한 특징을 알려 주었습니다. 그래서 우리는 '우매한 자'에 대해서 확실히 알았습니다. 약삭빠르고, 속임수 있고, 정의롭지 못하고, 옳고 그름을 분별하지 못하는 삶을 살면 안 된다는 것이었죠!

전도서 11장은 '지혜로운 삶'에 대해서 이야기합니다. 그리고 지혜로운 삶에 대한 결론을 내리기 전에 좀 더 구체적으로 설명해 주고 있습니다.

1 너는 네 떡을 물 위에 던져라 여러 날 후에 도로 찾으리라

'떡'이라는 것은 우리의 재산과 재물을 이야기합니다. '물 위에 던져라'에서 '물'은 낮은 것과 없어지는 것을 이야기합니다. 떡은 물에 들어가면 녹습니다. 이는 봉사하라, 헌신하라, 어려운 사람들을 위해서 네가 가진 재물을 쓰라는 것입니다. 네 재물을 세상의 소외받고, 어려움을 당하고 있는 사람을 위해서 사용하면 여러 날 후에 도로 찾으리라는 것이죠.

하나님께서는 선한 일을 한 만큼 반드시 복을 준비하고 계십니다. 사기 치고 이상한 짓을 해서 돈을 벌고 욕심 부리다가 교도소 가지 말고, 하나님의 섭리대로 양심껏 살면서 거기에서 오는 축복을 누리라는 것입니다.

욕심은 한도 끝도 없습니다. 아름다운 선행을 하다가 항상 기쁘고 행복한 마음으로 사는 것이죠. 어차피 죽을 건데 기쁘고 행복한 삶을 살다 가야 하지 않겠습니까? 이것이 지혜자의 삶이라는 거예요.

옛날에 독일에서는 병원에 환자가 입원하면 치료비뿐만 아니라 용돈도 줬습니다. 빨리 먹고 나가서 놀라고 용돈을 준 것이지요. 그런 부강한 나라가 우리나라의 지하철보다 발달되어 있지 않아요. 옛날 우리나라 전철 같은 것을 타고 호텔에서 박람회까지 갔던 기억이 나요. 그런데 역에 노숙자가 많은 거예요. 그래서 "아니, 복지가 잘되어 있는데 왜 이렇게 노숙자가 많습니까?"라 물었더니 저 중에는 교수도 있다는 거예요. 정부에서 돈을 너무 많이 지원해 주니까 인생의 의미를 잃어버려서 이렇게 나와 있다는 겁니다.

그러니 우리 삶에 있어서 기쁘고 행복한 마음, 온전한 정신, 온전한 마음을 가져야 합니다. 남과 이웃을 위해서 살면서, 신앙생활을 열심히 하는 것에서 기쁨을 얻을 때 우리에게 행복이 있는 것이지, 우리가 생각하는 많은 물질, 좋은 환경이 우리에게 결코 복을 가져다주지 않습니다. 여러분 주위를 둘러보세요. 세상은 성경 말씀을 그대로 이어 가고 있습니다.

2 일곱에게나 여덟에게 나눠 줄지어다 무슨 재앙이 땅에 임할는지 네가 알지 못함이니라

'일곱이나 여덟에게 나눠 줄지어다'라는 것은 많은 사람들에

게 될 수 있는 대로 베풀라는 의미입니다. 가지고 있을 때 베풀라는 것이죠. 언젠간 네 수중에 돈이 하나도 없어질 때가 있을 테니 많은 걸 소유하고 있을 때 많은 사람들에게 부를 나누어 주,라는 말입니다.

세상 사람들 귀에는 멍청하게 들릴지 모르지만, 이렇게 베푸는 사람이 결코 망할까요? 내가 많은 걸 갖고 있을 때 많은 사람들에게 베풀었다면, 나중에 내가 완전히 노숙자가 되더라도 사람들이 그냥 내버려 두지 않습니다. 사람들이 귀인 대접하며 그들의 집으로 모셔서 내 여생을 편하게 해 줄 거예요. 그게 바로 인간이거든요.

3 구름에 비가 가득하면 땅에 쏟아지며 나무가 남으로나 북으로나 쓰러지면 그 쓰러진 곳에 그냥 있으리라

결론부터 내리자면 '네가 있는 그곳, 네가 사는 그곳을 떠나지 말라'는 뜻입니다. 하나님이 우리들을 이 교회에 보내신 목적이 있고 이 교회를 통해서 하시고자 하는 사업이 있으니, 너의 지식과 지혜로만 판단해서 결정을 내리지 말라는 것입니다.

여러분이 지금 있는 자리가, 사는 동네가, 근무하는 그곳이 형편상 어렵고 힘들더라도 떠나지 말라는 거예요. 계속 머물

러서 그곳을 지키라는 의미입니다. 다른 데로 가 봤자 그게 그 것이고, 오히려 더 큰 고통이 있을 수도 있기 때문입니다.

저와 여러분이 하나님의 섭리 아래에서 만났는데, 여러분이 이를 우연이라고 생각하는 게 문제예요. 우리는 늘 '나와 맞지 않으니까 딴 곳으로 가야겠다.'는 인본주의적인 사고를 하고 있지 않습니까? 그래서 솔로몬이 자기 백성들을 지켜보면서 연구를 하다 보니 네가 있는 곳에서 움직이지 말라는 거예요. 그 자리가 '네 자리'라는 겁니다.

4 풍세를 살펴보는 자는 파종하지 못할 것이요 구름만 바라보는 자는 거두지 못하리라

'풍세'는 봉사하는 것을 의미합니다. 그리고 '거둔다'는 것은 복을 받는 것을 말합니다. 우리가 봉사할 때 그 사람을 위해서 봉사하는 게 아니라 오히려 대가를 바라며 자신의 유익만을 생각할 때가 있지요. 그래서는 안 된다는 겁니다. 지하철역을 가다 보면 할머니가 힘이 없어서 물건을 끙끙대며 들고 오는 경우가 있어요. 그런 할머니에게 젊은이들이 다가가서 대신 그 짐을 짊어지고 올라가 주는 것은 대가를 바라는 게 없는 모습이지요.

'구름만 바라본다'는 건 하늘만 바라보는 것을 의미합니다. 현대에 와서는 어느 정도 일기예보로 예측이 되지만, 지금도 사람들 행동은 마찬가지입니다. 무언가를 심었는데 비가 와야지, 해가 쨍쨍하기만 하면 심은 것들이 죽잖아요? 그래서 비 오기를 기다리고 하늘만 한참 쳐다보면 심을 때를 놓치는 거죠. 봉사할 때를 놓치는 거예요. 그 사람을 도와줄 기회를 놓쳐 버리는 것이죠.

미국 서부 지역은 겨울이 우기이나, 아주 조금 오는 정도라 늘 건조한 지역입니다. 겨울에 많이 오진 않지만 약간 비가 내리지요. 요새는 기후가 바뀌어서 눈이 오더라고요. 그러면 1년 내내 바싹 말라야 되는데, 굉장히 푸르러요. 비 한 방울 안 나는데 어쩜 이렇게 푸를까 싶었더니, 아침에 스프링클러가 튀어나오면서 회전하더니 물이 돌더라고요.

이렇듯 하늘만 바라보지 말고 노력하라는 겁니다. 우리 인간의 생각으로 이러쿵저러쿵하지 말고, 우리가 노력과 열심을 다해서 구제하라는 의미입니다.

5 바람의 길이 어떠함과 아이 밴 자의 태에서 뼈가 어떻게 자라는지를 네가 알지 못함같이 만사를 성취하시는 하나님의 일을 네가 알지 못하느니라.

우리들은 하나님의 섭리와 세상 돌아가는 이치에 대해서 아는 것이 없다는 뜻입니다. 우리 육신이 어머니의 배 속에서 나온 건 알지만, 어떻게 뼈가 만들어지고 어떻게 영혼이 만들어지는지 정확한 것에 대해 우리는 알 수 없다는 겁니다. 이 세상에 대해서 어떤 것도 제대로 알 수도 없는데 우리가 이런 것, 저런 것 따져 가면서 논쟁하는 것은 우습다는 것이죠.

특히 중요한 건 우리 믿는 사람들은 '하나님의 뜻, 성령의 역사하심'을 전혀 알 수 없다는 것입니다. 성령님이 지금 나를 끌고 가고 있는데, 내가 생각할 땐 지옥으로 끌고 가는 것처럼 보이는 거죠. 우리는 아는 것도 없고 하나님의 이끄심도 알지 못하면서 내가 가는 길이 힘들고 어려우니까 그 길을 가지 않으려 합니다. 그러지 말라는 거예요.

무조건 자신이 서 있는 그 자리에서 인도하시는 대로 오직 선한 마음을 가지고 봉사하고 헌신하면서 가다 보면, 하나님께서 복도 주시고 성령님이 이끄실 겁니다.

6 너는 아침에 씨를 뿌리고 저녁에도 손을 놓지 말라 이것이 잘될는지, 저것이 잘될는지, 혹 둘이 다 잘될는지 알지 못함이니라

우리는 일반적으로 아침에 씨를 뿌리고 저녁에는 잠을 자죠. 그런데 그다음 날 아침에 일어나니까 전날 열심히 심어 놓은 것을 멧돼지가 헤집어 놓고 비가 다 망쳐 놨어요. 그럼 어떻게 하겠습니까?

세상만사 우리 인간 뜻대로 되지 않는다는 겁니다. 과학이 아무리 발달해도 우리 뜻대로 되지 않는다는 거죠. 지식이 조금 있는 사람들이 이 세상이 마치 자기 손안에 있는 것처럼 굴다가 결국은 죽음을 맞이하죠. 세상의 진리를 모르는 거예요. 차라리 지나가는 사람한테 물 한 잔 주는 여러분이 더 낫습니다.

아무리 머리를 **빡빡** 깎고, 세상 모든 걸 통달한 것처럼 신나게 떠들어 대도 자기 죽을 때는 살려 달라고 병원 가서 끙끙대는 게 사람입니다. 그렇기 때문에 솔로몬이 '헛되고 헛되다'는 거예요.

7 빛은 실로 아름다운 것이라 눈으로 해를 보는 것이 즐거운 일이로다

아마 지금 청년들은 그럴 겁니다. 제가 젊었을 때는 빛이 너무 좋았어요. 내가 아무리 피곤하고 힘들어도, 여행을 가서 콘도에서 하룻밤 푹 자고 아침의 새소리를 들으며 나무 그늘에

쫙 비치는 햇살을 보면 내 인생이 이렇게 행복할 수 없었어요. 마치 이 세상의 대통령, 왕이 된 듯한 느낌이에요.

그런데 지금은 아무리 그런 환경이 주어져도 즐겁지가 않습니다. 늙어서 그런 것조차도 별로 감동이 오질 않죠. 어르신들은 다 저와 같은 느낌일 거예요. 뭐가 재밌겠습니까? 아무리 맛있는 걸 줘도 맛이 없어요.

그런데 젊은 사람들은 지나가는 풀만 먹어도 맛있게 느낍니다. 인생이 이런 것이죠. 인생이 이런데, 무슨 부귀영화를 누리며 천년만년 살 것처럼 사냐는 겁니다.

8 사람이 여러 해를 살면 항상 즐거워할지로다 그러나 캄캄한 날들이 많으리니 그 날들을 생각할지로다 다가올 일은 다 헛되도다

사람은 결국 죽죠. 죽을 때 그냥 죽는 것도 아닙니다. 병도 들고, 가지고 있는 것도 다 없어지고 입맛도 사라지고 눈도 안 보이고 재미없어요. 제가 언제 이렇게 늙을 줄 알았겠습니까? 젊은이들도 잘 기억하세요. 여러분들에게도 이런 날이 옵니다. 이에서 벗어날 수 있는 사람이 한 명이라도 있습니까? 아무도 없어요. 우리는 이런 것을 알고 있어도 기억하지 않잖

아요.

우리는 언젠가 죽게 되어 있습니다. 육신이 썩어지면 새 옷을 입고 영원히 하나님과 함께 살죠. 그것을 믿기 때문에 저와 여러분이 이렇게 모여 있는 것이죠. 그러니까 봉사하고, 헌신하고, 부모님 말 잘 듣고 지금 착하게 사셔야 합니다.

하나님이 이것을 마음속에 품고 기억하고 있으라고 하십니다. 그래야 이후에 영원한 세계에서 상급을 가지고 아름답게 살 수 있습니다.

9 청년이여 네 어린 때를 즐거워하며 네 청년의 날들을 마음에 기뻐하여 마음에 원하는 길들과 네 눈이 보는 대로 행하라 그러나 하나님이 이 모든 일로 말미암아 너를 심판하실 줄 알라 **10** 그런즉 근심이 네 마음에서 떠나게 하며 악이 네 몸에서 물러가게 하라 어릴 때와 검은 머리의 시절이 다 헛되니라

여러분은 검은 머리 청년 때 어땠나요? 하고 싶은 대로 살지 않았나요? 청년들은 힘이 세고 능력 많고, 자신감도 충만하니까 못된 짓을 많이 합니다. 부모님 속 썩이고, 하지 말라는 거 끝끝내 하고 말이죠.

물론 우리 교회에 다니는 사람들은 해외 선교도 가서 선교
활동도 하고 어려운 사람을 도와주는 봉사도 많이 하지만 대
체로 젊은 날엔 그렇게 못됐었죠. 중·고등학교 때는 혈기가
넘치니까, 그 젊은이들에게 경고를 하는 거예요. 젊었을 때
열심히 공부하고, 모험도 많이 하고, 선행을 많이 쌓으라고
말이죠.

늙으면 못해요. 내가 늙었는데 공사판에 가서 돈을 벌 수 있
나요? 자격증을 따는 것도 젊은 시절보단 힘들단 말이에요.
그러니까 젊을 때에 많은 봉사도 하고, 많은 헌신도 하고, 세
계여행을 놀기 위해서만 다니지 말고, 전도도 하고 문화도 익
혀서 세상에 도움을 줄 수 있는 것들을 배우라는 겁니다.

어른들한테 물어보십시오. 여러분들의 젊은 날을 후회하느
냐고요. 후회하죠. 젊었을 때 내가 공부를 열심히 했으면 여기
있겠어요? 지금 하버드대학 들어가서 교수하고 있겠지요. 세
상의 이치가 그렇다는 겁니다.

성경에서 이렇게 말하고, 내가 젊은이들한테 이런 말을 해
도 사실은 뻔합니다. 그래도 하나님이 젊은 사람들한테 들려
주라고 했으니까 들려주는 거죠. 그에 대한 대가는 반드시 지
불해야 한다고 분명히 경고하고 있습니다.

11 너는 청년의 때에 너의 창조주를 기억하라 곧 곤고한 날이 이르기 전에, 나는 아무 낙이 없다고 할 해들이 가깝기 전에

젊은이들에게도 늙는 날이 반드시 온다는 말입니다. 그날이 오기 전에 많은 상급을 축적해야 합니다. 내가 갖고 있는 지혜와 능력을 가지고 세상을 환하게 밝히고, 교회와 나를 성장시키고, 세상의 많은 사람들에게 복이 되고 위로가 되어 주고, 그 사람들이 필요한 걸 공급해 주며 살다가 나이가 들면 진짜 성인, 성자 소리 듣는 거죠.

'젊은이들아, 인생이 헛되고 헛된데, 나이 들면 헛되지 않아. 죽으면 그만이야. 이제 끝났어, 돌이킬 수 없단 말이야!'라고 얘기하는 겁니다. 젊은이들은 죄를 쌓아 가지 말고 선을 쌓아 가라는 의미예요. '어두운 날'이 오기 전에 선을 쌓아 가라는 뜻입니다.

12 흙은 여전히 땅으로 돌아가고 영은 그것을 주신 하나님께로 돌아가기 전에 기억하라

저는 죽은 사람들을 많이 봐 왔습니다. 교단의 목사님들이

자신의 부모님이 돌아가시면 자기가 예배 못 드린다며 저에게 부탁합니다. 그러면 먼저 돌아가신 부모님과 그분의 과거에 대해서 얘기를 하죠. 그러니 죽으면 자신의 과거 삶이 다 드러나는 겁니다.

제가 젊었을 때 운동을 하는데, 어떤 사람이 문신을 했더라고요. 그러면서 저한테 하는 말이 "야, 너도 여기다 문신을 새겨 봐. 얼마나 멋있냐?"라고 하길래 "야, 네 아들이 너 염할 때 그걸 보고 참 행복하겠다."라고 대답해 줬습니다.

이렇듯 죽을 때에는 그 사람의 삶이 다 드러나는 거예요. 특히 하나님 앞에서는 먼지까지 다 드러납니다. 그래서 우리는 이 세상에서의 삶을 헛되게 살아서는 안 됩니다.

13 일의 결국을 다 들었으니 하나님을 경외하고 그의 명령들을 지킬지어다 이것이 모든 사람의 본분이니라

사실 솔로몬은 우리가 이웃을 도와주는 것까지 헛되다고 하지만, 그래도 우리는 이웃을 도와주는 삶을 살아야 합니다.

솔로몬이 전도서에서 '세상의 섭리와 이치'에 대해 설명을 하면서 13절에서 '모든 것이 다 헛되다. 살면서 이렇게 해도 잘 안 되고, 저렇게 해도 잘 안 되거나, 오히려 나쁜 짓을 하는데

잘되는 등 복잡하고 이해할 수 없는 세상 속에서 살지만 결국 언젠간 다 죽을 것이다. 그렇지만 인간으로 태어난 그 목적과 인간의 본분은 하나님을 경외하는 것이다.'라고 이야기합니다.

기독교적 논리로 보면 이 세상의 사람은 두 가지로 나뉩니다. 아담과 하와가 죄를 짓는 순간 인류는 하나님과 원수가 되어서, 우리는 하나님의 사람이라고 할 수 없었습니다. 그런데 하나님께서는 예수 그리스도를 우리에게 보내 주셔서 예수 그리스도를 믿는 자들은 다시 하나님의 자녀가 되는 권세를 주신다고 약속하셨죠.

우리의 노력에 대한 결과가 아니라, 하나님께서 우리를 사랑하고 선택해 주셔서 우리가 하나님의 아들 예수 그리스도를 믿기만 하면 다시 회복이 된다는 거예요. 믿는 자는 하나님의 사람이 되는 것이죠!

이 세상은 우리가 잠시 동안 왔다 가는 삶이고, 이 세상에서의 삶은 어둠의 지배 아래 있고 우리는 육신을 입어서 한계가 있기 때문에 아무리 발버둥 치며 어떠한 노력을 해도 하나님의 뜻대로 살 수 없습니다. 그래서 하나님을 경외하고, 예배를 드리고, 회복되는 것이 바로 사람의 도리이자 본분이라는 겁니다. 저와 여러분이 목숨을 다해서 죽는 날까지 하나님과 그리스도를 기억하기를 바랍니다.

어떤 이들은 성경의 요한계시록을 가지고 이상한 소리를 합니다. 그 내용 속에 믿는 사람들이 환난당하고, 고난당하는 게 어떤 재앙이며 무엇을 상징하느냐고 합니다. 하지만 이런 것들은 다 필요 없습니다. 요한계시록 1장 1절은 예수 그리스도의 계시입니다.

"오직 예수 그리스도만 기억해라 그러면 너희들은 영원한 생명을 소유한다."

요한계시록에 나오는 것에는 전체적인 종말도 있지만 우리가 이 세상을 살면서 맞이하는 개인의 종말도 있습니다. 내가 내일 죽으면 요한계시록에 나오는 종말은 보지 않고 그냥 우리 목숨이 하나님 앞으로 가는 거예요.

그런데 우리가 너무 복잡한 생각을 하니까 성경 말씀까지 이상하게 풀지요. 여러분의 삶이 복잡하고 힘들고 어려울 때가 있어서 막 홀린 듯이 이상한 곳으로 쫓아갈 수도 있습니다. 하지만 간단하게 생각하세요. 하나님을 경외하고 예수 그리스도를 믿으면 여러분 안에 자유가 생깁니다. 예수를 믿는다고 죄를 안 짓나요? 죄를 지어요. 우리 몸 안에 흐르는 뜨거운 것이 있기 때문에 죄를 진다는 거예요.

오직 하나님을 경외하고 예수 그리스도를 믿는 것이 사람의 도리입니다. 저와 여러분의 육신이 썩는 그날까지 그리스도를 놓치지 않는 저와 여러분이 되기를 간절히 기도합니다.